共通之路
与他山之石

中华文化对外传播研究

王 鑫 著

商务印书馆
The Commercial Press

序 一

拓展跨文化传播研究的物质维度

蒋原伦[1]

王鑫的新作《共通之路与他山之石》格局宏大，内容充实。作为中华文化对外传播研究的一个项目，她前后花了近五年的时间，阅读了相当多的文献，也采访了相关的学者、导演和制片人等，因此算得上是一部力作。

自20世纪80年代我国改革开放以来，跨文化研究一直是时髦的话题，在我的印象中，那时中西比较文学研究一骑突起，热闹非凡，慢慢扩展到了其他领域。王鑫此书共九章加六个访谈，洋洋洒洒，就中华文化对外传播的许多方面做了阐释，其中"共通之路"和"他山之石"是她立论的两块基石，跨越半个地球的文化桥梁就搭建在此基石之上，显得很坚实。

不过我比较关注的是书中的"以物为媒"的部分（第四章和第七章），因为这一部分多少呈现了媒介研究的另一维度，即物质维度。作者对物的传播、物—情的接合，以及不同文化之间在交流和传递过程中的关系再造，有其独到的见解，给跨文化传播研究带来了新气象。不是说本书的其他章节不出色，而是关于物的传播，历来关注者甚少，而作者的学术视野使得她无法忽视这一课题，并在跨文化传播中将物的交流辟专章研讨。

---

1 蒋原伦，北京师范大学文学院教授，博士生导师。

　　就传播学而言，一般研究者的着眼点是在思想和观念的传播上，进而关注大众媒体，广告出版物等在传播过程中的巨大功能，关注语言和符号在交流过程中意义的传递、接受和再阐释等复杂的现象方面。但是几乎很少有人会将目光落在观念之外更加宏观的"物"的层面。所以英国学者戴维 莫利将这类研究称之为"媒介中心主义"，以莫利的立场，所谓"媒介中心主义"，就是把传播局限于信息以及承载信息交流的语言符号和大众媒体范畴，这样一来，传播研究似乎等同于象征性或修辞性交流方面的研究。例如笔者案头正巧有一本朱莉亚·伍德的《生活中的传播》，本以为作者会涉及日常生活中各种物的交流和传递，然而该书的篇幅基本落在传播的语言维度和非语言维度两个方面，所谓非语言维度是指体态语言，触觉，外表形象，环境因素等，虽然也提及器物，但是在这里，所谓器物是作为身份，地位和教养的象征符号来看待的，对物自身的物质性功能基本视而不见。

　　说到物的传播，不能不提及加拿大的传播学先驱者伊尼斯（Harold Adams Innis）。笔者曾经好奇，作为经济史学家的伊尼斯为何突然关注起传播，写出了《帝国与传播》《传播的偏向》等著述，开辟了传播学研究的新界面？后来才醒悟，是自己被所谓的学科规范禁锢了头脑，在现有的学科分类中，经济学和传播学是分属不同的学科，然而在伊尼斯的年代尚无传播学科，关键是在伊尼斯看来，经济活动，特别是贸易往来本身就是传播，伊尼斯早年的博士论文和著述《加拿大太平洋铁路史》以及《加拿大的皮货贸易》等都着眼于这类货物的传递和交流，这些当然可以归入贸易史或物流史，然而它们不仅仅是贸易，不仅仅是物流，这些无生命的货物的传递，活生生地影响了人们的经济生活和文化生活，特别是皮货、木材、矿产、小麦，捕鱼业和纸浆业等等大宗贸易和铁路在货物运输方面的巨大能量，彻底改变了传统社会的经济结构和人们的生活状态。还有什么传播比之大宗货物的传递更有伟力？

　　也许是受伊尼斯和戴维·莫利的影响，也许是王鑫早有领悟，她将

"以物为媒"纳入了跨文化传播的大议题，表明她在媒介研究的物质转向上的尝试和探索。不过，认识到物的不可忽视，与找到恰如其分的阐释角度是两回事。虽然作者本人的文艺学学科背景使她从刘勰的"感物吟志"说起，阐释了物—情关系，但是最后总算领读者踏入了大宗货物交易的门槛。作者对清代以来中国白银和文物的流失，到改革开放以来大量廉价的服装，手工业产品的出口，再到高科技电子产品向全球输出作了简略的回顾。在作者看来，不同物品的流播，体现出国运的兴衰以及文化的强势或弱势。幸好作者并没有被某些观念所束缚（即在文化传播中一定要分出主动和被动，强势与弱势），在接下来的篇章中，作者进入了人类日常生活中最基本最原始的自然需求领域，即饮食领域，来考察不同民族的食物结构，情感体验，乃至集体记忆与跨文化传播的物质向度。于是我们在可以书中看到一些有趣的说法：

> 达到一个文化的核心的最好方法之一，就是通过它的肠胃。
>
> 食物记忆与一般的文化记忆不同，它是一种先天的被沉淀的身体的记忆。
>
> 关于食物的记忆，是人类集体记忆中最为鲜活的、直接且切身的一种，并不断转化为具身经验……
>
> 食俗可以作为民俗文化的物化文本，用以展示一种文化的历史传统、演进过程和实践经验。

这些说法无论是出自前辈研究者还是作者自己的领悟和认识，它们既是研究的出发点，也是相应的路标。因为包括作者在内的许多文化研究学者都将食物视为特定社会的文化密码来看待，他们认定，正是食物将属地文化带入他乡，成为不同文化之间交流的独特通路。然而，这条独特的通路能引领我们走多远呢？作者告诉我们"以食为媒"至少在以下三个方面为跨文化传播提供了便利的进路：一，食物的文化属性是隐匿的和潜在的，不容易受到抵制和排斥；二，食物可成为转文化的"产品"，这是一种更加包容和更加丰富的新产品；三，食俗具备丰富的文化考古价值，有助于人们缓解彼此在种族、民族，性别方面的对立。有道是"民以食为天"，还有什么比吃吃喝喝更加源远流长的文化？还有什么比吃吃喝喝更皆大欢喜的人际交流和往来？由此，我觉得中华文化对外传播的最起始的篇章就应该从"以食为媒"写起。

王鑫告诉我，本书是她自己比较满意的一部学术著述，我衷心希望她今后的每一本书都是自己前一个阶段最满意的成果。

2024年8月于北京积水潭

序 二

共通感：跨文化交流的一种可能性

单 波[1]

人类遭遇一个普遍的共情困境：以为共情使我们理解别人的想法或感受，并用恰当的情绪来回应这些想法和感受，从而支持我们的道德判断与行为，但理解不一定会带来积极的回应和互动，而且存在于大脑的"共情回路"是不可靠的，由于基因、激素水平、身体状态、神经系统状态、文化约束、腐蚀性情绪等复杂因素的影响，[2]"共情回路"障碍随时发生，共情所隐藏的偏见使一些伤害他人的行为变得合理，反过来腐蚀道德。保罗·布卢姆（Paul Bloom）在《反对共情》（*Against Empathy*）一书中提出依赖理性而非情绪共情，可问题是，纯粹的理性要么让我们用形而上的情本体安慰自己，要么使我们陷入对情感的怀疑和迷惑，依然难以摆脱共情困境。王鑫教授试图回到跨文化交流实践去激活"共通感"，寻找"共通"的路径，在我看来，这一探索关涉"通"与"感"的中国观念的创造性转化，指向跨文化交流的一种可能性。

这本书讨论的对象是"中华文化对外传播"，由于这一表述预设了内与外、主体与客体之分，偏向于中国道理、中国故事、中国情感如何嵌入世界语境的问题，难免会与作者的跨文化思维方法产生扞格。巧妙

1　单波，武汉大学媒体发展研究中心主任。

2　［英］西蒙·巴伦-科恩. 恶的科学：论共情与残酷行为的起源[M]. 高天羽，译. 广西师范大学出版社，2018:180.

的是，作者把"中华文化对外传播"置于人类文明对话的进程和中华文化融合性成长的历史语境，转而从整体出发，探寻人类沟通和对话的四个面向：共通感、普惠性、人"情"化和世界"观"。这样一来，跳过扞格，让四个面向"接合"超越性的理论视角，以至让我在阅读过程中产生了跨文化思维照亮现实的感觉，其中一个重要光源来自人类交往实践中的"感通"或"感应"，闪耀着"感而遂通"的中国传播智慧。

谈起共通感，一般追溯到18世纪德国人发明的"Einfühlung"，即动词"einfühlen"的名词化，其流行译法是"移情""共情"和"同感"，但据译家分析，前者把词干"fühlen"窄化为感情或情绪性的感受，后者又未能译出该词所包含的"进入"（他人的）感受、去感受他人的感受的意义。[1]这样看来，最为传神的中文词或许是共通感或感应，可惜的是，后来被心理学家翻译成"empathy"之后，意义偏向于一种自我投射，一种单向的"进入"。

基于先验自我意识的康德美学推出的核心概念"Aeshestische Gemeinsinn"通常被译为"审美共通感"，传达出"感受的共鸣""感受的可交流性"的内在意义。在康德看来，"比起健全知性来，鉴赏有更多的权利可以被称之为共通感；而审美[感性]判断力比智性的判断力更能冠以共同感觉之名。"[2]但审美共通感并不指向主体间的感受经验，而是局限在先验自我意识之内，认为审美共通感的前提是我们每个人都认为自己能够做出好的鉴赏判断，同时，鉴赏判断建立在我们的情感之上，而情感又具有共通性、普遍的可传达性，"只有在这样一个共通感的前提下，才能作鉴赏判断"。[3]这种"共通感"赖以成立的基础是主体性和主体间性，它基于三准则：自己思考，在每个别人的地位上思考，任何时

1　王鸿赫. 利普斯的代入感理论及其困境[J]. 哲学与文化, 2020(11).
2　[德]康德. 判断力批判[M]. 邓晓芒, 译. 人民出版社, 2002:137.
3　[德]康德. 判断力批判[M]. 邓晓芒, 译. 人民出版社, 2002:75.

候都与自己一致地思考。[1]但是，康德的先验自我消融了他者，预设普遍的理性主体，既包括他人的我，也包括我的我。自然地，先验自我在寻求普遍性、统一性、合目的性过程中，使共通感归于某种共同体感觉，最终舍弃了主体间性，远离此感彼应、感而遂通的经验世界。

比"Einfühlung"更久远的是，表达同感、共情的"sympathy"源于古希腊语"sympatheia"，后者主要用来刻画事物的统一性与联系、自然整体的统一性与联系，柏拉图用来表达公民与城邦的"同感"能力，在他看来，一切事物天然地具有一种族类的亲缘关系，而正是这种亲缘关系，使得万事万物都具有一种同感的能力。[2]明显地把同感限定在"我们"之内，至于非我族类的他人，只有他们表明与我们同属一个社会，有共同的价值观，获得认可之后，才会被当作客人对待。换一个角度看，同感存在一个悖论：我们相互理解彼此的处境、感受和思考，触发共同体内部的道德行为，同时也划定了我们与他人的情感边界，产生排他感。

从16世纪末、17世纪初开始，"sympathy"的含义逐步扩展到人类关系之中，意指人与人之间的亲和性、性情或感受的一致、气质或禀赋的和谐，特别是在莎士比亚戏剧中，其含义扩展到人与人之间的共同感受（fellow-feeling），表示人与人之间的相似感受、进入或分享他人感受的能力，也包括对他人的不幸表示怜悯（commiseration）或同情（compassion）的感受。[3]那些倡导普遍的博爱精神的道德学家试图将人们对亲朋、邻人

1　［德］康德. 判断力批判[M]. 邓晓芒，译. 人民出版社，2002:104-105.

2　张浩军. 同感、他人与道德：从现象学的观点看[M]. 生活·读书·新知三联书店，2024:26.

3　张浩军. 同感、他人与道德：从现象学的观点看[M]. 生活·读书·新知三联书店，2024:32.

的同情与同感，扩展到遥远的人们身上，[1] 然而，欧洲人对普世的同情与同感的笃信遭遇诸多现代思想家的挑战，比如休谟在《人性论》中写道："宁愿毁了整个世界，也不想我的手指受伤，这对理性来说不矛盾"；卢梭怀疑普世的同情，认为自然状态中的人只能在与人的现实交往中获得道德感觉；而在亚当·斯密看来，当我们的利益完全与他们的利益无关，以至两者之间既无关系又无竞争时，我们对他人的情感不过是一般性的同情而已，更重要的是，看似高尚的同情心，如果无法与援助受害者的具体行动建立联系，就仅仅只是一种"矫揉造作的悲痛"而已。[2] 也就是说，同情和同感被现代性锁定在利益关系之中，遵循人性中对私利的追逐，底色是自爱与自怜。

20世纪初的实验心理学进一步揭示了同情和同感的真相：我们与他人一起感受，实际上是我们像他人思考那样来思考，像他人理解那样来理解，用他人的语言来说话，但仍然在强调"我"该如何思考、理解和表达，而不是去描述和把握他人在如何思考、理解、表达。由此一个新词被发明出来，这就是"empathy"，说明所谓的同情与同感不过是自我的一种投射或移置，我们所感受的不是他人，而是我们自己！在现代性的包装之下，同感与同情作为通过想象所获得的我们自身关切的感受，把他人置于冷漠与偏见之中；共同体观念确认了"我们"，也确认了谁是共同体之外的"他人"；认同保护了我们的特性，也排斥了非我族类的他人。吊诡的是，现代人在建构"共"与"同"的过程中，也强化了对"分"与"异"的敏感，加深了对文明冲突的感知，而在一个分裂世界里的文明对话所呈现的不过是把他人纳入我们的人性关切。网络社会建构

1　基督教中，对邻人和对亲人的感情可能不太一样。《圣经》中强调要爱邻人和敌人，因为邻人通常知晓自身的不堪与平凡，就如耶稣的邻人可能知晓其属与的事迹，而对其神性表示非议，所以邻人和敌人一样让人讨厌，故而爱邻人、爱敌人成为了一诫命，和人的自然情感有差异。

2　［英］亚当·斯密. 道德情操论[M]. 蒋自强等，译. 商务印书馆，1997:165-167.

了分享的文化，但可能使人更容易进入一个数字化的回音室，因而更容易从他者身边经过，消除了他者的否定性，分享主体遇见的只能是自己。[1]

令人感叹的是，在现代性观念的灯火阑珊处，共情、同感、移情、共同体、共识等都成了可疑的问题，让人迷惑不已。跨文化理论鼓励人们尝试转换立场，主动学习对方文化，进而将以我为中心的主/客位关系，转向跨文化交往中的多元主体互动，但忽视了跨文化交流的一个重要前提，即我们必须在了解他人之前，首先了解自己，然后尝试在已知和未知之间建立关系。在这一关键处，共通感可以补充跨文化理论的缺失。

首先，在中国观念中，与"同"相对的观念是"合异""和合"，这是中华文明在多元互动与融合发展中生生不息的重要思想基础，它启发人们面向变动不居的世界，顺应天道，实现万物在差异中和谐共生，其内在动力又在于"通"与"感"。因此，《周易》基于变易多谈"通"，少谈"同"。"通"的本义是在变化行走中（走之底）为用（甬即用），主要指人神之间的通行，以及贯穿时变之用，即所谓变通、贯通。《周易》咸卦的"感"指向男女之间的感应，所谓"咸，感也。柔上而刚下，二气感应以相与"（《周易·咸·象辞》）。这种感应既是人与人交往过程中发生的感应，所谓"憧憧往来，朋从尔思"，即频繁的交往和沟通，朋友就会与你心灵相通，也是作为身体的"物"之间的触觉感应，以及人与物的感应。而庄子所谓"知鱼之乐"的"知"并非认知意义上的知，而是人与外在事物的通感，也就是说，万物与我并不相对，我与万物可以互为主体，彼此相通相化。

其次，在感知我与万物的相通相化的过程中，我们可以像庄子那样理解我的心灵是开放的。所谓"知鱼之乐"，乃在于我心能破除偏执的"成心"，呈现"天地与我并生，而万物与我为一"的齐物心灵，让万物

---

1 ［德］韩炳哲. 他者的消失：当代社会、感知与交际[M]. 吴琼，译. 中信出版集团，2019:91.

之间能够相互观照而互为主体，这样的心灵导引了中国传统美学中"物感"与"情感"，诸如钟嵘《诗品·序》中所谓"气之动物，物之感人，故摇荡性情，形诸舞咏"，陆机《文赋》所言"悲落叶于劲秋，喜柔条于芳春"，由此体悟天性与物性的相通，以及"物之感人"的心理机制，进而提出以器物为媒的感通式交流理念，即"感"是一个心理启动机制，是从物而达人的过程，进而构成对"情"的激发；从物入情，就是为跨文化交流寻找器物与情感的基础，并将两者连接起来，在"人—物"关系中找寻、发现、感受和体验不同文化情状和样貌，从而多维度寻找沟通的可能性和可行性。作者谈及文本和符号传播中的"悦耳悦目""悦心悦意""悦志悦神"，建立"感—情—理"的通感结构；同时也基于"痛感"的文化意义出发，从纪录片具体文本入手，分析如何形成人类的共鸣和共同探究的问题。"痛感"使人体验生命的分裂、文化的分裂，而且人的痛感各有各的不同，但"痛感"的共通之处在于感受生命的分裂的同时，理解生命开拓的内在需要，由此通过生命感知生命，通过感知通向生命。这让我们明白，我们不是基于普遍的人性原则而是通过自我心灵的感通进行跨文化交流，拓展生命的意义。

第三，在万物共生的关系中，面向内在自我的省思，通过"我心"对世间的不仁、不义、无常、悲苦、虚空的怀疑，肯定道德自我的内在性与真实性。孔子的"不安"是感受他人的悲苦引发内心的不安，孟子的"不忍"则是感受不忍心他人受苦的内心关切，这种我与他人的感通可以证明道德自我的存在，通向共生关系的可交流性。

本书论及孟子的身体与心灵通感，一是基于身体的感觉共通，比如"口之于味也，有同耆焉；耳之于声也，有同听焉；目之于色也，有同美焉"，二是基于仁义理智产生的心灵感通，"恻隐之心，仁之端也；羞恶之心，义之端也；辞让之心，礼之端也；是非之心，智之端也"（《孟子·告子上》）。现代新儒家的代表性人物唐君毅先生在通观儒释道的基础上，对自我的心灵有了更开放的审思，即"心"自内说，"灵"自通外说，合心灵为一名，其要点在于"心灵有居内而通外以合内外"之义。[1]
由此观之，心境关系是一种感通关系，呈现的是万物互通的生命存在方
式，超越了我与他、心与物二分的互动模式。

第四，中国观念中的"通感"注重在互动过程中了解自己，觉察自
己与万物的感应，在与他人共处的复杂多变的情境之中调适自己的感通
能力。跨文化传播理论习惯于建构跨文化交流行为和能力的模式化，脱
离交流的情境，落入高度概念化的思维。比如，我们每个人都天生具备
某种敏感性（sensitivity），能够敏锐感知到外部刺激或环境变化，并可能
引发情感、认知、行为等反应。本来，敏感性既有消极的一面，又有积
极的一面，个体既可能因易受到过度刺激而回避与他者交流，走向自我
的封闭，也可能发挥可以感知他者的自然禀赋，在不断的交流与反思中
走向互惠性理解。但跨文化敏感性理论倾向于简化"敏感的自我"，把跨
文化敏感性视为一种积极情感，即一个人在理解和欣赏文化差异方面产
生积极情感的能力，从而恰当地产生情感反应。面向"通感"将使我们
进入复杂多变的交流情境，感知积极情感与消极情感的相互转化，从而
动态地调适自己的感通能力。

共通感是否可以真正弥补跨文化传播理论的缺失，还有待进一步观
察，但可以肯定的是，它并不是想象在真空中飞翔以逃避空气阻力的鸽
子，它将穿行在人类共情困境之中，施展跨文化思维的想象力，寻找基
于万物共生的交流基础。我觉得这是值得期待的。

是为序。

2024年夏 于火炉武汉

---

1 唐君毅. 生命存在与心灵境界（上册）[M]. 学生书局（台湾），1986:11.

·目 录·

上 编

寻找共通：中华文化对外传播的理路、逻辑与取径

绪　论 / 3

第一章　跨文化传播视域下中国传统共通性理论的
　　　　当代阐释 / 21

　　一　孟子基于生理与人性的共通感理论：跨文化沟通的
　　　　基础与现实 / 22

　　二　刘勰文艺与社会接受的"知音说"：跨文化交流中
　　　　存在的问题与可能 / 26

　　三　叶燮的"理、事、情"：桥接不同文化内容与
　　　　叙事的关键 / 30

　　四　钱穆的"五维价值域"：跨文化传播可沟通的理论
　　　　基底与线索 / 34

　　结　语 / 38

第二章　从共通走向共识：国际传播跨学科基础理论
　　　　引入与研究进路 / 40

　　一　"共通感"：基于人类感官与理性共通建立的文明传播的
　　　　理论基础 / 41

　　二　"理想言辞情境"：基于沟通和交流的有效性趋向共通
　　　　与共识 / 48

　　三　"共享意义交集"：跨文化视域下语言表征与意义建构 / 53

　　结　语 / 59

第三章　中华文化国际传播的审美进阶与
　　　　"感—情—理"结构 / 60

　　一　悦耳悦目：基于感官愉悦实现的"共感" / 61

　　二　悦心悦意："情动于中"形成的审美共情 / 66

　　三　悦志悦神：基于感性与智性交汇的"共理" / 71

　　四　中华文化国际传播中的审美实践与
　　　　"感—情—理"结构 / 74

　　结　语 / 79

第四章　器物为媒、"物—情"接合与关系"再造" / 81

　　一　中华文化对外传播的"物质性"与器物为"媒" / 82

　　二　从物感到情感：对外传播中的"人—物"接合和连通 / 86

　　三　"关系"再造：文化殊异之间的观念互纳与交流的感性 / 90

　　四　中华文化对外传播的符号、历史和语境 / 95

　　结　语 / 99

第五章　流动性、具身化与符号性：中华文化对外传播
　　　　研究议程与路径拓展 / 101

　一　流动与定居：中华文化对外传播主体的空间转换
　　　与在地性体验 / 103

　二　具身传播与场景构建：对外传播中的身体问题
　　　与感性实践 / 108

　三　个体与族群：对外传播中的互动仪式与族裔象征符号 / 114

　结　语 / 119

第六章　痛感与共识：创伤共通感的跨文化传播理路
　　　　与实践 / 121

　一　生态创伤、文化创伤与作为中介的生态创伤影像 / 123

　二　"创伤—痛感—共识"：生态创伤影像跨文化传播的
　　　内在理路 / 125

　三　个体情动到命运相通：创伤共通感的情动联结与
　　　道德实践 / 130

　四　创伤共通感的跨文化路径与研究面向 / 134

　结　语 / 138

第七章　"以食为媒"：情感体验、集体记忆与
　　　　跨文化传播的物质向度 / 140

　一　"味道的记忆"：饮食的集体经验保存与文化流转 / 142

　二　食物作为媒介的时空合一：饮食中的文化感知 / 146

　三　"品尝民族志"：食物的跨文化传播 / 152

　结　语 / 157

第八章 "万物齐一"与"万物有灵且美"：跨文化传播的
"自然—生命"审美互文与叙事理路 / 158

一 "万物齐一"与"万物有灵且美"的理论互文 / 159

二 "共鸣"与"齐一"：自然—生命叙事下的跨文化传播
连接的可能 / 166

三 "自然—生命"叙事伦理与跨文化连接 / 174

结 语 / 178

第九章 中国传统文化符号跨文化叙事研究 / 180

一 "杜甫的旅行"：跨文化传播中符号互动与意义的
共享交集 / 180

二 "为何是杜甫"：诗人原型与跨文化转译实践 / 184

三 结构与主体的张力：《杜甫》的影像表征与跨文化叙事 / 189

四 跨文化对话的"理、事、情"：建构视角下的国际传播
与意义互通 / 193

结 语 / 195

—————————— 下 编 ——————————

他山之石：对话与建构

全球化与中国：概念、历史与时代

——对英国社会学家马丁·阿尔布劳教授的访谈 / 199

一 理论与现实：全球化的概念、内涵与语境 / 199

二 全球化、反全球化与后疫情时代：全球化时代的
社会变迁与共通 / 203

三 全球化与中国：国家角色与国家形象 / 206

全球化视域下"转文化"的概念、实践与生产

——对常向群教授的访谈 / 212

一 "转文化"概念的提出与内涵 / 212

二 "转文化"的接合与实践操作 / 218

三 转文化产品的生产、输出与传播 / 226

孔子学院与中华文化海外传播的"五重意象"

——与德国纽伦堡—埃尔兰根孔子学院中方院长

李锷的对谈 / 238

一 项目与"花树":孔子学院海外中华文化传播的

本色和"气质" / 240

二 人力资源与"土壤":孔子学院海外中华文化传播的

抓手和根基 / 243

三 "桥梁":孔子学院海外中华文化传播互通与平等

的姿态 / 245

四 "煦风":孔子学院海外中华文化传播的"温润"之态 / 248

五 "河流":孔子学院海外中华文化传播的初衷和流向 / 250

向世界讲述真诚、有趣、共通的故事

——对 LionTV 导演、制片人比尔·洛克的访谈 / 254

一 寻找不同文化中"共通"和"共鸣"的故事 / 254

二 致力于向不同文化中的观众讲述有趣的普通人的故事 / 258

三 纪录片就是要真诚、真实地探索和发现 / 261

让意义在观众的世界生根发芽

　　——对书云导演的访谈 / 265

　　一　"做事实性的陈述" / 265

　　二　时间磨出的"人性"模样 / 269

　　三　对故事中的人的尊重高于一切 / 272

　　四　在审视精品中追寻创作的轨迹 / 276

　　五　寻找与世界沟通的桥梁 / 280

交流、互动与反思：国际视角下的个人经验与中国故事

　　——对戴雨果教授的访谈 / 284

　　一　"兴趣、爱好与工作"：与中国建立跨文化交流的机缘 / 284

　　二　去刻板化中的中国国家形象建设 / 287

　　三　西方文化与意识形态下的中国题材纪录片生产 / 290

参考文献 / 293

后　记 / 299

上　编

寻找共通：中华文化对外传播的理路、逻辑与取径

绪 论

一

法国历史学家布罗代尔认为，文明"亲如手足和自由自在，而同时又封闭、排他、乖戾……和平"而"同样好战，有惊人的固定性"，"同时又流动，浪迹天涯"。[1] 因此他也说，"我们必须参考过去之许多不同的、有着各自曝光时间的快照照片，他们随后把时间与图像结合在一起，就像太阳光谱的各种色彩聚焦，最终合成纯粹的白光那样"。[2] 任何一种封闭自守的文明都在人类社会不断的演进中被消灭或者被同化，并随着人类历史的流逝，成为文明地壳中的一部分。中华文明作为"太阳光谱"的一部分，与其他文明一样，如布罗代尔所言，有"惊人的固定性"，同时"又流动，浪迹天涯"。从遥远且古老的丝绸之路开始，中国就和世界连接在一起，人们靠着原始和笨拙的生产力，以及对外部世界的好奇、对财富的寻找、对信仰的追求，或者帝国的梦想，穿越了高山、河流、沙漠，开辟了连接欧亚大陆的通路——丝绸之路。这条丝绸之路在西方历史学家的眼里，是"信仰之路、基督之路、变革之路、和睦之路、皮毛之路、奴隶之路、天堂之

---

1 〔法〕费尔南·布罗代尔. 文明史纲 [M]. 肖昶等，译. 广西师范大学出版社，2003:10.
2 〔法〕费尔南·布罗代尔. 文明史纲 [M]. 肖昶等，译. 广西师范大学出版社，2003:20.

路、铁蹄之路以及重生之路"，[1] 也是人类文明的扩散之路，在这条路上，湮没了无数生命也留下无数的奇迹，无数丰碑矗立又倒下，荣光与尘埃交织成历史的模样。人类文明的传播依靠这样的一条路接合了时间和空间，从遥远的过去，奔向浩瀚的未来。那个在西方历史教科书中被轻描淡写甚至不被提及的亚洲东部的古老国家——中国，作为丝绸之路的端口，在文明的流动中，提供了瑰丽的"东方想象"。而中国古人制造的世界中心和天朝大国的想象，成为文明、富庶和强大的代名词，这些想象也在近代以后开始逐渐坍塌成为被西方掠夺和践踏的地方。人类社会的规律和时运终究是不以人类意志为转移，却渗透和依仗一代又一代的人努力、劳作和牺牲。人类历史在战争、瘟疫以及各种自然灾害的动荡中艰难向前，保存着文化也创造着文明。流动成为人类文明和人类文化得以传播、交互、共生的重要力量，流动不仅是河流的本质，也是人类交往和对未知探索的内驱力，"全球化源自人类最基本的欲望：寻求更好更充实的生活；许许多多的人参与并推进了全球化的进程"[2]。人虽固守此处而生，却对远方充满向往。从智人走出非洲大陆那一刻开始，人类就启动了在这个星球上的流浪之旅，直到现在。

全球化以及传播从来都不是一个当代性的命题，只不过现在已是人类从远古到现在最繁忙也是发展最快的时期，"这一趋势自历史开始时，就与我们人类同在。推动这一趋势的主力军其实从未改变——尽管经常变换称号——而且直到今天仍然在发挥作用，而全球各地的交流越来越频繁，跨国公司、非政府组织、激进的社会活动家、移民

---

1 〔英〕彼得·弗兰科潘. 丝绸之路：一部全新的世界史 [M]. 邵旭东，孙芳，译. 浙江大学出版社，2016.

2 〔印〕纳扬·昌达. 大流动 [M]. 顾捷昕，译. 北京联合出版公司，2021：V.

和游客一直持续推动着千年前就开始的一体化进程"。[1]《大英百科全书》从文化的角度定义"全球化"，"它是一种过程，借此过程，以商品和思想的传播为特色的日常生活体验能在世界范围内推动文化表述的标准化"。[2]技术的发展压缩了时空，也让这种流动变成可能，并且最大限度释放交流的活力。但是，依然像布罗代尔所言，"亲如手足和自由自在，而同时又封闭、排他、乖戾……和平"。不同文化中的人际交往，既有不同肤色的人之间的相亲相爱、以人类共通的情感和德行构成人的"类群体"，也有种族歧视、排他和隔离，暴力和杀戮也让这种流动充满了血腥和死亡。但是，总有向善与和平期待，也总有舐犊之情超越人类的各种差异而回归人类原始之爱。特别是面对人类社会对生活的星球的掠夺和消费，人类也不断在自然的反噬中愈加脆弱，只有结成命运的共同体，才有可能共同应对全球生态、气候、金融、疾病等各种危机。人类也在不断寻求物质、制度、精神层面的共通的可能性，寻求和平的交流与互动，尽可能欣赏、尊重不同的文化形态和文明类型，在差异中寻找共通共同的愿景，以"世界的格局"打破地方性的保护和对不同文明的"封闭"和"乖戾"，在敞开中"公正而宽厚地彼此相待"（彼得斯语），使跨文化的交流不再"对空言说"。

二

正是在这个意义上，中华文化对外传播成为一个重要的研究课

1　［印］纳扬·昌达. 大流动［M］. 顾捷昕，译. 北京联合出版公司，2021：Ⅵ.

2　［法］费尔南·布罗代尔. 文明史纲［M］. 肖昶等，译. 广西师范大学出版社，2003：11.

题。单波教授说，"自工业革命以来，全球化就把人类带入普遍交往的时代，向现代人发出了传播的邀请。当传播面临我们与他者如何交流的难题时，它又向现代人发出了跨文化传播的邀请"。[1] 但是，这一问题及其历史要远远久于对它的研究，而且不仅涉及文化和传播问题，也涉及历史、哲学、美学、艺术、经济、技术、科学等多学科的问题。一片茶叶、一件丝绸、一粒胡萝卜种子的旅行，都是文明在全球播撒的过程，这里涉及流动的商队、价值交换的等价物、风俗的习得和语言的交流，也是人对流动过程中自然风物的认识和环境气候的适应。正是在不同文明和文化的交流中，才会建立"主体间"的关系，形成不同种族、民族、社群之间沟通的可能性，这在某种程度上也强化了自我的民族和族群意识，并对本民族的文明和文化进行风格化和特征化，以此形成自己的"这一个"（黑格尔语）。[2] 但是文化传播又不得不面对一个功利而现实的问题，民族国家的综合力量决定了传播的主动性和意愿。比如盛唐时期的中国，富庶、文明、和平和安乐，吸引着来自世界各地的人，在朝为官者不乏波斯人以及其他来自中东或者地中海地区的人。这种开阔、博大、浩瀚的王朝形象，成为迷人的"东方想象"。晚清之后，来到中国的传教士、外国使节，以及通商口岸的外国商人也不在少数，他们看到的是一个没落、陈腐、衰老王朝的苟延残喘，遭遇的是西方列强的盛气凌人、坚船利炮、割地赔款。与此相反，工业文明缔造的"日不落"帝国，吸引着世界各地的人前往英国。作为老牌的资本主义国家，其社会的文明程度和社会发展一直保持较高的水准。自晚清开始，中国人对以英国为代表的西方国家，内心始终都有一种"羡憎"情结，一方面羡慕西方国家的

1　单波. 跨文化传播的问题域 [J]. 跨文化传播研究，2020(1):1-30.

2　〔德〕黑格尔. 精神现象学 [M]. 贺麟，王玖兴，译. 商务印书馆，1979:66.

发达、文明和进步，另一方面又对西方列强的入侵和掠夺充满憎恨。即使中国改革开放之后，大量的留学生涌入西方国家，这种心态也并无太大改观。但是，随着中国的国力日渐增强、科技的迅猛发展，并成为世界第二大经济体，中国人对西方的态度逐渐有了改观，一批拥有全球视野和世界眼光的人有了观察中国和世界更为客观和真诚的心态。无论是从事全球贸易和经济的商人，还是在世界各地进行文化交流的使者以及留学生，作为"流动"的文化主体，成为中华文化传播潜在和实际的"载体"，也是中国形象的重要建构者。"仓廪实而知礼节"，随着国家综合实力与国际影响力的提升，文化传播问题被置于影响国家关系发展的重要地位，当然，这也与全球社会的总体关系演进和博弈有关，特别是在综合国力的"硬实力"与文化的"软实力"互补的国际竞争与合作中，后者更因为柔软而坚定的力量获得认同。习近平总书记指出，要加强对中华优秀传统文化的挖掘和阐发，努力实现中华传统美德的创造性转化、创新性发展，把跨越时空、超越国度、富有永恒魅力、具有当代价值的文化精神弘扬起来，把继承优秀传统文化又弘扬时代精神、立足本国又面向世界的当代中华文化创新成果传播出去。[1]

中华文化作为世界文化长廊中最重要和独特的部分之一。习近平总书记说，中国优秀传统文化的丰富哲学思想、人文精神、教化思想、道德理念等，可以为人们认识和改造世界提供有益启迪，可以为治国理政提供有益启示，也可以为道德建设提供有益启发。对传统文化中适合于调理社会关系和鼓励人们向上向善的内容，我们要结合时代条件加以继承和发扬，赋予其新的含义。希望中国和各国学者相互

1 共产党员网. 习近平同志在省部级主要领导干部学习贯彻十八届三中全会精神全面深化改革专题研讨班开班式上的讲话[OL]，[2014-02-18]. https://news.12371.cn/2014/02/17/VIDE1392263904458296.shtml.

交流、相互切磋，把这个课题研究好，让中国优秀传统文化同世界各国优秀文化一道造福人类。[1] 因此，中华文化对外传播成为国家软实力建设的重要战略，也是中国历史发展赋予的时代命题。这里包含了三重任务：第一，中国传统文化的现代意蕴和转换，充分发掘传统文化和经典理论的价值，构成中华文化和中国传统经典理论与当代的对话，激活传统文化和理论的价值；第二，中国传统文化与经典理论的内涵发掘，在中西方文化和理论的比较研究中，找到可交流的内容和维度，构成与西方文化与理论的对话；第三，探寻中西方文化沟通的可能性与可行性路径。这三重任务要求对外传播研究，需要超越传播学视野，在哲学、历史、文学、美学、艺术、经济、社会等领域展开，汲取多学科资源，为对外传播建构可供讨论的理论空间；此外，还需要在理论阐释层面、实践的操作层面，以及两者交叉的部分形成发力点上充分依赖"人民群众"的智慧——即流动跨文化交流个体、华人族群以及非政府组织实现对外传播"主体圈层"的外溢和扩散，形成广泛的"具身传播"主体；并在物质、情感与义理方面，探寻中华文化对外传播的理论基础与实践取径。

在这样的一个理论维度展开中，实际上也表达了作者的"雄心"：向中国传统经典理论进发，从中国传统经典理论中发掘对外传播研究的内涵和向度，将学术视野落在西方哲学、社会学、美学、艺术理论中，在中西方比较研究中，建立中华文化对外传播研究的底层/深层的连接，找到更基础性的内涵，并在审美、艺术的路径上寻求现实取径，黑格尔说过，这是打开不同的民族的一把钥匙，甚至是唯一的一

1　新华社. 习近平同志在纪念孔子诞辰2565周年国际学术研讨会暨国际儒学联合会第五届会员大会开幕式上的讲话[OL], [2014-09-24]. https://www.gov.cn/xinwen/2014-09/24/content_2755592.htm.

把钥匙[1]；在传播内容和主体上，引入当下两个传播学的前沿问题：物质性和流动性的问题，分别植入对外传播研究的内容和主体上，为研究开辟新的路径。虽然这些内容看起来是相对独立，却有一条内在的"筋脉"牵动，那就是如何为中华文化对外传播提供新的理论内容以及研究范式，并且将之运用到中华文化对外传播的具体思路和做法上，为思考对外传播问题提供跨学科以及中西比较研究的视角。

不同文化塑造了人的不同的思想、观念、思维和生活方式，对于"异文化"而言，中国文化展现的"异国情调"的确使不同国家的民众存在一定的新奇，尤其是"西方中心主义"的优越感和对中国的"刻板印象"，这种新奇中还有相当的"奇观"色彩，以及避免不了的意识形态限制。英国广播公司（BBC）的编辑价值观（The BBC's Editoral Values）[2]中涉及，"信任是基石，我们是独立、公正和诚实的；观众是我们做所有事情的核心；创造力是我们组织的生命之源；我们尊重并且欢迎多样性以便每个人都能奉献他们的最好"等内容引用，表明了一个百年新闻机构以受众为中心的客观、中立性的价值观，但其在具体新闻报道中仍存有意识形态偏见。英国伦敦中国传媒中心（CMC）主任戴雨果教授在接受笔者访谈时指出，BBC有非常强烈的政治态度，虽然其自认为不带有任何立场和偏见，但实际上它是一个非常固执己见的组织，在运作过程中尽可能地传播它的意识形态。《中华的故事》《杜甫：中国最伟大的诗人》导演迈克尔·伍德教授在接受笔者访谈时也认为，BBC有一个自己的解释框架，他们称之为中国框架，是以一种批判的态度。可见，中华文化对外传播过程中，

1　[德] 黑格尔. 美学：第一卷 [M]. 朱光潜, 译. 商务印书馆, 1979:10.

2　《BBC编辑价值观手册》是笔者在英国威斯敏斯特大学哈罗校区传媒、艺术与设计学院图书馆查阅到，但并不是正式出版物。

能否被客观、真诚地了解、理解、认同或者接纳，不仅需要长时间，还需要交流的深广度。笔者曾两次赴英国进行调研和学习，与当地民众的沟通，并访谈英国本土学者、纪录片导演、记者等，试图绕到文本的背后了解、发现文本的生产者是如何进行生产、创作、思考以及如何讲述中国故事。比如，通过访谈英国学者马丁·阿尔布劳（Martin Albrow），更清楚他者视角下在全球化背景里中国在世界舞台上的呈现以及扮演的角色；访谈英国学者戴维·莫利教授，了解传播学发展的最新趋势以及重要转向，从基础理论入手为研究提供更多的可能性；访谈当地华人，了解作为跨文化流动的个体如何在异文化中成为中华文化的沟通者和交流者；访谈纪录片导演迈克尔·伍德和比尔·洛克等，他们如何"走进中国"观察、寻找和发现中国故事，又是如何"走出中国"，站在不同文化的视角下理解中国以及讲述中国。这也为中华文化对外传播提供了"他山之石"，从"他者叙述"中为"自我陈述"提供参照。这样的个人经验和研究经历也让笔者更加坚信从"共通"和"对话"的视角研究中华文化对外传播的必要性和现实性。学者许倬云先生说，"我们现在也需要找一个词，它涵盖全人类共有的价值"[1]，布罗代尔也认为，"各个文明的历史实际上是许许多多个世纪不断地相互借鉴的历史，尽管每个文明一直还保留着它们的原始特征"。[2]

笔者也从这两个方面搭建本书的基本结构。"共通"始终是笔者研究思考的核心，"多彩文明"之间交流与互鉴，要找到"共通"的部分、"共好"的诉求、"共在"的问题、"共融"的内容，在"彬彬有礼""美美与共"中建立和谐、包容与尊重的交流心态，探究更开

---

1 腾讯网. 十三邀第4季第8期: 许知远对话许倬云[Z/OL].（2020-03-04）[2024-03]. https://new.qq.com/rain/a/20200304V0R6M000

2 〔法〕费尔南·布罗代尔. 文明史: 人类五千年文明的传承与交流[M]. 常绍民等, 译. 中信出版社, 2017:9.

放、多元和务实的传播路径，从文化叙事、情感叙事和生态叙事等方面展开，实现"生理感觉—审美情感—文化情感—社会情感"的多维连接，人类的共通感包含感性的共情连接，也包含理性的共识建立。人类和平发展的前提是要人类之间能建立共好、共情、共理的内容和观念，因此可以从"共通之理""共感之情""共在之事""共生之境"，寻找沟通和连接的可能。"对话"，是笔者对英国和在英学者、纪录片导演的访谈辑录，对话既包括理论的考察也包括实践的追问，试图在对话中找到中华文化传播的发力点和落脚点，也希望借助"他山之石"，为"共通之路"找到更切实的方向。

依据这个思路，本书主要分为两篇，上篇为"寻找共通"，围绕中华文化对外传播的理路、取径与逻辑展开，其中包括共通性问题的理论的探讨、共通性的可能性路径和具体个案的分析。本书从三个主要问题展开。第一，探究共通性问题，从文明和理论根底上提供文化传播、互鉴和对话的基础。这里包括从跨文化视域下研究中国传统共通性理论及其当代阐释以及从西方理论视角下探究共通性问题及其为对外传播（国际传播）提供的理论取径，并从具体的"审美共通感"入手，研究中华文化国际传播的审美进阶与"感—情—理"结构。第二，共通性理论如何启发中华文化对外传播的现实路径。笔者从英国学者戴维·莫利"超越媒体中心"主义以及约翰·厄里"流动性"理论中获得启发，关注传播的物质性和流动性的问题，并将之运用到中华文化对外传播的视域中，研究器物为媒的路径、人的流动性问题以及"痛感"和共识的问题。第三，围绕上述路径和共通性核心命题，研究具体的与共通性有关的个案，比如"以食为媒"，把"自然与生命"作为沟通和对话的路径，兼有情感性、精神性、历史性和宇宙性；同时涉及中华经典的跨文化叙事等问题。

下篇为"对话与互鉴"，主要是笔者对英国广播公司（BBC）播出的中国题材纪录片的导演以及英国研究中国问题的专家的访谈文章，包括英国知名社会学家、国际纪录片导演以及中外跨文化传播的学者等，试图提供观看中国的"第三只眼"，并进入文本生产的内部，为中华文化对外传播的文本生产和输出提供可借鉴的思路。在中华文化对外传播过程中，仅仅输出宏大命题是不够的，必须将宏大命题落实到具体的"点"上，由概念阐释走向具体叙事，寻找叙事抓手，发现与人类共同关切的部分，通过故事增进对中国的理解，建立互相沟通交流的可能；从单一学科走向学科融合，中华文化对外传播作为系统性问题，要引进不同学科的对话，在对话中关注不同方面的问题，也需要各学科领域的专家在具体方面进行学术推介，寻找多个可以连接、突破的切口，形成中外学界的学理互通；还需要走向全球视野，要寻求中国与世界的共同关注，在该层面上联结人类共识。由宏大叙事落脚具体抓手，从全球视野关注共同问题，通过具体的事例讲述让世界听得懂、能理解的故事，在理解的基础上达到认同。

三

　　人类文明的发展是在传播与流动中实现的。葛兆光先生主编的三卷本《从中国出发的全球史》[1]，"讲述了一种超越国家的，笼括全球的，联系的、互动的、交往的历史，采用了国际化的视野，前沿的理论成果和历史观念，以及好听的故事和鲜活的人物。"[2] 尽管这是一本

1　葛兆光主编. 从中国出发的全球史 [M]. 云南人民出版社，2024.

2　澎湃新闻. 当我们开始谈"全球"——《从中国出发的全球史》新书首发 [OL]，[2024-05-30]. https://m.thepaper.cn/kuaibao_detail.jsp?contid=27551575.

全球史研究著述，但从传播学的角度来看，更是一部人类文明的全球传播史，展现了中华文明进入并影响世界，以及被世界影响的过程。全球是一个巨大的相互影响的系统，传播和流动是这个系统生生不息的活力。从狭义的角度来说，这部从中国出发的全球史，也是中华文明嵌入全球文明的历史，"既讲述人的历史，同时也观照'物'的历史，……探讨人类与文明的起源与彼此之间的联系，讲述全球史中的帝国、战争与移民，商品、贸易与物质交换，宗教与信仰，疾病、气候与环境，大航海之后交错的历史进程。"[1]

传播与流动是中华文明乃至世界文明得以创造和发展的内在动力。不管是出于政治、商贸、宗教目的，甚至是出于军事、战争目的，中国历代王朝同其他国家之间的传播和交流从未中断。这是从中国抵达世界，也从世界返回中国的双向流动，比如张骞出使西域、唐朝玄奘取经、蒙古铁骑征战欧亚大陆、郑和下西洋等。晚清之后，国门被殖民者炮火洞开，"睁眼看世界"的中国人在一次次远渡西洋和东洋（日本）的跨海旅程中不仅学习和引进了西方先进的思想和文化，也讲述了一个古老民族国家的故事。尽管人的流动、器物的流转，抑或是观念和信息的交流，都在殖民帝国和战争的阴影之下进行的，同时存在着巨大的输入和输出的不平等，但这个过程从未停歇。这其中有官方的也有民间的；有政治、军事的，也有文化、艺术的。新中国成立后很长一段时间，在西方帝国主义的经济封锁之下，中华文化对外传播主要与第三世界文化交流为主，侧重的是"对外宣传"，以官方为主体。改革开放之后，中国与西方国家的交流逐渐多起来，交流的主体从政府走向民间、从机构走向个人，形成"走出去"和"引进来"双向互动沟通模式。特别是大量留学生，成为"流动的中

1　豆瓣读书. 从中国出发的全球史 [OL], [2024-04]. https://book.douban.com/subject/36669709/.

国印"，在不同国家和地区刻下了中国痕迹。当然这也与国际政治秩序的重构有关，冷战结束打破了战后世界两极格局的藩篱，尽管还存在一些区域性的政治和军事冲突，但总的来说以沟通协作为主要理念的全球化的发展极大地推动了人类文明的进步。

新千年之后，中国的国际交往、对外传播也进入了新的时期。中国加入世界贸易组织（WTO）以及成功举办北京奥运会，使得中国的国家形象和国际影响力得到显著提升。2009年，关于《2009—2020年我国重点媒体国际传播力建设总体规划》文件的出台，"我国首次明确指出增强国际传播能力、打造国际一流媒体是中国媒体今后的发展方向。"[1]无论是在党的十八大、十九大及二十大工作报告中，还是在习近平总书记各种会议讲话中，构建中国对外传播话语体系，创新对外宣传方式，讲好中国故事、传播好中国声音，增强国际传播能力建设等表述都屡次被提及。虽然每次各有侧重，但党和国家对中华文化对外传播以及国际传播能力建设的重视一以贯之。

随着我国综合国力的进一步增强以及"一带一路"的蓬勃发展，西方的质疑与挑战也接踵而来，中国在世界上的形象在很大程度上仍是"他塑"而非"自塑"，因此我们更需要"加强中外人文交流，以我为主、兼收并蓄。推进国际传播能力建设，讲好中国故事，展现真实、立体、全面的中国，提高国家文化软实力。"[2]党的二十大报告也明确提出"增强中华文明传播力影响力。坚守中华文化立场，提炼展示中华文明的精神标识和文化精髓，加快构建中国话语和中国叙事体系，讲好中国故事、传播好中国声音，展现可信、可爱、可敬的中国

1　姜飞. 国际话语权认知与实践方向的转型 [J]. 人民论坛，2022(13):51-55.

2　中国政府网. 习近平：决胜全面建成小康社会 夺取新时代中国特色社会主义伟大胜利——在中国共产党第十九次全国代表大会上的报告 [R/OL]. (2017-10-27). https://baijiahao.baidu.com/s?id=1582495167355981788&wfr=spider&for=pc.

形象。"[1]可见，加强国际传播能力建设，全面提升国际传播效能，形成同我国综合国力和国际地位相匹配的国际话语权尤为重要。这些重要论断都基于过去我国在提升对外传播能力方面的宝贵经验，体现了中国在世界文明中的新角色和新使命。

通过对中华文明与多彩文明之间的对话和传播过程，以及中国当下关于中华文化对外传播的战略和国际传播力建设的简要勾勒，可以看出，对于人类文明的发展和演变以及人类全球化的进程而言，传播既是推动力也是重要内容。面对国际秩序的变化以及国际媒体对中国善意或者非善意的讲述，如何有效地应对并且充分发挥自身优势讲好中国自己的故事，展现一个可信、可爱、可敬的中国形象，增强中华文化的传播力和影响力，是需要深入思考和探究的。近些年来，对外传播、跨文化传播以及国际传播作为国家战略的重要组成部分，成为新闻传播学科重要的学术研究方向和实践探索内容，多所高校以及新闻媒体机构在该领域都有很多贡献，除了学术研究成果和实践作品，还包括物质基础设施建设和国际媒体平台搭建。当然不止于新闻传播学科，在世界中国学、比较文学等领域，围绕这一问题也有诸多成果产出。

本书是在借鉴、参考已有研究，并对其进一步思考的基础上完成的。比如，武汉大学单波教授团队，注重跨文化传播基础理论研究以及从全球互惠性理解和普遍主义的现实，观照全球新秩序，这些讨论给了笔者较多的灵感，本书重点谈及的共通性问题与互惠性理解有诸多互文之处。厦门大学华夏文明传播研究中心力图发掘中国传统文化中的传播思想和智慧，与本书中述及的中国古代共通性理论当代意

---

1 新华网. 习近平：高举中国特色社会主义伟大旗帜 为全面建设社会主义现代化国家而团结奋斗——在中国共产党第二十次全国代表大会上的报告（2022年10月16日）[R/OL]. (2022-10-25). http://www.xinhuanet.com/politics/leaders/2022-10/25/c_1129079429.htm.

义方面也有相似的气质，特别是在做好中国传统文化的创造性转化和创新性发展方面，文气相通、方法相近。当然还有诸多学界同仁的贡献，不一而足，即使可列一个长名单，也难免挂一漏万，感谢这些思考和见地对笔者写作的启发。

除此之外，英国全球中国学术院及其主办的"全球中国对话论坛"，对笔者的研究和思考也帮助颇多。全球中国学术院终身院士、英国社会学家马丁·阿尔布劳教授发表的系列演讲以及出版的专著，在英国学术界影响很大。他在《中国在人类命运共同体中的角色：迈向全球领导力理论》（*China's Role in a Shared Human Future: Towards Theory for Global Leadership*，新世界出版社，2018年版）一书中，深入考察了中国在全球化中角色的变迁，指出在未来的全球化过程中，复苏作为全球合作基础的全球伦理需要重新发现人类文明价值中共有的部分。全球中国学术院院长、创院院士常向群教授和阿尔布劳教授不仅接受了笔者的访谈，也在此后研究的过程中给予了大力支持。

本书也希望在坚持中国特色的前提下与世界和人类的普遍性、共通性关联，能够在跨学科的理论研究方面，充分发掘人类文明价值的深层根源，在共识、共通、共好的路径上，对中华文化对外传播研究有所贡献。本书也希望引入物质性和流动性的理论考察和实践路径拓展，突破以往全球传播依赖符号媒体为主要载体的传播思路，提供中华文明全球传播的可能，从哲学、历史、文化、美学、文学、艺术等角度，将传播学问题的触角延伸到底蕴深厚的人文基础学科中，消减传播学研究的"内眷化"问题，为当下对外传播研究提供重要的理论补充和案例分析，也为人文社科领域的研究提供更加灵活的研究进路，促进不同学科的交流互鉴，以达到"学理互通"的境界。通过中西方理论的比较研究，本书试图在更基础的层面中找到对外传播的可能性与现实性的理论支撑，并从历史维度审视中华文化海纳百川的文化品格、容纳同化外来文化的内在力量以及数千年对外传播的实践基础。虽然本书在共通性、以器物为媒以及流动性等方面做了较多讨论，但同样重视符号和信息传播。在本书下篇"他山之石"中，重点论及了纪录片作为传播载体的价值、意义以及如何在他者语境中更好地完成中华文化和中国故事的讲述与传播。其实，不只是纪录片，如今我国在网络文学、影视剧出海，包括电子游戏出海等方面，都取得了很好的实绩，虽然本书并未涉及，但是值得深入研究。

　　需要说明的是，本书在行文中分别使用了跨文化传播、对外传播和国际传播三个主要的关键词。这三个概念虽有很多方面的重叠和相近之处，但还存在内涵和外延上的区别。在这里做一个简单的辨析：跨文化传播（Intercultural Communication）概念是由美国文化人类学家爱德华·霍尔（Edward Twitchell Hall）在其著作《无声的语言》（*The Silent Language*）中第一次提出，指处于不同文化背景的社会成员之间的人际交往与信息传播活动，同时也涉及到各种文化要素在全球社会中迁移、扩散、变动的过程，及其对不同群体、文化、国家乃至人类共同体的影响；这与对外传播和国际传播两个概念中某些方面非常接近，但爱德华·霍尔对跨文化传播的定义，更强调"文化"的特质，涉及到多种文化内容、文化要素、文化主体和文化活动，注重传播的双向性和主体间的关系；关于国际传播（International Communication）的定义也比较多，一般是指民族、国家或其他国际行为主体之间进行的、由政治所规定的、跨文化的信息交流与沟通，突出政治倾向性和意识形态色彩；对外传播（也可译作International Communication），通常指某一国家面向其他国家或地区受众所进行的跨国传播或全球范围的传播，以加强国家形象的塑造和推广为目的，虽然突出文化输出的"自陈性"特质，但也重视"自我陈述和他者言说"的对话和交互，对外传播也被认为是国际传播的一种。就三者而言，跨文化传播的外延更宽，国际传播包含一定的对外传播。因此，本书虽然定位在"对外传播"上，但更多是基于跨文化传播的视野和国际传播的内在要求来展开论述，同时会结合所讨论问题的具体语境分别使用三个概念。

四

构建中国话语体系，讲好中国故事，不是"为了讲而讲"，而是面对世界秩序新的想象和实践、面对人类生存境遇的诸多挑战，贡献中国人的方案与应对智慧。因此，有必要站在人类大历史和世界的时空之下去考察增强中华文明传播力影响力这一问题，这既是中国话语和中国叙事体系构建的核心，也是人类经验智慧与现实世界相结合的理论反思。后疫情时代和国际诸多不稳定因素导致全球秩序出现新的变化，增强中华文明传播力影响力有助于为建设更和谐的世界提供路径。

如何实现中国化向世界性的转变、实现特殊性向普遍性的转换、实现民族性向人类性的转化，这是中华文明的传统精髓与现代意蕴能否被全球聆听的关键，也是能否进行有效全球传播的关键。因此，需将中国置于人类文明进程和世界格局变化中考察，发掘多元共生的价值基础，确立国际传播的叙述轴心，从基础理论上为讲好中国故事和中国道理，为形塑全球新秩序贡献中国经验和智慧；需要"邀请"和涵化不同学科的基础理论，可从中国传统文化中发掘人类文明价值共通的概念和话语，并将中国经验的样本进行理论的转化和概念的锤炼，从"理论—实践"上夯实中国话语国际传播的基础；整合中国传统文化深层观念和现实经验，统摄"故事"和"情感"，发掘人类共通的部分，实现讲好中国故事的进阶和拓展。从中国经典文本和典籍中涵化和提取能够诠释和说明当下中华文明的关键概念，也要从中国建设和改革现实经验出发，提取人类在解决自身生存困境以及追求理想生活中的经验等，凝练中国道理。充分发掘多种故事原型和经验，结合当下传播学的流动性、空间性和物质性的转向，关注流动的人、器物、城市和空间等叙事问题；人类的情感具有本能性和共通性，以美为媒建立人类的情感连接；并围绕生活、艺术、自然、技术等审美类型，在人类多维情感经验中，寻找沟通的可能性；注重传播的世界语（情）境，语境的范围会更宽泛，语境的差异决定了道理讲述和故事讲述的方式和方法。情境的范围相对较小，更注重具体沟通过程中的方式和方法，这里面同样涉及具身传播和人的流动性的问题。如何立足"理—事—情—境"四位一体的叙事逻辑，从整体性出发，探寻人类沟通和对话的四个面向：共通感、普惠性、人"情"化和世界"观"，形成中国道理、中国故事和中国情感和世界语境的叙述逻辑？其中，"故事"是"道理"的具象体现，"情感"是"故事"的内核，"语境（情境）"是故事产生影响的可能。"故事"作为逻辑枢纽，连接中国道理、中国情感和世界语境，可在文本、经验、器物、事件、行为、生命等多个维度，整合故事"原型"，从实践层面探寻中华文化对外传播的路径；"以美为媒"，探寻人类共通的感性媒介，连接人类共在、共通、共好的内容，建立国际传播的可沟通性系统，在具身交往、人与物的流动以及场景仪式中，形成"润物无声""不言自明"的传播效果。在"默会意象之表"，把故事讲清楚、把内容讲好，避免"长驱直入"和"大张旗鼓"的宣传式进入。此外，以往的研究大都集中在以媒体为中心的范式下，这与媒介技术发展的过程有必然的关系，也成为持续的"高音"，但是对人、物这些曾经非常重要却被遮蔽的部分，也就是"执拗低音"的部分，有重返的必要。这并非是媒介的泛化，而是建立更多连接的中介。为此，还要进一步探索如何超越"以符号为中心"的话语体系，将流动的物与人纳入其中；基于中国声音、中国视角、中国道理，延展成人类声音、世界视角、全球道理，寻找中华文明与多彩文明的共通与对话之处，创建更加平等互通的话语方式，力图在共识和秩序中找到话语接合点。

中华文化对外传播需要把中华文明传播力影响力置入解决人类生存的共同和共在的问题中，共同解决当下世界的块状分裂以及人类秩序动荡不安的状态，建立世界的平衡感和稳定性。中国要讲好中国自己的故事，需要关注两种关系：第一是超越关系，要把观念和构想放置在世界和人类的视角，这才有可能超越"自我—他者"的二元局限。唯有这种超越性，才能实现全球叙事和全球传播的构想。世界作为块状共同体有各自利益和要求，但是人类面临战争、病毒和自然环境的威胁的时候，共同利益使其环扣在一起，"为了人类的美好生活"也是中华文明传播力影响力的意义体现。第二是对话关系，对话是寻求人类共识和共通的部分，是人类社会付出最小代价解决矛盾、冲突和困境的方式。作为理想化的沟通情境实现起来很难，但仍旧是方向。从理论上提供不同人类文明可沟通的概念、观念和言说方式，为全球叙事和传播提供基底支持。中华文明体现出来的智慧、经验、实践和探索精神，为面对世界性和人类性的共通和共在问题时提供思路和方案。在跨时空比较视角之下，兼顾理念叙述与实践相结合，做到"尽精微而至广大"。

习近平总书记曾指出："要推动中华文明创造性转化、创新性发展，激活其生命力，让中华文明同各国人民创造的多彩文明一道，为人类提供正确的精神指引。"[1]在变动不居与差异化中寻求相对稳定和恒定的部分，追求人与人、人与物、人与自然的和谐，也许是实现共通的必经之路。

1　人民网. 习近平：在哲学社会科学工作座谈会上的讲话（全文）[R/OL].（2016-05-18）[2024-03]. http://politics.people.com.cn/n1/2016/0518/c1024-28361421-3.html

第一章

跨文化传播视域下中国传统
共通性理论的当代阐释

中国传统经典理论关于共通性问题的讨论，涉及从感性到理性、从本能到伦理、从文学批评到跨文化对话等多个方面，这为人类在共理、共识、共感等方面建立更多交流的路向提供了理论基础，也有助于进一步增强中华文明传播力、影响力。基于中国传统理论创造性转化和当代意蕴阐释，在"审美共通感——知音说——'理、事、情'逻辑——'真、善、美、适、神'体系"这一共通性理论脉络中，建立孟子、刘勰、叶燮以及钱穆之间跨越时空的理论对话，从生理到人性，从文艺到社会，从世间理、事、情到宇宙观、人生观，在传播和接受双重视角下探寻不同文明之间交流的现实与可能。通过引入中国传统理论，也丰富和拓展了跨文化传播的理论资源和实践进路。

拓展跨文化传播的理论基础，有助于在实践层面上进一步深化和开拓传播范式与路径。增强中华文明传播力、影响力，一个很重要的方面是转换问题，也即如何实现中国式向世界性的转变、特殊性向普遍性的转换、民族性向人类性的转化，这是中华文明能否实现与"多彩文明"交流并进行有效传播的关键。因此，需要建立以人类共生价值为基点，辐射人类相遇相知的内容，搁置分歧和争议，找寻人类美好、互惠生活的可能，支撑共同生活和存在的人类命运共同体结构；并以人类共通情感为纽带，连接人类情感上的共情和共鸣，激活人类共通的情绪价值；同时要以人类共识判断为依据，在解决相同困境和难题时，提供能够超越局限的应对方案和策略，在互惠性交流与理解中使不同国家和地区更了解中华文化。这是增强中华文明传播力、影响力的应有之义，也内在要求如何在跨学科的理论资源和对中国传统理论当代阐释中寻找与"多彩文明"沟通的理论基础与可行性路径。近些年来，国际传播研究成果多集中在对存在问题提出优化路径上，或是对当前国家国际传播战略政策解读和问题讨论方面，还有从区域、国别探讨差异化的国际传播策略，这些研究具有较强的实践意义和现实观照，但在多学科基础理论供给国际传播研究上，还显不足。特别是如何从与世界和人类的普遍性、共通性方面建立关联，找到中华文化的叙事维度和解释方式，并从学理层面阐释与总结，仍需进一步研究。基于此，笔者将从中国传统理论中的共通性问题入手，通过对孟子、刘勰、叶燮、钱穆等不同时代思想理论家的文本细读和阐释，探寻中华传统经典理论在中华文明跨文化传播中的现实意义和理论张力，重新发掘和释放中国经典理论的现代意义。

一 孟子基于生理与人性的共通感理论：
跨文化沟通的基础与现实

审美共通感是中国传统经典美学理论中的重要命题之一，它指向不同个体对审美对象的共情感知和共同判断，其思想来源于孟子的生理和人性的共通观。对于中华文明跨文化传播研究而言，这一理论颇有启发意义：能否基于审美共通实现跨文化之间的交流与对话，拓展中华文明与"多彩文明"之间连接的通道和维度，为传播实践提供可行性路径。[1]

孟子思想中关于生理共通的论述是这个命题的理论基础，也提供了关于审美共通感的经典阐释。孟子说："至于味，天下期于易牙，是天下之口相似也。惟耳亦然，至于声，天下期于师旷，是天下之耳相似也。惟目亦然，至于子都，天下莫不知其姣也，不知子都之姣者，无目者也。故曰，口之于味也有同耆焉；耳之于声也有同听焉；目之于色也有同美焉。"（《孟子·告子上》）孟子在这里列举的易牙、师旷和子都，分别是天下人公认的厨师、乐师和美男子。为什么天下人认为，美味可期于易牙，美乐可期于师旷，美颜可期于子都？在孟子看来，天下人的口、耳、目是一样的，这是人共有的生理感官。同类相感，故能对味道、声音和形色有共同的感知和判断。正如陈望衡所言："孟子认为，人的生理感觉：视觉、听觉、味觉等是相似的，由此他推论出人对于声色有共同的美感。"[2]生理感官是人作为同一种类，存在共有的身体结构，具有先天的一致性或相近性，人类对美的事物的感知，虽然依凭感官直接获得，但具有一定的普遍性。孟子所言的"天下"，即是强调一种普遍性和共同性，而这种普遍性实现的前提就是人的生理感官。由于社会的发展，人们在文化偏好上会产生一定的差别，甚至是政治意识形态上的隔阂，但因为生理上的共同和共通，人才会在生活、审美和艺术的判断上超越其他的分歧和隔阂，形成对世界共情的感受。美的味道让人喜悦，美的声音让人愉快，美的

---

1 王鑫. 中国传统美学助力跨文化传播[N]. 中国社会科学报，2021-04-20.
2 陈望衡. 中国古典美学史[M]. 湖南教育出版社，1998:141.

颜色让人愉悦，这种感知从一般意义上来讲，是直接而可靠的。孟子提出的人具备生理上的共通感，意在为君王实施仁政提供思想基础，即生理共通可以超越政治和阶层的局限，实现君王"与民同乐"。如果进一步延伸，基于生理共通而达到的感知上的共通，不只是超越阶层，也能超越地域和空间，实现主体间跨文化上的共通。孟子这一思想的可贵之处在于，从最基础和普遍的感觉意义上建立了人类沟通的可能性。正如"以食为媒"，人们对食物的生理感知与口腹之乐，也推进了文化与文明的传播，而"以美为媒"，色彩、形式、声音、节奏等通过视觉和听觉使人产生的普遍一致的感受和状态，则是共通的美感。

生理和身体产生的有关美丑好恶的价值判断以及基于感同身受而生的悲欣之情，确立了人类沟通得以展开的一种维度，这种共通构成了审美表现和接受的前提。由此可见，人类文明和文化的传播和交流，既存在需要的必然性，也存在行动的可能性，因为人类有着共同的生理基础，具备可以感知事物的共通能力。以"口之于味"为例，虽然饮食文化存在不同文明间的差异，但是食物流通在很大程度上依据生理基础而实现"感觉共通"，并在流动的过程中成为人类文明融通的重要一环，正如麦当劳遍布全球也将美国文明的麦当劳化特征传遍世界一样。生理共通不仅诠释了交流的可能性与必然性，也为如何可能提供了方向：首先，传播内容要做到悦耳悦目，从感官上能够使接受者感到愉快，产生情感连接。在这一点上，也不要忽略主体间的创伤与痛感连接。其次，充分考虑到文明传播的物质向度，也要把制度性、精神性、思理性内容以具体可见、可听、可触的形态呈现出来。

生理感官的共通使中华文明的传播在悦耳悦目层面上实现了交流的可能性，那么在心灵上有没有共通的内容？孟子说："至于心，独无所同然乎？心之所同然者何也？谓理也，义也。圣人先得我心之所同然耳，故理义之悦我心犹刍豢之悦我口。"（《孟子·告子上》）至于"心"，就没有共同需要、共同接受的东西吗？孟子给出的答案就是理和义，也即公理和正义等。"理"和"义"使人内心产生的愉悦，就像美味佳肴能够使人产生愉快的心情一样。这就从传播和交流的悦耳悦目层面进入了悦心悦意层面，不仅是生理和感觉的共通，也是人性中"善"的体现，在伦理和价值的维度上实现了共通。"人皆有不忍人之心。……由是观之，无恻隐之心，非人也无羞恶之心，非人也；无辞让之心，非人也无是非之心，非人也。恻隐之心，仁之端也；羞恶之心，义之端也；辞让之心，礼之端也；是非之心，智之端也。"（《孟子·公孙丑上》）同情怜悯之心、羞耻好恶之心、谦虚礼敬之心、是非善恶之心，人皆有之，这是人性共通之处。一个人能够在古今中外的文学作品中感到愤怒、悲伤、欣喜，人类能够从遥远的哭声中感到心痛，都是因为心同此心，理同此理。人类对公理和正义的寻求，也是人性中"善"的回声，"在文化多样性和复杂性的情况下，人世间存在着基本的共同价值，我们与他者之间保持着近乎出于本能的尊重、敬畏和关怀，这也是跨文化传播中强调的感知和共情（empathy，也译作'移情'）的价值所在"。[1] 就像美国好莱坞电影中总会设计一些直抵情感柔软之处的桥段，这种设计在各种文化中畅行的一个重要的原因就是人类的精神和情感世界中始终存在着超越其他限制的共通感觉和情感结构。两千年之后的美国传媒学者彼得斯的问题，"我们能够互相爱护，能够公正而宽厚地彼此相待吗？"也许在孟子那里可以找到某种乐观的确认。[2] 不过，人人都"应有"，仍是一种

1　肖珺. 互惠性理解的通路 [J]. 跨文化传播研究，2022(1).

2　〔美〕彼得斯. 交流的无奈：传播思想史[M]. 何道宽，译. 华夏出版社，2003:252.

应然状态，将应然变成实然，还需要历史沉淀和形构典范性来达成共识。

文化传播和交流的实效在于个体对异文化的认识、了解和尊重，共通感则提供了逻辑前提。真、善、美作为价值追求也并非放之四海而皆准，仍需要在一定的历史和语境中去考察，但是至少与不可通约的问题相比，能够在更大范围获得普遍性的认同，这也是人类基于审美共通感建立传达、交流和接受的必然性。"人类命运共同体"概念中也包含人类共通的情感维度，从孟子的共通感这一命题出发，有助于找到更多人类情感连接的部分，发掘共通感在中华文明与"多彩文明"融通中的学理意义，也为传播实践拓展了思路。

二 刘勰文艺与社会接受的"知音说"：
跨文化交流中存在的问题与可能

孟子的共通感理论启发了文化传播和接受的可能性，揭示了两个心灵得以沟通的生理和伦理基础。不过在具体实践中，想要实现跨文化传播与交流，建立主体间有效的沟通，并不容易。魏晋时期杰出的文艺理论家刘勰在《文心雕龙》中说："知音其难哉！音实难知，知实难逢，逢其知音，千载其一乎！"[1] 这是两个心灵共通的问题，也是一个文学交流的问题。如果说孟子是从生理和伦理方面讨论共通感的问题，刘勰的"知音说"则是从文艺和社会的层面上展开。他认为作者（传播者）与读者（接受者）之间的沟通，如果想要知晓对方的情感、心意和志神，并能相通，像伯牙与子期高山流水般的知音那样，非常

---

1 （梁）刘勰著；范文澜注.文心雕龙注[M].人民文学出版社，1958:713.

困难，"千载其一"。刘勰的"知音说"，从文学接受的角度谈共通性问题，提出了心灵共通难以实现的困境，同样触及交流问题的核心：一般来讲，读者往往对于文本或叙述有不同的"期待视域"，并存在接受心态、接受意向上的差异，这就造成了主观或者客观上的误读与偏见。对于传播实践而言，解码过程同样与受众的观念、态度、能力等有关，两者异曲同工。

刘勰的"知音说"不仅指出了作者（传播者）与读者（接受者）文本接受过程中的共通困境，还对其产生的原因进行了分析。刘勰认为："夫古来知音，多贱同而思古。"[1] 除了"贵古贱今"之外，还存在"文人相轻""崇己抑人""信伪迷真""知多偏好"等问题，这是造成"音实难知，知实难逢"的原因，也是困境的表现。从接受者的角度看，这些原因大抵受到主观方面的意愿、心态、能力的影响。虽然刘勰针对的是文学传播与接受，但是这些问题在国际传播中以某种"变形"的方式同样存在，比如"贵大贱小"，即文化传播双方存在发达国家与发展中国家的区别，发达国家和地区的受众在心态上容易"崇己抑人"，甚至以奇观化心理来对待他者文化；而在大国之间，也存在"相轻"的情况，特别是受民族主义情绪的影响，大国之间言论"挤兑"尤为明显，使交流陷入"相轻相抑"的境地；此外，由于受众存在刻板印象，并且固守"首因效应"，缺乏对不同文化的学习和了解，特别是媒体报道制造了某种"想象的真实"，就会产生"信伪迷真"，使接受偏离了传播的"初衷"。受众通常基于个人经验进行"交流"，千差万别的个体存在着丰富而独特的个人经验，将个人的"偏见"和"私心"放在交流之中，使交流陷入困境是难以避免的事情。比如，讲好中国故事的国际传播策略总会引起"他者"对中国

1　（梁）刘勰著；范文澜注.文心雕龙注[M].人民文学出版社，1958:713.

秉持和合之意的交流和讲述产生戒备甚至是敌意。此外，如英国广播公司一些涉华纪录片，由于导演或者制作人自身的好恶和臆断，特别是意识形态上的偏见，导致在拍摄中进行了选择和"过滤"，结果难以客观地呈现事实以及中国形象。

虽然存在交流和接受的困境，但是刘勰并未停留在交流的无奈或者不可实现的惋惜中，而是对如何改变提出了思路。刘勰说："凡操千曲而后晓声，观千剑而后识器；故圆照之象，务先博观。阅乔岳以形培塿，酌沧波以喻畎浍，无私于轻重，不偏于憎爱，然后能平理若衡，照辞如镜矣。"[1]"晓"，是通晓和明白；"识"是鉴别和判断。弹奏千首曲子，自然能够听懂音乐；看过千把宝剑，就能够鉴别兵器。这表明作者（传播者）与读者（接受者）之间要建立共通的理解，第一，需要一个积累过程，不仅是时间的积累，也是经验和视野的积累，"务先博观"。博观可致了解，看得多，自然就不会"少见多怪"，可以避免奇观化；"操千曲"和"观千剑"，只有在不断地相遇和交流中，才能在判断和理解上实现共通和"懂得"。这也提示，良好的传播心态是必要的，缓行而渐入，才能"润物无声"。第二，需要一个由浅入深、由直观到抽象、由可感到可解的过程，才能达成从"看热闹"到"看门道"的提升。对于接受者来讲，对传播的内容有兴趣，并且有了解的意愿和行动，经过不断的积累才能对内容有所辨识，辨识之后而觉察。这也是笔者一直致力于中华文明传播的物质性研究的原因，通过对器物的把玩、对食物的品味、对日常可用之物的反复使用，才能体会、感受和理解隐匿在物质文化中的观念、思维。因此，增进中华文明传播力、影响力，先要做好物质性议题的开掘和发现，并找到可用之物作为传播载体。第三，需要一个客观和尊重的心态。

---

1 （梁）刘勰著；范文澜注. 文心雕龙注[M]. 人民文学出版社，1958:714-715.

"无私于轻重，不偏于憎爱，然后能平理若衡，照辞如镜矣"。张少康认为："刘勰指出由于批评者的主观和无知，往往会埋没许多优秀的作品，同时批评者常常因为自己的好恶而不能对文学作品做出客观的实事求是的评价。"[1] 不受私心干扰地评价作品的分量，不受个人憎爱而生偏颇之心，之后才能客观公正地衡量，客观真实地显现，就像镜子一样。刘勰在这里构筑了一个相对理想的沟通情境，并且假定了完美的接受者，但是对受众来讲，是很难去除加达默尔所谓的"前见"的。

　　跨文化传播也需要规避"前见"，通过对刘勰"知音说"的当代阐释，可获得一些启发。首先，"披文入情"，在普惠性和人"情"化中，讲述中国故事。曾经的李子柒和木匠爷爷，以无言的日常生活吸引并受到世界上不同国家和民族的受众的欣赏和喜欢，在个体与个体相遇中，找到了心灵沟通的契机和可能。这种交流，不需要具体的语言和面对面的讲述，举手投足、"一招一式"中就是心灵的外化，因此，行"不言"之"讲"，做"不说"之传，往往会有意想不到的效果。第二，以"默化""涵化"和"润化"的方式，在"默会意象之表"中，把故事讲清楚、把内容讲好。前面提到的食物，就是很好的物质载体。它不断与人们在日常生活中相遇，食物的食材、调料、烹饪方式都浸润了文化的内容，食物虽然什么都没说，却讲了一个故事。第三，在相互尊重的心态和相互认知的时间中，去除各自的刻板印象，感受不同文明的魅力。对于不同文化的接受，需要一个认识、了解、揣摩、会意、懂得的过程，期间也会遇到质疑、反诘、批评和拒绝等。在跨文化交流过程中，平等和尊重是前提，单一的否定或者拒绝都是狭隘和局促，不利于传播与接受。这也表明跨文

1　张少康，刘三富. 中国文学理论批评史 [M]. 北京大学出版社，2005:217.

化沟通存在一个先决条件，即传播仍旧是心灵与心灵的碰撞、个体与个体的相遇。传播与交流的最终落脚点，仍旧是一个个具体而鲜活的人。大而化之的理论和概念无法抹杀个体在接受意愿、接受能力、接受态度上的差别。"两个心灵如何能够知道一件事物？"这需要在共通性中进行持续不断的探究。刘勰虽是谈及文学中的批评和接受问题，但同样触及文化传播的实质，为思考当下中华文明传播问题提供了灵感。

三 叶燮的"理、事、情"：
桥接不同文化内容与叙事的关键

建构主义的路径对于中华文明传播至关重要，找到不同文化沟通的契合点和共通之处，并且以此为基础，建立更宽泛的可交流的内容，才能增强文明传播力、影响力。清代初期著名文学理论家叶燮在《原诗》中提到文学创作的"理、事、情"三个维度，为跨文化沟通的内容和叙事提供了可借鉴的思路。叶燮的《原诗》，是继《文心雕龙》之后，又一部理论性、系统性文艺理论著作。在《原诗》中，叶燮提到诗文创作一个非常重要的观点，即"理、事、情"三要素。尽管叶燮的理论着意阐释文学创作方面的有关问题，但是对于跨文化沟通的内容和叙事有重要的启发。相较于孟子和刘勰从生理、人性、艺术和社会的基础展开共通性的讨论，叶燮的理论则从世间的理、事、情入手，为共通性内容方面提供了启发。

叶燮认为："曰理、曰事、曰情，此三言者足以穷尽万有之变态。凡形形色色，音声状貌，举不能越乎此。此举在物者而为言，而

无一物之或能去此者也。"[1] 在叶燮看来，理、事、情三者可穷尽万千事物之形态，天地万物的构成不能脱离三者。"曰理、曰事、曰情三语，大而乾坤以之定位、日月以之运行，以至一草一木一飞一走，三者缺一，则不成物。"[2] 理、事、情三个方面，与天地、万物、人事相通，缺一不可：事物的内在之理，在具体的事情当中显现，事情（故事）的讲述和延展又涉及情感、情绪等。因此，理、事、情是交织在一起的，共同构成跨文化叙事和文明传播的内容基础。叶燮说："先揆乎其理，揆之于理而不谬，则理得。次征诸事，征之于事而不悖，则事得。终诸情，之于情而可通，则情得。三者得而不可易，则自然之法立。故法者，当乎理，确乎事，酌乎情，为三者之平准，而无所自为法也。"[3] 首先考量的是理，其理不误，理就有了；其次，要呈现各种各样的事，事情展现正确无误，则事就对了；最后是激起情感，情感被整理通顺了，则情就到了。三者都做到不容易，如果做到则自然之法就确立了。这里所谓的法，是道理得当、事情准确、情感平衡。叶燮是中国古代文学艺术理论的集大成者，他提出的理、事、情三个方面，把创作和接受关联起来，人所共通的内容不外乎相通之理、相近之事、相悦之情三个方面，这也是主体间得以建立可沟通内容的三个维度。诗文要有理、事、情；世间之种种，也在理、事、情。理、事、情是一把钥匙，打开作者与读者沟通之门，也或能打开跨文化沟通之门。依靠这把钥匙，就可以找到不同文化沟通中的相似之理、共通之理、可解之理，然后依靠具体的故事、具体的事物，深入内心、激发情感，从情感和情绪上打动人、吸引人。通过耳目之悦、心意之

1　郭绍虞主编.原诗 一瓢诗话 说诗晬语[M]. 人民文学出版社，1979:23.

2　郭绍虞主编.原诗 一瓢诗话 说诗晬语[M]. 人民文学出版社，1979:21.

3　郭绍虞主编.原诗 一瓢诗话 说诗晬语[M]. 人民文学出版社，1979:20.

悦、志神之悦,实现跨文化之间的有机交流。虽然叶燮是从文学和诗歌创作的角度提出"理、事、情",但在跨文化传播过程中,无论是文学艺术,还是新闻叙事,都离不开这三点,这也是跨文化沟通的契机和焦点。

"理、事、情"体现人类共通性内容,那么"理、事、情"具体指的是什么?叶燮将之概括为:"譬之一木一草,其能发生者,理也。其既发生,则事也。既发生之后,夭矫滋植,情状万千,咸有自得之趣,则情也。"[1] 引申来讲,这里的理,是符合大道规律的理,及至自然、社会、人心之理;这里的事,是理灌注之后而存在的具体的事情;事情发生,使人体会到各种情感和情绪,构成普遍的共感和共鸣,就是"情",是可以被人直接感受和感知的。理可分道理、事理、情理;事可有人事、世事、情事;情可有人情、世情、感情:这三者之间相互缠绕、相互融贯、相互沟通。讲理、说理要依托具体的事;讲故事如果没有情绪的激发和情感的共鸣,事也就乏味和单薄;缺乏事理的情感,情也会苍白无力。这些内容,并不会因时空转换而有根本性的变化,作为人类生活基底共有的部分,四海相通,成为沟通中外文化的"一把钥匙"。

文化传播与故事讲述,需要从人类文明发展和日常生活中找到可以对话和交流的部分,在一来一去的主体间互动,在民族内部形成连接,也在不同文化中被欣赏和接受。笔者得益于叶燮理论的启发,在《寻找沟通中西方观众的"理、事、情"》一文中认为,正是具有跨时空的共通性,使杜甫和他的诗不仅属于中国,也成为世界的和人类的。"这个'理',不会因为肤色、人种、民族、国家的差异就有所不同。杜甫一生所为之事,大多是在困顿中坚持、于险阻中奔波、在

---

1 郭绍虞主编. 原诗 一瓢诗话 说诗晬语[M]. 人民文学出版社,1979:21.

无望中努力，他的诗歌中始终充满了对人间疾苦的关切，对山河的热爱，对家国的心愿，虽沉郁凝重，但神思飞扬，创造了一个自由且丰沛的情感世界。"这个世界并没有因为历史的远去和时代的更迭而有任何削减，仍旧给予人丰富的审美体验和珍贵的价值认同。"杜甫既活在历史中，也活在当下；既活在中国，也活在世界。"[1] 这也提示我们：一些具有典型意义的"理、事、情"，具有超越性和普遍性，较为容易形成人类跨文化的共通的理解。对于辽宁省博物馆"山高水长：唐宋八大家"的展览，笔者在接受专访时亦提出，跨越时空对话的密码在于"理、事、情"，这种跨越千年的情感和人情并没有因为时空的转换发生根本性的改变，存在于唐宋八大家诗文中的"理、事、情"，成为民族文化基因，即使千年之后，人们依然可以感受和体恤到这种相似性、相关性和相通性。[2]

跨文化的沟通和互动，需要寻找中外共通的理、事、情，使其成为讲述中国故事的具体内容。这不仅是传播和交流的基础，也会提升向世界说明中国的层次和境界。除了理、事、情，还有一点不能忽略，就是"境"。"境"，是语境也是情境。毕竟"多彩文明"既有共通性也有特殊性，历史和语境是构成特殊性的重要原因。因此，除了"理、事、情"三个核心部分外，还有一个"境"，形成"中国道理—中国故事—中国情感—世界语境"相连接的传播思路。整合中国传统文化深层观念和现实经验，统摄"故事"和"情感"，并从"理—事—情—境"的角度发掘人类共通的部分，在悦耳悦目—悦心悦意—悦志悦神中，实现中华文明传播的进阶和拓展。

---

1 王鑫. 寻找沟通中西方文化的"理、事、情"[N]. 中国青年报, 2020-06-08.
2 王鑫. 八大家穿越千年与我们对话[N]. 辽沈晚报, 2020-12-22.

四 钱穆的"五维价值域"：
跨文化传播可沟通的理论基底与线索

笔者曾在文章中提到用钱穆的"五维价值域"来疏解国际传播的困境。[1]"五维价值域"是笔者对钱穆在《适与神》一文中提到的"真、善、美、适、神"的归纳，并将"五维价值域"作为寻找建立中外文化共通性的理论基底。从孟子到叶燮，关于共通性的讨论是一场跨越时空的理论对话，从生理、人性到艺术、社会，再到世间的理、事、情，而至钱穆，则进入沟通中西方宇宙观和人生观的问题上来，共通性问题的广度和深度进一步拓展。

晚清至民国，很多学者探讨中西方文化的差异，引入思考中华文明的"他者"视角，并在重估和重识中华文明价值的过程中，找到两者的共通之处。对中国哲学和文化制度史谙熟于心的钱穆，站在中西方哲学对比的角度，从真、善、美、适、神五个维度，来沟通中西方人的宇宙观和价值观，笔者将之概括为"五维价值域"。钱穆是从宇宙观和人生观的视角，来考察中西方文明共通性与差异性问题的。

钱穆并没有在他的《适与神》一文中重点论及真、善、美这三个维度，而是着重论述"适"与"神"。钱穆认为："西方人列举真善美三个价值观念，认为是宇宙间三大范畴，并悬为人生向往的三大标的。这一观念，现在几已成为世界性的普遍观念了。"[2]钱穆却指出了真、善、美三大观念的局限，认为其"并不能包括尽人生的一切"，"有一些容易引人走入歧途的所在"，同时"中国传统的宇宙观与人生

---

1 王鑫. 从自我陈述到他者叙事：中国题材纪录片国际传播的困境与契机[J]. 现代传播：中国传媒大学学报，2018(08).

2 钱穆. 人生十论[M]. 生活·读书·新知三联书店，2009:10.

观，亦与此真善美三范畴论多少有出入处"。[1] 钱穆说，德人Bermhard Bavink（巴文克）主张于真善美三个范畴之外，再加适合和神圣之两项。巴文克的配列是：科学真、道德善、艺术美、工技适、宗教神。[2] 按照这个逻辑，真、善、美、适、神五个价值域就都有了合适的配置。钱穆重点论述适合与神圣两个方面，认为西方传统的真、善、美三个价值域与中国的宇宙观和人生观是有分歧的，但是增加"适合"与"神圣"，"更易接近相融会"。[3] 巴文克引入"适"的价值，"本来专指人类对自然物质所加的种种工业技术言"[4]，钱穆认为这一范畴可以引申，不只是人类技术生产，诸如文化制度生产和创造，都应该纳入"适"的价值领域。西方偏重技术生产可以引入"适"的价值领域，中国偏重人文社会的发明和创造，因此，也可引入"适"的价值领域，前者侧重于改造自然，后者侧重于社会和人生现实，"儒家的所谓时，道家的所谓因，均可与巴氏之所谓适，意趣相通"[5]。经过这样的逻辑转换，作为价值理念的"适"指向人类生活的现实性和相对性，将"适"与真、善、美融会贯通，"则我们对宇宙人生的种种看法，就会容易透进一个新境界"。西方价值观念中的真、善、美具有永恒性，是超越人生的，是至上的。但恰是在人生之中才有真、善、美，"本是人心之产物"，因此西方文明中那种纯粹的宇宙观和真理性，在钱穆看来是有局限的。其实，现代西方学者已经对真、善、美超越性和无条件性进行了较大的修正，认为真、善、美是有限的、语境化的和相对性的，不能放之四海而皆准，这与钱穆的批评异曲同工。"把

---

1 钱穆. 人生十论 [M]. 生活·读书·新知三联书店，2009:10.

2 钱穆. 人生十论 [M]. 生活·读书·新知三联书店，2009:10.

3 钱穆. 人生十论 [M]. 生活·读书·新知三联书店，2009.11.

4 钱穆. 人生十论 [M]. 生活·读书·新知三联书店，2009.11.

5 钱穆. 人生十论 [M]. 生活·读书·新知三联书店，2009.11.

'适'字的价值观渗进旧有的真善美的价值观里面去，于是主观即成为客观，相对即成为绝对，当下即便是终极，矛盾即成为和合。"[1] 西方的宇宙观和人生观因为引入了"适"，兼有永恒性和具体性、超越性和世俗性的双重特质，这种矛盾和辩证以及相互转换，又很符合中国的阴阳观念。钱穆在中西方宇宙观和人生观方面的阐释，为中西方观念上的共通奠定了基础。

"适"的基本意和引申之意更侧重人生的现实，钱穆又阐释了第五价值域"神"，增加其神圣性和终极性。中国虽然没有西方意义上的宗教，但是有"神"。这个神，在庄子那里可能是自然；[2] 在孔子那里，神是模糊的，是"祭如在"的，但是孔子将此神迹称作"性"。[3] 钱穆认为，中国人把一个自然、一个"性"字，尊之为神，正是唯物而唯神。巴文克并不是在旧宗教里找旧观念和旧信仰，而是"分析了近代科学之总成绩，到底仍为整个宇宙恭而敬之地加送了它一个神字的尊号……他也正是一个唯物而唯神的信仰者"。[4] 在这个意义上，钱穆再次找到了中西方观念和思想的相合之处，即唯物而唯神。中国传统文化中很少讲"美"和"真"但是讲"自然"。[5] "清水出芙蓉，天然去雕饰"，这是自然之美；"一语天然万古新，豪华落尽见真纯"，是讲自然之真。一个"自然"，就统摄了"美"和"真"。技巧高妙，则为"鬼斧神工"；用词独到，就是"神来之笔"。总之，"自然"和"神"是艺术和美的最高处，真和美也就与神地位相同，可以

---

1 钱穆.人生十论[M].生活·读书·新知三联书店，2009:15.

2 方勇译注.庄子[M].中华书局，2010.

3 杨伯峻.论语译注（典藏版）[M].中华书局，2015.

4 钱穆.人生十论[M].生活·读书·新知三联书店，2009:17.

5 关于中国文化精神的具体论述参见：许倬云《中国文化的精神》（九州出版社，2018年版），辜鸿铭《中国人的精神》（李晨曦译，译林出版社，2012年版）。

并列。"宇宙整个是一个真，是一个美，同时又还是一个善"，钱穆认为，"尽人之性以尽物之性而赞天地之化育"，"一个善字，弥纶了全宇宙"，"则善字自然要成为中国人的宇宙观中的第一个价值领域了"。[1] 由此可见，钱穆论证的中西方文明沟通的五维价值域就清晰了。"真善美实在已扼要括尽了宇宙统体之诸德，加上一个适字，是引而近之，使人当下即是。加上一个神字，是推而远之，使人鸢飞鱼跃。"[2] 其中"适"给人以当下即可用的生活，"神"则给人以可仰视的超越。中西方宇宙观与人生观因此也就有了共通之处。中西方文明的真、善、美都具有宇宙性，因此，钱穆认为五维价值域是可以超越文化、民族和国别之局囿，进入人心之共通之所。钱穆的五维价值领域的论述，为中西方在价值观和宇宙观层面提供了理论基础。他认为，在真善美之外，加入"适"与"神"，既可以弥补真、善、美价值领域无法包括的内容，也纠正了真、善、美的偏颇之处。

中西方跨文化沟通，无论是自我叙述还是他者叙事，真、善、美、适、神的五维价值域涵盖人类生活的诸种形态。求真，以求客观、平等、真实和实事求是。评价和判断尽可能考虑语境和历史，才能体恤和理解。求善，是人的天性、礼法和公正。正如歌德所说，世界上有两种和平力量：正义和礼法。求美，是人的感情的丰沛、情感的具象显现，是心灵的自由和适意。求适，是以最小之力实现效益最大，四两拨千斤，不仅涉及技术的完善，也涉及文化体制的完善，前者偏重于西方，后者偏重于东方。求神，是神圣，更是真、美的神性，也是善的神性，实际上就是高处和高妙。无论是对于内容还是叙事，都应该从这几个方面寻求突破，才有可能探寻文明沟通中更多的

---

1 钱穆. 人生十论 [M]. 生活·读书·新知三联书店，2009:19.

2 钱穆. 人生十论 [M]. 生活·读书·新知三联书店，2009:19.

相似性和相关性，推进不同文化与文明之间交流的进程和深度。真、善、美、适、神，是人类文明的基底，也是围绕五个方面具体的线索和路径。前面提到的孟子、刘勰，最后也将交流的方向汇聚在伦理和社会层面：在共同的精神与道德指引中的交流才是至关重要的交流，也是根本性的交流。真、善、美等问题虽然也带有历史的局限性，但是至少与不可通约的问题相比，更能够在最广大的范围上，获得普遍性的认同。

结　语

从孟子至钱穆，在巨大的时间跨度上，可见中国传统共通性议题从生理到人性、从艺术到社会、从世间理、事、情到宇宙观及人生观的转换与对话，勾勒出中国传统理论中关于共通性讨论的谱系和脉络。这不仅为中华文明与"多彩文明"的交流提供了理论基础，也拓宽了文明融通与互鉴的内容和路径。通过对中华传统理论的挖掘和当代阐释，一方面把跨越时空、超越国度、具有当代价值的传统理论激活；另一方面，也为传播学提供了跨学科理论资源和本土理论资源，拓宽中华文明传播的议程和路径。加快构建中国叙事体系，增强中华文明传播力影响力是重要的国家战略，也是历史发展赋予的时代命题。这里暗含了三重任务：第一，中国传统理论的现代意蕴和转换，充分发掘传统文化和经典理论的价值，形成中华文化和中国传统经典理论与当代的对话，激活传统文化和理论的价值。第二，中国传统文化与经典理论的内涵发掘，在中西方文化和理论的比较研究中，找到可交流的内容和维度，构成与西方文化及理论的对话。第三，探寻中西方文化沟通的可能性与可行性路径。这三重任务要求跨文化传播研究或者对外传播研究，需超越传播学视野，在哲学、历史、文学、美学、艺术、经济、社会等领域展开，汲取多学科资源，为跨文化传播建构可供讨论的理论空间。此外，还需要在理论阐释层面、实践操作层面，以及两者交叉的部分形成发力点。本书从中国传统经典理论出发，发掘人类文明价值共通的概念和话语，从"理论—实践"维度上夯实中国话语国际传播的基础，为更好地向世界说明中国贡献一些基础性的思考，也是对上述任务的一种回应。

第二章

从共通走向共识：国际传播
跨学科基础理论引入与研究进路

以人类情感和伦理共通为基础建立具有更多共识可能的国际沟通与合作，有助于拓展国际传播新范式与新路径。从"他者"理论视角下找寻与"自我"陈述相关联的内容并进行连接，建立更多共感、共识、共享的部分，会进一步增强国际传播的效能及其影响的深度与广度。从西方哲学和文化研究相关理论中探取三个与传播和交流有关的部分，通过康德美学"审美共通感"，揭示情感以及表象的形式特征，达到普遍传达的能力，进而构建人类审美判断共情基础与沟通可能；相比于"审美共通感"，这里强调的是可转达性和可沟通性。

随着国际政治关系与世界秩序的显隐之变，在人类深层文明根源上寻求更多的互通性，并从学理层面给予国际传播更多基础理论上的支撑尤为重要。"人类命运共同体"概念的提出以及哲学界关于世界秩序实践与想象的思考，给国际传播这一命题新的启发：需要在多学科协同背景下，从整体性、普惠性、共生性等方面思考中国叙事国际传播的范式和路径。文明互鉴与国际传播得以有效开展的前提是建立沟通的共通路径和疆域，这是展开对话和相互理解的基础，也是人类文明传播研究中的建构主义观点，即探寻不同文化之间的相似性、相关性、共通性，从而进一步搭建可能性的沟通框架。不同文化之间的差异性往往体现为显性的存在，而共通性的内容却时常隐匿于差异之中，发掘这些隐藏的共通性内容有可能为更加深广的国际传播找到新的契机。这里将西方理论中有关共通感、沟通情境和共享意义交集等概念作为跨学科的理论引入国际传播研究，围绕"审美共通—情境共通—意义共通"三个方面，从审美、文化、交往和语言方面探寻沟通和理解的可能性与可行性问题，思考真诚的传播理念和姿态，并为传播实践提供依据，拓展传播实践的议题和路径。特别是在人类命运共同体以及人类文明新形态这一宏大叙事下，从不同学科引入中西文化文明对话的理论和思想资源，为增强中华文明的传播力和影响力奠定基础。

一 "共通感"：基于人类感官与理性
共通建立的文明传播的理论基础

尽管彼得斯的"对空言说"显示了交流的无奈，但是人类社会的发展又必须通过交流找到共通和可理解的内容，为进一步合作提供可能。特别是在国际传播中，交往双方建立有效的沟通契机和交流内容，才有可能实现进一步的了解和融通。加达默尔在《真理与方法》一书中，提及人文主义四个主导概念时，提到了共通感（sensus communis），并认为共通感概念的谱系可以追溯到亚里士多德（Aristotle）与斯多葛派（Stoicism）那里。中世纪哲学家托马斯·阿奎那（Thomas Aquinas）的论述颇有启发，"共通感是外在感觉的共同根源，或者说，是联结这些外在感觉，并对给予的东西进行判断的能力，一种人皆有之的能耐"。[1] 阿奎那强调了共通感的普遍性，也即人类共有并且人皆有之的能力，并且这个能力不是单纯的感官能力，而是判断力。后来的英国经验主义美学家沙夫兹博里，把审美能力的实现归结为人的"内在的感官"，它具有直接性，不同于理性的思辨能力却和理性连接在一起。沙夫兹博里同时继承西方人文主义传统，把共通感视为一种人对共同体或社会、自然情感、人性、友善品质的爱。[2] 这就把人的生理能力扩展到人的伦理要求，"这与其说是赋予一切人的一种天赋人权素质，毋宁说是一种社会的品性，一种沙夫兹博里所认为的比头脑品性更丰富的心灵品性……即那种在人性里包含着优美的生活方式、包含着领会并造就快乐的人的行为方式的想法"。[3] 共通感的天赋性质、社会品性以及心灵品性，超越了单一生物感觉，进入了人类的伦理共通和情意共通之中，这为人类之间的交流奠定了生物学和社会学的基础。

与沙夫兹博里同时代并且影响更深远的维柯，在《新科学》中有关"共通感"的论述其实也涉及了上述几个方面。共通感表现为：第一，人的生理方面的共通；第二，人的共通的本能和直觉；第三，人的性格和情感；第四，人的善和理智；第五，人类的权利；第六，人类的法、制度和习俗共同产生的那个"共同真理的基础"；第七，人类的共同需要。[4] 这几个方面在维科的《新科学》中，有的论述较多，

1 ［德］汉斯·格奥尔特·加达默尔.真理与方法 上卷：哲学诠释学的基本特征[M].洪汉鼎，译.上海译文出版社，2004:27.
2 ［德］汉斯·格奥尔特·加达默尔.真理与方法 上卷：哲学诠释学的基本特征[M].洪汉鼎，译.上海译文出版社，2004:30-31.
3 ［德］汉斯·格奥尔特·加达默尔.真理与方法 上卷：哲学诠释学的基本特征[M].洪汉鼎，译.上海译文出版社，2004:31.
4 石涎蔚.维柯"共通感"探微[J].西华师范大学学报：哲学社会科学版，2020(01):84-90.

比如各民族之间"共同的真理的基础"，有的方面只是偶尔提及，比如人的共同需要。但是，维科对于共通感的理解比之以往的超越性在于，除了从人的生理、情意、伦理和社会方面展开，还从人类的权利、制度以及共同需要予以展开，这进一步扩大了人类沟通和交流的基础。后来，康德在论及审美判断力时，提到了著名的"四个契机"说，他认为"前两个契机提出鉴赏的愉快的两个特点，即无利害的快感和无概念的普遍性；后两个契机则追溯到这两个特点的先天根据，即无目的的合目的性形式和人类的共通感，……它所判定的是普遍可传达的愉快感，这就是'美'"。从历史的脉络中理解共通感的问题，就更容易理解康德的审美共通感是不依靠概念"普遍有效地规定什么是令人喜欢的，什么是令人讨厌的"。[1] 不涉及概念却又具有普遍性，康德认为，这样的一条原则只能被称为"共通感"，但是共通感以感觉的"面孔"掩饰了理性和共同基础的问题值得关注，这也是理解共通感的关键。本文将其引入人类的交流和传播研究中，旨在借助人类审美判断的共通基础，为国际传播寻求更多的可能性。将共通感作为思想资源引入人类传播与沟通的理论和实践中，还有几个需要廓清的地方。

第一，"普遍性"作为共通感的本源性基础是否有超越文化和意识形态的局限在更广阔的范围内建立交流和融通的可能？

康德并没有把共通感当作一种官能和感觉的一致性，或者建立在心理学的观察之上，而是把共通感视为一种"普遍可传达性的必要条件来假定"，[2] 康德认为人们必须把共通感理解为一种共通的感觉的理念，也就是一种评判能力的理念，这种评判能力在自己反思中（先天

---

1 〔德〕康德. 判断力批判[M]. 邓晓芒，译. 人民出版社，2002:74.

2 〔德〕康德. 判断力批判[M]. 邓晓芒，译. 人民出版社，2002:76.

地）考虑到每个别人在思维中的表象形式，以便把自己的判断仿佛依凭着全部人类理性，并由此避开那将会是从主观私人条件中对判断产生的不利影响的幻觉。[1]康德的这段叙述对于人类沟通与交流的启发在于，第一，这种共通感是人类的先验性普遍基础，是人天生就具备的能力和形式结构，从而具有超越文化和意识形态的普遍性；第二，康德认为共通感是"依凭着全部人类理性"，显然，康德是在一个普遍意义上谈及共通感的问题，而不是设定了条件和语境。人类文化的交流和传播离不开"地方""语境""历史"等诸多因素，这是差异性的部分，但是人类还能冲破"地方""语境""历史"等诸多限制，不只是人对外部世界的认知和交流的欲望驱动，还因为这些普遍性和共通性的内容使之成为可能。无论是跨文化传播还是国际传播，一方面我们要预判传播与交流的特殊性／差异性的问题，另一方面探寻可以连接和对话的普遍性／共通性的部分，特别是找到后者在日常生活、政治实践中的更多的"疆域"，才能创造更多的可以超越既有"屏障"和限制的人类交流与合作的机会。这种共通感的核心要义在于由一而及多，即由个体而抵达整体，由特殊而进入普遍，在私人的、具体的、个性化的活动中，又抛弃了这种私人、具体和个性化，由此形成了人们沟通和交流的共通基础。在这几个方面，康德对共通感的理解与维科是相近的，表现为感性的普遍性的能力和天赋。康德说："比起健全知性来，鉴赏有更多的权利可以被称之为共通感。而审美（感性）判断力比智性判断力更能冠以共同感觉之名。"[2]这种共通感是人的普遍的能力，人人有且必然有。尽管由于文化和政治以及诸多社会因素带来的差异会导致沟通的障碍或者交流的无奈，但是人的天赋基

---

1 〔德〕康德. 判断力批判[M]. 邓晓芒，译. 人民出版社，2002:74-76.

2 〔德〕康德. 判断力批判[M]. 邓晓芒，译. 人民出版社，2002:137.

础和共通能力，是可以为人类交流和融通找到更多可以沟通的基础和理论依据。比如在澳大利亚的山火中那些死去的动物、爆发于世界各地的大洪水导致的流离失所的人，以及在叙利亚战争中因逃离而葬身大海的难民，不断地引发人类的共通的伤痕和痛感。与奥运会带给世人"更高、更快、更强、更团结"的积极意义不同，以生态危机、恐怖袭击与现代大屠杀为代表的创伤性体验更多地呈现为一种痛感意义上的共识与共情。

第二，"可传达性"与"可沟通性"作为共通感的意义指向能否在人类的交流和传播中建立更多可能性的路径和依据？

康德认为，审美判断力"使我们对于给予的表象的情感不借助于概念而能够普遍传达"。[1] 人能够对于审美形成共识的判断，达成自由的交流，是因为审美判断不是通过知性联系着客体来认识，而是"通过想象力（也许是与知性结合着的）而与主体及其愉快或不愉快的情感相联系"。康德的"共通感"是从"情感"上达成的普遍一致，审美能够通过情感、只注重表象的形式特征，而不是概念和质料，达到普遍传达的能力。康德提出的普通人类知性的准则，包括"（1）自己思维；（2）在每个别人的地位上思维；（3）任何时候都与自己一致地思维"。[2] 康德自己解释道，第一条是摆脱成见的思维方式的准则；第二条是扩展的思维方式的准则；第三条是一贯的思维方式的准则。其中，第二条准则尤为重要，在每个别人的位置上思维，就是一种推己及人，由具体而达普遍，由一而抵多。当然，人类的共通感不是单一的智力游戏，美需要在社会中显现出它的意义，这是形成社会交流的共识和纽带，当一个人的所作所为是为了实现社会的基本要求，以及

---

1 〔德〕康德. 判断力批判[M]. 邓晓芒，译. 人民出版社，2002:137.

2 〔德〕康德. 判断力批判[M]. 邓晓芒，译. 人民出版社，2002:136.

在传递所为的意义的时候，得到认同并获得愉悦，是非常重要的交往和交流的环节，不仅合乎目的性，还具有普遍性。康德举了一个例子，他说，"流落到一个荒岛上的人独自一人既不会装饰他的茅屋也不会装饰他自己，或是搜寻花木，更不会种植它们，以便用来装点自己；而是只有在社会里他才想起他不仅是一个人，而且还是按照自己的方式给文雅（文明化）的开端；因为我们把这样的人评判为一个文雅的人，他乐意并善于把自己的愉快传达给别人，并且一个客体如果不能和别人共同感受到对它的愉悦的话，是不会使他满意的。每个人都期待和要求着每个人对普遍传达加以考虑"。[1] 这段引用中的最后两句话体现了思考者着力在普遍性上建立沟通和交流的可能性：没有意义和价值的分享和共享，人类的愉悦和快感就会降低，人们也乐意将共同感受的内容在彼此之间传递。由于共通感的存在，不仅具备沟通的可能性，也有交流的必要性，这不是出自一种简单的本能，而是一种人类悟性（知觉力和想象力）的渴望。"共通感"中先验性部分是人人"应有"的，但是所有"应然"成为一种现实，需要历史沉积下的"典范性"来达成普遍，实现人们心中的"共通"。就此而言，充分发掘情感的因素，是交流成为可能的又一个佐证。从审美判断来看："共通感"的出场意味着审美是可以相互沟通和交流的，对于事物的美好感受，不再是私人趣味，而是直接可以达成共鸣和感动。汉娜·阿伦特在《康德政治哲学讲稿》一书中提问，人们怎样选择赞许还是不赞许呢？标准就是"可交流性"或"公开性"，决定"可交流性"的就是"共同感觉"。某一个感觉的可交流性在于"普遍可交流的，因为我们可以假定每个人都有我们自己所有的同样的感觉"。[2]

---

1 〔德〕康德.判断力批判[M].邓晓芒，译.人民出版社，2002:139.

2 〔德〕汉娜·阿伦特.康德政治哲学讲稿[M].曹明等，译.上海人民出版社，2013:104.

康德使用的"共通感"，指的是区别于私人感觉的共同体的感觉。"感触和情愫，唯有当他们是可以普遍交流的，才能被视为是有价值的；也就是说，与判断附着在一起的，可以说，是我们整个的灵魂器官。显然，可交流性端赖'被扩展了的心智'；一个人要能够交流，仅当他能够从另一个人的立足点来思索，不如此，他就永远无法与后者会面，永远无法以后者所能理解的方式讲话。"[1]如果单纯使用康德"共通感"概念，那么还是应该小心一些理论"陷阱"，康德的共通感在审美意义上奠定了人类共情和共识的基础，也是人类交流得以实现的路径，具有一定的超越性，比如超越文化、民族、种族等；但是，康德的美学仍旧是一种智识的游戏，尽管他提到了"社会"的维度，但是由于其论述缺乏语境和场景，这使个体的情感表达不一定能够唤起社会的关注和理解，甚至还会产生更多的偏见。因此，借助康德的"共通感"理论，跨文化的艺术交流就成为传播的主要方面，而且在表现优美和崇高方面，更能够引起感性愉快和理性的快感。

"共通感"提出的原初之意并非要解决文化上理解和共通的问题，但可从哲学讨论进入到人类的交流以及文化的沟通中。作为一般沟通的基础，也是人类普遍能力在生命和社会上的共通。文化基础和社会差异性现实存在的，欲在跨文化的沟通中形成共通的部分，需从人类具有普遍能力、自然情感、生命概念等方面入手，基于这样一种"共通感"，才有可能通过具象的故事讲述，在跨文化沟通和国际传播中形成对文本的共通理解。"共通感"这一关键概念，可以从理论和实践的层面上，规避国际传播中的沟通障碍、文化休克等问题。

---

1 ［德］汉娜·阿伦特.康德政治哲学讲稿[M].曹明等，译.上海人民出版社，2013:112.

二 "理想言辞情境"：基于沟通和
交流的有效性趋向共通与共识

讲好中国故事，传播好中国声音，展示真实、立体、全面的中国，是加强我国国际传播能力建设的重要任务。无论是自己讲述故事，还是他者言说，都存在特定的叙述和解释的框架，受制于意识形态和政治、经济、文化等多方面的因素，对同一问题的"真实性"的叙述是存在巨大偏差的。前面提及的哲学上的"共通感"理论，是从人类一般理性和感性的基础建立普遍交流的可能，但是任何交流都是在特定情境中展开，因此，从共通感过渡到具体"情境"尤其需要在言辞与情境中建立沟通共识。语言不仅是"说了什么"，还是"为什么说"和"如何说"的内在逻辑，语言的差异也使交流存在理解上的失误和偏差，特别是国际传播涉及"异质"对于原文化的"侵入"，即使基于善意的目的，也会出现"想象性排斥"。在没有任何压力下的沟通和交流是难以实现的，毕竟交流的语境存在各种各样的噪音，干扰着理想沟通情境的实现。刘建平与张毓强等学者在关于国际传播沟通理性的讨论中[1]认为："国际传播应该强调一种开放式的、理性的交流逻辑与姿态。也就是说，在中国与外部世界交流的过程和总体实践中，应该具有清晰的主体性和对象感。主体性和对象感是相伴相随的。"[2]这就涉及语言和沟通情境可能建立的人类共通与共识的基础。因此有必要厘清在国际传播实践中，是否有构建一个"理性沟通"情

1　刘建平，张毓强. 以知识对话寻求共识：关于国际传播沟通理性的讨论[J]. 对外传播，2020(11):51—55.

2　刘建平，张毓强. 以知识对话寻求共识：关于国际传播沟通理性的讨论[J]. 对外传播，2020(11):51—55.

境的可能性，以及如何达成这种情境。这里引入哈贝马斯（Jürgen Habermas）的"理想言辞情境"理论，试图探究不同文化中的人们能否通过彼此的真诚和真实，展开理性的互动沟通，这是一种不受限制的被理解的渴望，探索人类文化和文明的真实和真理，并以此建立共识，在人类命运共同体的框架之下，实现人类在更多的领域和事务上开展合作的可能性。"理想沟通情境"的原初之意在于如何在"公共领域"内实现高效高质量的沟通，以此彰显公共领域在政治生活中的意义。虽然哈贝马斯的理论并不指向跨文化传播或者国际传播的问题，而主要讨论公共领域以及民主政治的问题，但是该理论四个"有效性"的宣称，可以启发国际传播如何进行实践，也就是传播什么和如何传播。

哈贝马斯提出的沟通理性的前提，是对工具理性的批判，从马克思（Karl Heinrich Marx）到韦伯（Max Weber）以及法兰克福学派，这种批判一以贯之。哈贝马斯另辟蹊径，认为人类理性除了工具理性，还有沟通理性。沟通理性强调沟通、协作与建构，并且达成共识，沟通理性是在日常生活世界中的情境互动，尽管现实中这种沟通也受制于结构和权力等要素。阐明"理想言辞情境"理论，启发国际传播研究，需要廓清哈贝马斯的四个"有效性"的宣称。[1]

第一个，言辞意义是可理解的（comprehension claim）。沟通过程中语言的清晰准确，可以清楚传达并且符合沟通双方认知，不会形成表达和理解上的歧义。

第二个，言辞内容是真实的（truth claim）。语言陈述的内容是真实地反映外部世界，而不是刻意歪曲或者伪饰以获得交流的可能，沟通双方能够就真实的内容展开对话，这是沟通的前提，如果沟通双方

---

1 张锦华.传播批判理论：从解构到主体[M].黎明文化事业公司（台湾），2010:281.

在问题的真实性上发生互猜和质疑，沟通则难以进行。

第三个，言辞行动是正当的（rightness calaim）。沟通双方的言辞和表达具有合理性和合法性基础，遵守一定的社会规范和约定俗成。

第四个，言辞者的意向是真诚的（truthfulness claim）。真诚地表达自己的情感，从态度到言辞体现沟通双方的真诚与友善。

哈贝马斯认为，言说者与事物、言说者以及听者构成三重关系，分别与三个不同的世界相关联，即与客观外在世界的真实性要求、与社会世界的正确性要求、与主体内在世界的真诚性要求，这也相应地形成了三项有效性规范，即真实性、合宜性和真诚性。这是主体间的对话交流，沟通理性试图整饬已经被工具理性戕害的主体间交流混乱的情境。一方面它们确实是通过有血有肉的个体们在社会文化和历史的情境中由于交流的需要而被产生；另一方面又先验于具体的语境，交往理性的本质意在使交流者达到理解的统一，这是在理想化的沟通情境之下得以完成的。[1]

交流的可能性和有效性需要言辞真诚的、真实的、合宜性（正确的）和可理解的，涉及真理和伦理层面。人类的沟通本来就有诸多的"误区"和理解的障碍，加达默尔强调理解是存在"前见"的，是有历史性的。如果交流的对象之间缺乏理解的"意义交集"或者共同的前见，实际上是很难相互理解的。重建巴别塔的努力最主要就是消除言辞理解上的障碍，这不仅体现在同一语境下的交流，也同样适用于跨文化的交流。哈贝马斯实现理想沟通的有效性宣称，虽然很难在具体的沟通和交流中被充分实现，但是至少为有效的交流提供某种方向。事实叙述的真实性、话语表述的可理解性和合宜性，并且基于真诚的意愿，这几个方面在跨文化的语境中需要被充

1　郭贵春. 哈贝马斯的规范语用学[J]. 哲学研究，2001(05):36-43.

分考虑。

第一，使用的语言和叙事是否符合或者最大限度的符合人类情感的一般需要并在此基础上实现意义的可理解。曾经风靡一时的李子柒，作为传播者她并没有语言和观点，但是行动就是语言和观点。用行动来表达意义，传递另外一种交流的信息，是否有助于观念的表达？正如默片时代的电影不会影响观众的理解一样，如果言辞不能很好地表达观念，是否可以用肢体语言或者行动来表达情感和意义？

第二，真实可能具有唯一性，但是对真实的理解可能存在多个向度，这就会使受众产生误解和偏见。英国广播公司（BBC）2021年拍摄的纪录片《重返武汉》并未真实呈现武汉政府和民众在抗击新冠疫情中的巨大成就，以及找到的可沟通的路径，使疫情在较短时间内得到控制。特别是政府动员、医护人员的付出以及全民配合，最终打赢了这场与病毒的战争。新闻纪录片要传递事实，但不是被加工过的事实或者观念中的事实。中国作为世界上最大的社会主义国家，某些西方人对此存在意识形态的偏见，并不是以求同存异、尊重差异的观念客观地评价和看待中国的历史和现实，而这也是造成中国观众对于西方一些新闻报道或者纪录片抗拒和不满的原因。当然，交流的渠道永远都不是只有一条通路，官方与民间、机构与个体、传统媒体与社交媒体等信息沟通的多元路径，也有助于更好地讲述中国故事，传播中国声音。

第三，言辞行动的正当性。"根据哈贝马斯的阐述，一个陈述想要获得正当性，它就必须符合或者满足理性话语的前提和程序。如果它被证明为正当，那么它就是有效的（它实现了它提出的普遍的有效性主张）。"[1] 而这里的正当性，是符合理性并且支持某种信念的东西，

---

1 〔美〕莱斯利·A. 豪.哈贝马斯[M]. 陈志刚，译. 中华书局，2014:66.

因此具有了伦理的意涵。在人类交流和沟通中，需要符合不同文化以及不同国家的法律、民俗和常识，并且基于合理的动机。因此言辞必须是在理性的前提下，以正当性的诉求和意愿，提供某种信念或者行动的表达。在国际传播中，中国提出的诸多概念和倡议，很重要的一点是需要从行动上指向人类社会如何发展以及信念的正当性，这是建立理想沟通情境的必要性主张。因此也需要在国际交流中从理性上阐明。哈贝马斯提出的，可理解性、真实性、真诚性和正确性的主张，是要在信念的正当性上达成一致，才有可能被认为是好的。

第四，言辞指向的真诚，是一种主观的判断和态度。比如纪录片《中华的故事》的导演迈克尔·伍德（Michael Wood）接受笔者采访时谈到，即使他的纪录片也存在一些观念上与中国人的看法和表达不一致的地方，但是他的真诚消解了这些差异，他会在拍摄过程中尽量给出历史语境，让观众拥有更多相似的"前见"，因此得到中西方观众的认同，至少中国观众能够感受到讲述者没有带着偏见和歧义进入到自我文化的场景中。而像《中国市长》《中国的秘密》《中国学校》等纪录片，其实在很大程度上以横切面的方式呈现中国，缺乏必要的历史纵深语境的考察，这就会因为理解"前见"造成偏差，甚至是偏见。因此，不能视国际传播为孤立的传播行为，必须充分考虑传播的话语环境，特别是在自我讲述过程中，注重听众的"语境"和"前见"，这有助于最大程度建立理解和共识。哈贝马斯强调，交流不是共享意识，而是要协调行动。毕竟，人类最终要以共同的行动实现人类命运的共好以及与自然环境的共生。

哈贝马斯的理想的沟通情境，虽然在实践层面存在着实现上的困难，但是这四个"有效性"的宣称，为改变国际传播的姿态提供了新的考量和面向。

三　"共享意义交集"：跨文化
视域下语言表征与意义建构

斯图亚特·霍尔（Stuart Hall）的表征理论是在社会多元论的假设之下，通过语言生产意义构建社会共识，这一理论原本是指在同一文化中使用同一语言的个体，故能运用相同信码生产"共享的意义"。"但语言如何组建意义？它如何维持参与者之间的对话，使他们能够建立起共享理解从而以大致相同的方法解释世界的一种文化？语言能做这事，因为它是作为一个表征系统来运作的"。[1]这段颇有启发性的叙述之于传播的意义在于：维持主体间对话是通过语言建构意义，这里的语言并不是单一的自然语言，而是作为表征系统的语言，共享意义的建立能够形成大体相通的对于世界的解释和理解。也就是说，人类之间的交流并非运用单一的自然语言，而是通过建立一个表征系统实现意义的建构，并能共享其中的意义，形成共通的理解。这段引述中既涉及传播与交流的理论依据，也提供了实践的路径和方式。可见，对于国际传播或者跨文化交流而言，系统性的叙事就显得尤为重要，会涉及符号、物质、人、情境，以及彼此之间形成的表征系统。

共享意义是交流的一个前提，也是建立共识和认同、达成深度理解的关键。这里对该理论进行了一定的"挪用"和"转置"，首先从同一语言建立的"共享意义交集"转向跨语言，这种"挪用"和"转置"的内在逻辑及其合理性在于，这里的语言并非单一的自然语言，而是表征系统。本文探讨的是国际传播与交流，涉及不同的语言和环境，共通和分歧此起彼伏、交相重叠，能够生产共享的"意义"是非

1　[英]斯图亚特·霍尔. 表征：文化表象与意义实践[M]. 徐亮，陆兴华，译. 商务印书馆，2003:1.

常困难的。事实上，即使使用同一种语言的人，也会有意义生产上的差异。因此，如何通过语言系统建立共享的意义成为交流的关键。其实分属不同文化和阶层的人，也可以通过语言的修饰重新建立个体存在的社会意义，比如爱国电影《窈窕淑女》（*My Fair Lady*）中的卖花姑娘，她的语言系统被语言学教授重新建立之后，就从一个"卖花姑娘"变成了一个"遗落在民间的公主"，这种转变，除了一般意义上的语言，还包括其他符号或者物质性内容。这也启发我们，增强国际传播的效能需要思考两个问题：第一，共享的意义交集是什么？第二，如何建立意义共享的交集？

霍尔的"表征理论"虽然并没有直接指向国际传播与交流，但是有几个重要方面值得关注。第一，建立"共享意义"，是交流和理解何以可能的前提。如果不能实现思想、情感、观念上的共享，那么交流是难以实现的，这也提示我们，如何在思想、情感或者观念上与其他文化中的个体形成"共享意义的交集"。这是从讲中国故事到讲中国道理的进阶，进而提升讲述和说明中国的境界。第二，霍尔一直提示的是语言能够生产意义，但是他并没有将语言单一的局限为有声的语言或者文字，而认为语言是一个系统，"在语言中我们使用各种记号与符号（不论它们是声音、书写文字、电子技术生产的形象、音符，甚至各种物品）来代表或向别人表征我们的概念、观念和情感。语言是一种文化中表达思想、观念和情感的'媒介'之一"。[1] 第三，跨文化传播和交流本身就是对他者文化的学习和使用的过程，交流本身才能发现和了解更多的意义，从而在交流中有更多的交集。

那么怎样才能够建立共享的意义交集呢？第一，确立有可能成

1　［英］斯图亚特·霍尔. 表征：文化表象与意义实践[M]. 徐亮，陆兴华，译. 商务印书馆，2003：导言1–2.

为共享意义的内容。文化差异表征出来的是语言、观念、思想、社会习惯等诸多方面的不同，了解上述方面的不同，才能在面对一种文化形态时不会出现"震惊"的情况。前面提到的"共通感"，深化对其的理解就是寻找相似性、相关性、共同性，以确保交流中的可感受与理解。由于语言的差异，单一的自然语言和书面语言会构成较大的交流障碍，但是人类的交流并不是完全依赖自然语言和书面语言。语言环境（肢体语言、环境语言等）和行动本身共同构成沟通的场景和叙事，这说明单一依靠自然语言交流并不是交流的唯一路径，也不是达成理解的唯一可能。观念、思想和社会习惯，作为一种"感觉结构"，也即文化，是能影响交流和沟通的。实际上，文化差异存在两个"跨文化"的关系，一个是本土文化中的"跨文化阶层"，一个是异域文化中的"跨文化地域"，因此，分别存在阶层的垂直性跨越和地域的横向性跨越两个维度。对于横向的跨空间和地域的文化传播，想寻求的共享的意义交集，最有效和直接的是通过"自然情感"建立的纽带连接，观念的"共识"需要更多的时间和实践，但是情感上的"共情"相对容易实现，前者由于文化和意识形态的差异，建立共识具有一定的难度，而对于"共情"的部分，大体来自人的本性和本能，因此更容易建立连接。比如体现人与人之间情感，友情、亲情和爱情等；比如体现人的勇气、坚持、善良、正义、果断、毅力等，这些人性中美好的品质，正如孟子所言的伦理共通一样，可以实现跨文化的交流与沟通的；或者自然风光以及人类生存的多样态环境；又或者人在不同生存际遇中保持对传统和文明形态的尊重和敬畏，都会形成人类的共通理解。特别是体现人的本性、能力、局限、困境以及在此过程中的超越，更容易形成共鸣和相互理解。毕竟，"我头脑中所萦绕的概念图与你的完全不一样，在此情形中你和我会用完全不同的方法解释和理解世界。我们也许不能共享我们的各种想法或互相表达关于世界的观念"，[1]笔者曾在其他文章中提到中西方沟通的"理、事、情"[2]问题，寻找能够沟通的理、事、情，就是寻找人类"共享的意义交集"。人类若建立"共享的意义交集"，就必须要打破民族、国家、信仰、意识形态等政治上的差异，才有可能进入更深邃和广袤的沟通中去。"事实上，我们每个人可能真是用一种独有的和个人的方法理解和解释世界。但是，我们能够交往是因为我们共享很大程度上相同的概念图并因此用差不多的方法理解和解释世界。"[3]霍尔的表征理论提示，寻找合适的内容作为意义交集进行共享是进一步要做的。在人的类层面上借助表征系统超越藩篱，建立共享的意义，或许也是霍尔"共享意义交集"这一论断的重要性的体现，也有此意义上与康德之间有了共通之处。

第二，如何在语言系统中建立意义共享交集。表征理论的另一个重要启发就是超越自然语言，将语言理解为一个系统。国际传播与跨文化交流的障碍很大程度上来自于自然语言的不通。霍尔的表征理论的一个重要意义在于，语言是一个系统，包括多种语言符号系统，甚至包括物质层面的载体，在不同的文化中很多肢体动作表达的意义大都相近，比如"微笑"在世界各地都是表达善意和美好；举起大拇指，一般都表示优秀、很棒；蹙眉一般都表示疑问，或者不适。人类交流信息的70%都来自非自然语言，这也为跨文化交流提供了相对多元化的维度。基于语言系统表征的意义，会指向多个语言集束建立的意义交集。国际传播不能过于依赖自然语言，而要在语言系统的多元

1 〔英〕斯图亚特·霍尔.表征：文化表象与意义实践[M].徐亮，陆兴华，译.商务印书馆，2003:18.

2 王鑫.寻找沟通中西方观众的"理、事、情"[N].中国青年报，2020-06-08.

3 〔英〕斯图亚特·霍尔.表征：文化表象与意义实践[M].徐亮，陆兴华，译.商务印书馆，2003:18.

层面选择更有助于理解的沟通内容和方式。在李子柒此前的视频中，她和奶奶在零星的对话中所使用的方言，即使是中国观众也不一定听得懂，但丝毫不影响影像传递出的田园生活，以及个体生命与自然风物合一的生活。这说明意义传达并不是仅通过自然语言表述，自然语言因各种修辞手法和语境的变化，反而会引起表达的歧义，这也提示在国际传播策略中，可以运用多元的语言系统进行思想、观念和情感的传递。同时，个体与国家形成某种意义连接和同构时，尤其要注意非自然语言形成的话语系统表征的意义，诸如"你所站立的地方就是中国"等。

第三，借用霍尔的表征理论，是要强调文化交流与沟通中的一个重要问题：如何通过语言来实现意义的生产，也即对思想、观念和情感进行传递。霍尔讲得很清楚，"语言绝无可能成为完全私人的游戏。我们私人所意向的意义，无论对我们自己有多么个人化，也必须进入语言的规则、信码和惯例中，以使之能被共享和理解。语言是一种彻头彻尾的社会系统，这意味着，我们私人的思想必须同所有其他词语和形象所表达的意义相妥协"。[1]这表明，从一种语言系统进入另外一种语言系统，不仅要克服自然语言的困境，也要了解不同语言系统中的规则、信码和惯例，也就是说，这里有约定俗成的历史传统，也有不断增加的符码内容，以及既定和新增的规则，因此，要想实现意义交流和共享，除了关注作为"人"的基本自然情感和本能的表达，也要特别注意"社会性"和"文化"的命题。

那么如何在国际传播和中外文明交流中建构"意义束"，更好地进行传播？首先，明确承载"意义束"的语言系统属于哪一种类型；

1　［英］斯图亚特·霍尔. 表征：文化表象与意义实践[M]. 徐亮，陆兴华，译. 商务印书
　　馆，2003:25.

其次，根据语言系统不同内容的要求，对"意义束"进行分解，选择合适的语言传递思想、观念或者情感；再次，从"望乡"到"入乡"。"望乡"是指进入另一种文化之前，充分了解其风俗、惯例、语言规则等，并且在观看的过程中确立与自我文化的相通相似的部分，确保"入乡"没有太大的障碍。如果说"望乡"体现的是一种历史性和宏观性，那么"入乡"则更突出当下性和具体性，真正与当地文化进行碰撞、交流、表达和共享。这里需要提及的是，语言系统中经常被忽略的物质性内容往往很有效，比如中餐、中国民间工艺制品、中式服装等，这里尤其要提到饮食，对于食物的欲望和追求，构成了人类社会发展的重要推动力，正是在对食物的孜孜以求的过程中，人类发明了更多的东西，从烹饪器具到烹饪方式、从植物驯化到香料使用等。因此，相比于书籍和其他出版物而言，中餐更容易以一种潜移默化的方式进入到另一种文化中，并且更容易在日常生活层面得到更多的意义交流和再现。

霍尔的表征理论提出伊始并非要解决国际传播或者跨文化沟通的问题，而是同一语言系统中的交流与传播，指向社会共识的构建。语言能够产生意义，不同个体之间能够交流是因为有"共享的意义"，类比而言，有效的国际传播实际上也是另一种"意义共享"。虽然跨文化交流建立"共享意义"更难，但是在后疫情时代，以及世界秩序新的想象与建构中，更应该看到实现这种"意义共享"具有现实要求和可能性。前面提及的共通感，是从人类情感的普遍性上找寻可以建立"意义共享"的机会和可能；哈贝马斯的"理想沟通情境"是通过言辞的四个"有效性"宣称，建构共通和共识的可能；霍尔则是在语言系统中建立共享的意义交集，实现人类交流在理想范围的可理解性。

结 语

党的二十大报告明确指出，"深化文明交流互鉴，推动中华文化更好走向世界"。[1] 其中"互鉴"一词尤其重要，这既是相互映照和学习，也是相互欣赏和品评。中华文化需要在多文化的交光互影中展现其深邃、博大、精深，且亘古常新的气质和魅力。对此，需要建立跨学科的理论基础资源，并从国外的理论和研究框架中，探寻不同文化交流和对话的理论基础，进一步增强传播力和影响力。本研究从西方哲学和文化研究相关理论中探取三个与传播和交流有关的部分，从"审美共通—情境共通—意义共通"三个维度，力求在西方理论体系中挖掘人类共通、共好、共享、共生的内容，揭示人类文明沟通、文化传播以及政治互信的可能性面向和通路。从"他者"的理论视角下找寻与"自我"陈述相关联的内容进行连接，将进一步增强国际传播的效能及其影响的深广度。

文化的交流与文明的传播，是实现人类命运共同体这一美好愿景的必经之路，讲好中国故事，传递中国声音，要超越传播主客体之间的线性关系，提倡一种真诚的跨文化沟通情境和效果的实现。或许，"审美共通—情境共通—意义共通"这一脉络，不仅是人类文明交流和沟通的理论考察，还是对实践路径的探索。通过对不同文明和国家的理论的研究和剖析，可为文明的交流与互鉴提供基础理论支撑。在"美美与共，天下大同"中，中华文明将再次赋予人类社会更多的想象和现实。

---

1 习近平.高举中国特色社会主义伟大旗帜为全面建设社会主义现代化国家而团结奋斗——在中国共产党第二十次全国代表大会上的报告[N]. 新华社，2022-10-25.

第三章

中华文化国际传播的审美
进阶与"感—情—理"结构

中华文化国际传播需要从理论上提供普适的解释，以实现与不同国家、文化之间进行有效沟通的目标。审美是人类基本的生命体验，也为跨文化沟通提供了可行性路径。以中国传统美学中的耳目之悦、心意之悦和志神之悦等观念为基础，结合人类审美共通感等理论，去探讨中西文明交流和中华文化国际传播的理论问题和实践路径，有助于更好地认识中华文化对外传播的审美经验。中华文化国际传播存在从"悦耳悦目"到"悦心悦意"再到"悦志悦神"的审美进阶，其遵循"感—情—理"的审美结构。在中华文化的对外传播中，应达到共感、共情、共理的审美效果。

审美是人类基本生命体验之一，如何在"各美其美，美人之美，美美与共"中把中华文化的精髓与妙处变成人类共享的审美经验，是中华文化与不同的文化进行交流互鉴时需要思考的问题。习近平总书记说："文艺工作者要讲好中国故事、传播好中国声音、阐发中国精神、展现中国风貌，让外国民众通过欣赏中国作家艺术家的作品来深化对中国的认识、增进对中国的了解。要向世界宣传推介我国优秀文化艺术，让国外民众在审美过程中感受魅力，加深对中华文化的认识和理解。"[1] 这其实也是一个如何借助传播将本土经验、民族经验变成全球经验的过程。任何一种在地文化要实现文化输出，将民族文化世界化，实现多元文化的共同生长，实际上都是自我文化如何在他者文化中被知晓、喜欢、理解和认同的问题。

但是，就像人体对任何外来的异物都会排斥一样，不同文化之间的传播与交流也存在这样的问题。因此，中华文化的国际传播，一方面需要寻找能够实现人类共通性的内容，另一方面也需要建立合适的交流方式。钱穆曾提出中西文明沟通的"五维价值体系"，即真、善、美、适、神，值得借鉴。这里选择从"审美"这个维度入手，显现在地经验的民族性和丰富性，并将之与国际传播和跨文化交流相结合，从生活、社会与艺术同构的角度，通过悦耳悦目（共感）—悦心悦意（共情）—悦志悦神（共理）的审美进阶，以及"感—情—理"结构，去思考不同文明的交流以及中华文化国际传播的跨学科理论问题和实践路径。

一　悦耳悦目：基于感官愉悦实现的"共感"

审美是人类的生存方式之一。正如马克思所言，人是社会关系的总和，审美关系也是人与对象之间重要的关系之一。在这个关系中，作为审美主体的人和作为审美客体的对象之间建立了或是静观，或是对话，或是存在的关系。构成这些关系的前提，是作为主体的人和作为客体的对象之间能够因为某种连接建立起审美关系。那么这种连接是什么？首

1　习近平.在文艺工作座谈会上的讲话[N]. 人民日报，2015-10-15(02).

先就是对象的形式层对主体而言产生的感官上的愉快，也即悦耳悦目。

　　所谓悦耳悦目，就是视觉和听觉的愉悦、舒适和畅快，这是人的身体与外在世界进行交流时的体验和感受，不依赖于理性思考而直接作用于感官本身。悦耳悦目是以人的生理感官为基础产生的愉快，通过悦耳悦目可以进一步实现审美沟通以及其他形式的沟通。悦耳悦目之所以能够发生，涉及两个方面：一是人的生理感官，没有视觉和听觉作为基础，就难以实现悦耳悦目；二是悦耳悦目发生的条件，即对象的色彩、线条、形状以及声音等能够引发主体的关注，没有目之所及、耳之所达之物，如何能悦耳悦目？可见，主客体以及主体间的审美沟通是有条件的。比如，主体之间之所以能够进行审美沟通，是因为他们有相似的审美体验和感受。所以，这里又涉及两个步骤，即审美主体与审美对象之间的第一次沟通，以及审美主体间的第二次沟通，连接两次沟通的就是审美体验。

　　作为审美主体的人首先要感知外在世界的刺激从而引起"注意"或产生惊异，才有进一步的体验和对话，虽然基于论证和研究需要做这样的步骤划分，但实际上其是融合在一起的。人能够感知外在世界的色彩、线条、形状、声音、味道，离不开人的感官，感官是人与世界建立关系的重要通道。而人的眼睛和耳朵，对于色彩、形状、结构和声音的感知也具有共通性，比如"千里莺啼绿映红"（杜牧），"莺啼"诉诸人的听觉，"绿映红"诉诸人的视觉，一句古诗穿越千年，读者和作者感受到的仍旧是同一个意象，没有因为时空的关系产生感觉上的差异。由景而情，情景交融，"随物宛转，与心徘徊"（刘勰《文心雕龙庄》），也是物色、物音、物状与人的视觉和听觉发生关系，建立连接，才能进一步与"心"共舞；"以追光蹑影之笔，写通天尽人之怀"[1]，显然还

1　（明）王夫之.古诗评选[M].上海古籍出版社，2011:160.

是借助视觉和听觉去感受世界。人的耳目之悦，也是沟通和交流的基础。孟子曾对此有过明确的说明："口之于味也，有同嗜焉；耳之于声也，有同听焉；目之于色也，有同美焉。"（《孟子·告子上》）人的味觉、听觉和视觉是有共通性的，因此，对于美味的佳肴、优美的旋律以及和谐的色彩会产生相似的感觉。正如康德所说，存在"普遍有效的感官"，一个单称判断也具有全称的意义，比如"这朵花是美的"是一个单称判断，但是具有普遍的意义，能够形成相对一致的看法。

由于受到地域、民族和习惯以及历史因素的影响，人们对于美的事物的判断虽然也有差异，但是因为人的感官的相似性与亲和性，仍旧在主体间存在可交流与可沟通的内容，因而在国际传播中，从人类审美的生理共通上考虑，可以建立某种有效的连接。当然，也会因为不同阶层、阶级、民族之间存在文化和意识形态的差异，审美政治也要被充分考虑，但是交流和沟通最重要的部分是在分歧和差异中寻求"共通"，这个"共通"的内容才是交流和传播的基础，寻求和建设更多的共通的内容，才是积极的国际传播的前提。哈贝马斯提出的"理想的沟通情境"四个有效性，更多是从语言层面谈及，而交流心态往往是沟通的关键。

笔者在这里提出"沟通心态"的观念，不仅意在祛除傲慢与偏见、羡慕与憎恨，更重要的是从建构的视角寻求更多的可能性。"人类命运共同体"就是找到一个"共通性"，即全人类面对的共同命运。虽然审美主体与传播主体维度不同，但是每个交流的主体在人类的审美关系中都是审美主体，并且通过审美感知产生共通，交流主体获得更多可交流的内容，有助于更好地建设沟通情境和心态。

作为审美对象的客体包括自然、艺术、社会和科学等，与审美主体之间建立的结构和关系也是多元的。首先，审美对象具有三个重要的层面：形式层、意蕴层以及境界层。能够使感官发生触动，产生惊异，并且使耳目感受到愉悦，主要是来自形式层的元素，比如颜色、形态、结构等。无论是"接天莲叶无穷碧，映日荷花别样红"的色彩对比，还是"风吹麦浪"一望无垠的金色，都会让感官产生愉快和喜悦的感觉。红色的热烈与兴奋、蓝色的宁静与忧郁、绿色的生机勃勃、黑色的沉郁和凝重、白色的明亮和纯洁、紫色的高贵与典雅等，使审美主体感受到不同的感官快适。在色彩图谱中，不同的颜色搭配在一起会有不一样的效果，比如接近色的搭配让视觉感到柔和，对比色的搭配产生视觉反差。

除了颜色，形态也会带来视觉快感，比如阅兵时整齐划一的步伐体现出来的秩序和协调，奥运赛场运动员奔跑、跳跃、翻腾过程中身体呈现的力与美的线条等，或者虎豹凝姿体现的千钧一发之力收于瞬间的姿态都会让人感到视觉愉快。毕达哥拉斯说过："一切温暖、一切运动、一切爱都是圆。""只有冰冷、无动于衷、漠不关心和仇恨，才是笔直和方形的。"[1]当然这与毕达哥拉斯认为最美形状是圆形有关，不过后来的荷加斯认为，最美的线条是蛇线形，而达·芬奇终其一生也在寻求最美的线条，甚至通过解剖尸体来观察肌肉的线条和形状。而人类对于美的需要，以及发现通过构形使人喜悦和愉快的历史，可以追溯到更久远的时期，"考古学家们从青海省大通县上孙家寨发现的新石器时代的彩陶盆，盆的顶端四周绘有几组舞蹈图案，五人一组，手拉手，面向一致……姿态优美，韵律整齐"。[2]此外，还有各种艺术形式，比如建筑、雕塑和绘画等，和谐的比例、优美的线条、对称的秩序以及和而不同的结构等，都会给视觉带来快感。

---

1 北京大学外国哲学教研室编. 古希腊罗马哲学[M]. 生活·读书·新知三联书店，1957:36.
2 朱立元主编. 美学[M]. 高等教育出版社，2006:16.

声音也会让审美主体产生愉快的感觉。潺潺溪水声、啁啾鸟鸣声、轻柔的风声、"滴答"的雨声等，这些来自自然的声音也会让人的听觉感到愉快。当然不只有自然之声，还有音乐之声，高亢的旋律振奋人心、低沉的旋律让人哀怨、舒缓的节拍让人平和、急速的节奏让人激荡，无论是钢琴的华丽之音，还是小提琴的清亮之音，都会给人不一样的听觉享受。

前面提到的审美对象的色彩、形状、姿态、结构以及声音等元素，这些表层的形式成为"悦耳悦目"的基础。可以看出，虽然审美有历史性、民族性和地域性的差异，但是人的感官对于色彩、形状、结构和声音的感受，存在着一般性和普遍性，这也是各个门类的艺术能够跨越时间和空间进行传播的原因。正是这种生理的共通，特别是人的审美感官（眼睛和耳朵）感知对象时具有普遍的一致性，使文化的国际传播成为可能。这个观点同样可以得到英国经验主义哲学的佐证。沙夫兹伯里认为人的审美能力存在"内在感官"，"眼睛一看到形状，耳朵一听到声音，就立刻认识到美、秀雅与和谐"，[1] 这是因为内在感官在发生作用，不过他也没有否认外在感官桥接了审美对象与内在感官。

休谟也认为人类审美趣味相一致，可能在于人人都有的生理结构和心理结构。人类具备可以感知事物的共通能力，这种感知具有某种直观性，不需要心灵的参与以及无须判断和推理就可直接获得结论。正是因为生理相通的感受，将在地文化中让人"悦耳悦目"的内容，作为交流的重点，进一步实现文化和情感上"共通"。2021年河南卫视的综艺节目《端午奇妙游》中，水下中国舞《祈》再现了三国曹植的名篇《洛神赋》的神话意境，水随舞动，衣随舞起，舞者时而娉婷

1　北京大学哲学系美学教研室编. 西方美学家论美和美感[M]. 商务印书馆，1980:95.

袅娜,时而刚劲有力,起承转合中衣裙翩翩,色彩、舞姿、身形、律动、画面,特别是人、水、舞的完美合一,再现了文本中的洛神"翩若惊鸿、婉若游龙"的神韵,是中国传统审美的现代演绎。这支舞蹈,不仅引发了中国观众的审美共鸣,国外网友发表的评论中也有关于"飘逸的裙袂"、"造型的想象力"、优雅的动作、空灵的气质以及身体里流动的感觉等内容。[1] 虽然文化上存在差异,但是人类总有在耳目之感上的相通之处,也会产生审美的共通。

二 悦心悦意:"情动于中"形成的审美共情

笔者虽然将悦耳悦目与悦心悦意分开进行讨论,但两者并不是孤立的,它们往往具有发生的瞬间性和同时性。悦耳悦目与悦心悦意之间并不必然存在发生的先后,甚至时间上的迟滞。王夫之多次将"心""目"并提,比如"心目之所及,文情赴之",心和眼睛同时抵达,作诗为文的情感才会油然而生;"只于心目相取处得景得句",眼到心到才能收纳风景与佳句。[2] 不过,"悦耳悦目"与"悦心悦意"仍旧存在区别,并非所有"悦耳悦目"的外物,都能实现"悦心悦意",比如好莱坞大片中各种抓人眼球的场景和动作设计,虽然给人带来视听享受,却因为更强调视觉效果而难以实现"悦心悦意"。笔者曾撰写《漂亮主义——消费社会的审美变形》一文,批评过分取悦感官并以消费为指向的文化生产活动,显然"漂亮主义"是能够做到"悦耳

---

1 关于《洛神水赋》(原名《祈》)水下舞蹈的国外评论情况,可详见此链接中的评论区:
https://www.youtube.com/watch?v =2kg3NKz0qI&list =RDCMUC4zULhjsUIEDTt7ZlC1K
k1Q&start_radio = 1&rv=2kg3N-Kz0qI&t=0。

2 叶朗. 美学原理[M]. 北京大学出版社, 2009:91.

悦目"的，也即感官的愉快和享受，但是只停留于此，无法进入"悦心悦意"的层面。[1]

　　所谓悦心悦意，是使人的内心和精神感到愉悦，并且这种愉悦具有情感的饱满性、精神的满足性以及心意的畅快性，并能在不断的反刍中感受到和谐、健康、饱满的情感状态。如果悦耳悦目仍旧是感官与对象的直接相处，那么悦心悦意则是情感与对象的相互深入，需要一个"击目经心"、经由感官抵达内心的过程。如果将悦耳悦目形容为瞬时因感官被"击中"而产生的惊异，那么悦心悦意则是与对象在时间的"斡旋"下进行的体验与回味。魏晋时期的钟嵘在《诗品》中说："气之动物，物之感人，故摇荡性情，形诸舞咏。"[2]气使万物相动，物又使人感怀，心有如旌旗摇荡。这里面讲到了一个过程，就是物动—人感—心摇，所以，感官仍旧是第一个层阶，从感官快适到心意愉悦，是一个进阶的过程。刘勰也在《文心雕龙·物色》中说："春秋代序，阴阳惨舒，物色之动，心亦摇焉。"[3]物色之动，心亦摇焉，心故能随物婉转，物亦可与心徘徊，这里也是讲情景交融。陆机在《文赋》中说，"悲落叶于劲秋，喜柔条于芳春"，正是目之所及处，看到深秋时节落叶缤纷或是春晖普照时柔枝随风动，内心充盈，或是悲秋或是喜春。人的感官与情感是不能分离的，并且要相互融洽，"心中目中与相融洽"，"目既往还，心亦吐纳"，目到心到之后，方可写出佳句和雄文。

　　悦心悦意实现的是审美共情，是在情感上的心意相通，这比悦耳悦目更加深入。悦耳悦目是生理感官的相通形成的对外界感知的一致

1　王鑫."漂亮主义"——消费社会的审美变形[J]. 艺术广角. 2007(06):11–15.

2　张少康编.中国历代文论精品[M]. 时代文艺出版社，1995:218.

3　（梁）刘勰著；范文澜注. 文心雕龙注[M]. 人民文学出版社，1958:693.

性，这是审美共通的生理基础。共通感的"感"并不只是停留在一个普通的生理基础层面，进入心意层面的共通能够形成更普遍的共情。这是一种情感、思维和态度，也可以是感受力。因此，悦心悦意，不仅是个体的"情动于中"，也会成为唤起人与人之间交流的"共情基础"。康德认为，崇高是一种理性对于感性的胜利，是生命力遭到阻遏之后的迸发，显现出理性强大，而不仅仅是感觉到巨大力量、庞大体积以及数学上的量的体现。崇高在中国诗词中同样存在，体现为壮阔、雄浑等。比如"大漠孤烟直，长河落日圆"，大漠孤烟的苍茫辽阔，长河落日的寂寥旷远，激发的也是人内心中的浩瀚与孤独。同样的，司空图在《二十四诗品》中提及的，"荒荒油云，寥寥长风"[1]的雄浑，"天风浪浪，海山苍苍"[2]的豪放，与康德美学中的崇高相似，而这样的对象激发起主体的感觉也即崇高感。"采采流水，蓬蓬远春，窈窕幽谷，时见美人。碧桃满树，风日水滨，柳阴路曲，流莺比邻"。[3]司空图《二十四诗品》中的纤秾之美，也即康德所言的"优美"，是一种和谐的、平等的、人的心意与对象之间的圆融自在的关系，自然的感性及形式的小巧、柔和、均衡与主体生理的快感、情感的舒适、心灵的共鸣构成自由的对话关系，是心意的愉悦和美好，人的本质力量与自然异己力量之间达成一致。无论是优美的形态还是崇高的形态，在不同文明中都有实践和艺术的呈现以及理论的诠释。

悦耳悦目，强调的是审美的生理基础，这是构成审美沟通的第一要素；悦心悦意超越了生理基础，进入主体的心意/精神状态中，是主体所表现出来的状态，这种喜悦可能是来自审美静观中主体的情感

1　张少康.中国历代文论精品[M].时代文艺出版社，1995:343.

2　张少康.中国历代文论精品[M].时代文艺出版社，1995:344.

3　张少康.中国历代文论精品[M].时代文艺出版社，1995:344.

状态，也可能是在审美对话中，主体内心的自由舒展，正所谓"情深而文明"，[1] 直抵人的生命深处。人的"七情"，即喜、怒、忧、思、悲、恐、惊，又都是相通的。比如杜甫《春望》中的"感时花溅泪，恨别鸟惊心"，心、感、悲、愤、思、恨等情绪跃然于诗歌之中，可以穿越千年，也可以跨越空间，无论是中国人还是外国人，都能体会到中国伟大诗人的心境、心态与情绪。因此，这种心意具备了审美沟通的情感基础。英国广播公司（BBC）播出的纪录片《杜甫——中国最伟大的诗人》中引用了杜甫多首诗歌，得到了中外观众的喜爱，就是因为人们可以感知诗歌中的情感，这种情感又是相通的。诗人之忧（国破山河在）、之思（遥怜小儿女，未解忆长安）、之虑（车辚辚，马萧萧，行人弓箭各在腰）、之喜（却看妻子愁何在，漫卷诗书喜欲狂）、之悲（万里悲秋常作客，百年多病独登台），虽然与英国观众具有时代性和地域性的隔阂，但是这些诗歌体现出人类共有的心意状态令人理解起来并无太大的难度。因此在国际传播中，"杜甫"成为非常重要的符号，不仅他的诗歌，而且他作为个体的人，在理、事、情三个方面都沟通了中西方文化。徐复观在论述庄子的"情"的时候，提到了艺术的"共感"，认为庄子的"与物为宜""与物为春"是发自人格的大仁，也是其能量的共感。而他认为，李普斯在美的观照的体验中所说的共感，并不是根植于观照者整个人格之上。[2] 李普斯的"移情说"，显然更多的是从心理学的角度，把感情编入意识中，从而确立了感情的地位。在这一点上，徐复观认为他所说的共感远不及庄子从整个人格所发出的共感，后者才是最高的道德精神与最高的艺术精神的涵摄。

---

1 徐复观. 中国艺术精神[M]. 商务印书馆，2010:37.

2 徐复观. 中国艺术精神[M]. 商务印书馆，2010:94-95.

此外，需要说明的是，能够悦心悦意的对象，并不是只来自艺术，而是来自整个世界，既包括日常生活，也包括社会生活、艺术生活和观念生活。杜威的《艺术即经验》一书有一个非常重要的观点，艺术就是一个完满的经验，这个经验可能是来自艺术的欣赏，也可能来自做一顿美味的佳肴、打赢了一场酣畅淋漓的比赛等。对象能够成为审美客体，是因为对象唤起了主体的某些经验，"所唤起的东西只是一个实质，它以其自身的形式而能够进入到其他人的经验之中，并使他们具有更为强烈且更为完整的他们自己的经验"，[1] 人们感受到生活或者艺术中某个让自己动容的"东西"，使日常经验更好地成为人审美经验的一部分。杜威致力于恢复日常生活与审美经验之间的连续性，这也为艺术与生活的同构提供了重要的路径。所以，这个"唤起"特别重要，一个艺术作品或者生活中的某件事情之所以能够在不同文化中获得"共鸣"，大概是因为这个"唤起"的东西在进入人的心理的时候，产生了"共情"，并且能够激发他人，成为他人完整经验的一部分。

这也为文化国际传播提出问题：什么样的内容能够使人悦心悦意，或者能够真正愉悦人的感性的这一部分？什么样的表达和呈现可以使人动容和共鸣？在什么方面可以做到这一点？孟子说："侧隐之心，人皆有之；羞恶之心，人皆有之；恭敬之心，人皆有之；是非之心，人皆有之。"（《孟子·告子上》）侧隐、羞恶、恭敬、是非之心，是人伦基础，也是道德日常，具有普适性，因此，既可以成为沟通的内容，也可以成为表达的方式。"共通感首先是根据情感而不是知性。比起健全知性，鉴赏有更多的权利被称之为共通感。"[2]

---

1 〔美〕约翰·杜威. 艺术即经验[M]. 高建平，译. 商务印书馆，2010:126.
2 〔德〕康德. 判断力批判[M]. 邓晓芒，译. 人民出版社，2002:137.

从理论转向具体的实践，一个重要命题就是：审美共情和审美沟通，是人类沟通的重要路径。实现悦心悦意，无论是审美还是生活，在"共情"上建立沟通的路径，会有更好的交流效果。比如2021年在云南亚洲象群北迁的新闻话题中，用"萌""暖""亲"等亚洲象群生活和迁移的形象和画面讲述亚洲象的故事，以及人类与动物之间的和谐关系，形成了很好的共情，以更温情、更友善的影像叙事，构建跨文化的审美，并在国际舆论场上完成了一次"逆向输出"。诸多国外媒体也寻求共通性的议题，《纽约时报》在报道大象的行踪时写道："也许它们是在找更好的食物。也许它们迷失了方向。也许它们只不过是在探险，而且玩得很愉快。"中西方媒体和网友在观察亚洲象北迁的视频中，共享着人类情感与自然命运相连的沟通情境。

三 悦志悦神：基于感性与智性交汇的"共理"

《毛诗序》说："诗者，志之所之也，在心为志，发言为诗。"唐代的孔颖达将"情"与"志"统一起来，"在己为情，情动为志，情志一也"，情志是相同的，诗言志，也就是诗言情。闻一多在解释"志"的时候，认为最早有三个意义，一是记忆，二是记录，三是怀抱。[1] 后来，"志"之意多指怀抱、思想和志向之意。在笔者看来，情与志的不同之处在于，情是情感，"喜怒哀惧爱恶欲，七者弗学而能"（《礼记·礼运》），人的七情更多地体现为一种本能，处于一种自动自发的状态；但是"志"具有一定的理性的内容，志对"情"构成牵引。志，是情的凝结和汇聚，受到"理"的控制和支配，使情保持在

1　闻一多.歌与诗[M]//闻一多古典文学论著选集.武汉大学出版社，1993:4.

一个"中和"的状态，而不是受本能的驱使，呈现出某种随意性。从这个意义上讲，"志"是感性与理性的统一，是"从心所欲不逾矩"的状态。中国人也讲"神"。"神"是非常重要的一个范畴，不仅是艺术创造的高妙之境——"神妙""神韵"，也是人的想象力自由无碍的状态——"神思"，还是人的心意主宰——心神、精神。因此，志神，是人更高的理智、观念和精神。悦志悦神，"是情与景、心与境、主体与客体、感性与理性的有机统一"。[1] 这是一种超越有限进入无限的状态，超越紧张进入松弛自由的状态，是人与物之间各自实现自由的状态。现实世界的各种局限性和控制力纷纷松动，人的身心处在一种"天地与我合一"的状态。"在美的观照的体验中，有喜悦，有感动。这都是属于感情……美的观照的体验，是作为感情、体验而显现……美的观照的特色，是知觉与感情相协同之事。"[2] 可见，进入悦志悦神的层面，已经超越了情感单一要素，进入情感与理智相伴生的状态。

"悦志悦神"在李泽厚看来有这样的几层含义：第一，有理性的一面；第二，表现为"崇高"的一面；第三，不离感性又超感性。他说："在中国，由于乐感文化和理性的渗透主宰，作为崇高感受的悦志悦神主要表现为一种生命力量的正面昂奋，即所谓'天行健'的阳刚气势，表现为'与天地参'的人的自然化，从道家气功到佛学坐禅中所达到的种种经验，以及宋明理学所宣讲的'孔颜乐处'的人生境界，都实际指的是这种不离感性又超感性的悦志悦神的审美形态。"[3] 此前提过的康德的审美共通感，包括审美判断，都是"部分是感性的、部分是智性的愉悦"。[4] 杜威也认为："简言之，审美不能与智性

1　朱立元主编. 美学 [M]. 高等教育出版社，2006:86.

2　徐复观. 中国艺术精神 [M]. 商务印书馆，2010:92-93.

3　李泽厚. 美学四讲 [M]. 生活·读书·新知三联书店，1989:169.

4　周黄正蜜. 康德共通感理论研究 [M]. 商务印书馆，2018:95.

经验截然分开，因为后者要得到自身完满，就必须打上审美的印记。"[1]
可见，从感官上的愉快——悦耳悦目，进入情感的愉快——悦心悦意，
然后到观念和理性的愉快——悦志悦神，这是一个审美不断进阶的过
程，也是从"共感"到"共情"，再到"共理"的过程。这里提到的
"共理"，意指悦志悦神理性和普遍一致的方面，正如康德的审美共通
感具有普遍理性的意味一样：第一，一种普遍的情；第二，通过情感
而不是概念，却具有普遍性；第三，一种公共感受的理念与一种普遍
的能力。[2]李泽厚认为，人性能力包括"理性内构""理性凝聚""理
性融合"，其中"理性融合"指的就是审美能力。尽管在论证中，将
悦耳悦目、悦心悦意、悦志悦神进行了层阶的划分，但是它们并不能
被如此割裂，"一个生机勃勃的经验是不可能被划分为实践的、情感
的，及理智的，并且为各自确定一个相对于其他的独特的特征"。[3]感
觉、情感与理性是交织在一起的，互相影响也互相制约。观念的愉
快、理性的愉悦需要更高的引发志神愉悦的契机和通道。

作为审美的高阶，悦志悦神强调一种理性的、普遍的愉快，超越
个人好恶之上。实现悦志悦神，获得志神层面的共通和理解，李泽厚
认为应该"以美启真""以美储善"，美感中不仅先天地蕴含有人类共
同的基因，而且蕴含着人类与宇宙"共在"的基因。审美共通感拥有
比阶级、民族更普遍公共代表性的原始自然原因。[4]"人诗意的栖居"，
也是现代人摆脱工具理性束缚的路径。这里的志神之愉快，是人的情
感和精神交织、感性与理性融汇的愉快，它超越了有限的目之所及，
进入无限之中，也是人的自我解放。阿伦特论及康德提出的"共通

1　〔美〕约翰·杜威.艺术即经验[M].高建平，译.商务印书馆，2010:45.

2　周黄正蜜.康德共通感理论研究[M].商务印书馆，2018:100.

3　〔美〕约翰·杜威.艺术即经验[M].高建平，译.商务印书馆，2010:64.

4　尤西林.审美共通感与现代社会[J].文艺研究，2008(03):5-12.

感"概念时，提到人的局限就在于人的有死性，这是人面对的根本性的问题，也是宗教存在的意义，人要为自己寻找到可以归宿的家园，这决定了人如何与这个世界相处。李泽厚也认为人活着有三重局限：第一，生即苦恼；第二，个体总是受到权力/知识话语的支配；第三，个体面对社会变化的无所适从。这是全人类遭遇的共同困境，而不只是某个民族、某个族群或者某个人的困境，因此人在宗教、科学、艺术中寻求对生之烦恼的弱化和解决之道，以求得内心安宁。从这个意义上来讲，人的志神愉快，实际上是人在这些根本性问题得到有效改善之后的一种轻松和愉快。这也使人类的沟通可以从根本性的问题入手，探讨人的生存境遇、人与自然的关系、人与自身的关系。面对人类遭逢的历史际遇，需要寻求最佳的解决思路和办法，即使世界在各种政治的博弈中不断发生冲突，但是人类的命运终究绑缚在一起。

"共感""共情"和"共理"，意在从理论层面探讨审美共通与国际传播、跨文化交流更多的可能性，并提供具体的操作性路径。虽然这带有某种想象的乐观，因为事实上的交流并不顺畅，并伴随诸多"无奈"。不过，这也触及"交流"的实质。能否做到理解、会通，与接受者是否有接受的意向有关，也与文化积淀、习惯以及刻板印象有关。客观而达公正，不被私心颠倒轻重，不因憎爱而生偏颇。在态度上，客观而致公平；在情感上，真诚才能体恤。国际传播的目的不是把他人变成和"我"一个模样，而是共同分享世界的多样化。

四　中华文化国际传播中的审美实践与"感—情—理"结构

前面提到的审美进阶的三个方面，悦耳悦目是感官层面的，虽然人的感官对外界事物的感知也会存在个体的差异，但是仍旧有一般的规律和特点。感官的相通是人类的生理基础，也是人类审美感知的先决条件，悦耳悦目，必须有具体的物质性或者符号性的存在，也就是物质基础和形象基础，这个形象可以是生活中的具体的物质性的呈现，也可以是艺术的形象，比如影视、文学、绘画、舞蹈和音乐等；这也为国际传播提供了基本的传播文化内容，也即物质和符号两个方面，如何从感官上提供悦耳悦目的内容。这里的"悦"，不仅包括喜悦、欢欣、和谐、健康以及优美，还包括悲剧转化的力量以及崇高带来的理性的胜利，对于中华文化国际传播，从悦耳悦目的感官层面入手，给予不同文化地域的人以感官的愉悦。

无论是从官方还是民间的角度看，或是从历史的过程考察，李子柒毫无疑问都是一个值得研究的个案。随着社交媒体的崛起，越来越多的个体开始展现民族文化的多元性、丰富性、趣味性。李子柒在视频中呈现的是与自然之间的对话，体现在她的一粥一饭、一锄一筐中，也体现在她对土地和粮食的敬畏上。她对食材的尊重和对缓慢变化的等待，体现了中国传统文化中人与自然的关系，这种关系在现代社会中因为稀缺而显得珍贵，习以为常中充满惊喜。李子柒的视频之所以在全球范围内得到普遍的欢迎，是人们首先获得了感官上的愉悦，这当然有对色彩、结构、线条、声音等的处理技巧的原因，但更多的是讲述了一个故事，一个人与自然的故事。这个故事没有附着价值观传递的刚性需求，也没有被赋予更多的色彩，因此显得单纯、自然和美好。她并没有主动地"入乡"，是被"邀请"而来，并且安慰了世界上不同地方的人在现代生活中孤单且忙碌的心灵，以及渐行渐远的"乡愁"。现代性的生存方式是全球化的，人类遭遇的现代性困境也是相通的。尽管李子柒也有商业需求，但这也是人的共通方面——活着，并且通过个人正当有效的努力更好地活着。李子柴活成了一个"常识"，这个常识就是共通感，可以在全球范围内获得普遍的认同。有泰国观众模仿李子柒的生活，所拍视频也在优兔（Youtube）平台播放，虽然有网友对此表达不满，但是换一个角度而言，这不也是价值观的输出吗？中国传统的生活方式和价值观在现代社会中成为疗救生活的一剂药，也显现出本文论证的一个重要方面，悦耳悦目作为审美进阶的第一个层级，物质基础与符号形象都是不可或缺的。纪录片《舌尖上的中国》是另一个范本，这样的题材，既是生活的现实，也是传统的文化，一道道美食连接的是现实与传统、生活与艺术、个体与社会、人与自然。"食色，性也"，从感官上入手，依靠物质和符号，实现悦耳悦目的审美共感和相通。

悦心悦意是情感层面的表现。人皆有情。李泽厚说："就在这你—我—他（她）的人生世界中，以充满人际情感的心理去履行那'先验'的至上命令，获取人生意义生活价值。"[1] 李泽厚提出"情本体"，认为"道由情生"，并推出它的形而上逻辑"天"—"命"—"性"—"情"—"道"。"情感与情况相交叉，就是非常现实非常具体并具有客观历史性的人与万事万物相处的状态。"[2] 尽管不同的文化会让"陌生人"震惊，但是所有的琐碎生活体现出的丰富表象并不能遮蔽基本的日常和规律，"七情六欲"是人的本能，也构成人与人之间交流和表达的通道，新闻人物和事件是大河之上的漂浮物，更多人的日常生活才是"静水流深"。虽然不同文明与文化塑造影响着人的生活习惯和生活态度，但是掠去生活大河上的漂浮物，人们对于美的追求，人与人之间的善意、真诚、责任、互助是有相似性的，同情心与微笑是人与人之间相互体恤和友好相处的最好的证件和表情。审美本身是

1　李泽厚. 人类学历史本体论[M]. 天津社会科学出版社，2010:135.

2　李泽厚. 人类学历史本体论[M]. 天津社会科学出版社，2010:137.

多元的，生活、社会、艺术、自然都有成为审美对象的可能，人的心意的愉悦体现了对生活的热爱和追求，也是人的健康与和谐生活状态的彰显。自然的风光与主体心境的沟通及交流，产生的欢愉和幸福感，不断增强人们对于生活的信念，并成为人与人之间沟通的桥梁。在李泽厚看来，"与人共在""活在世上"的"我意识我活着"的情感心理，不是"理性的内化和凝聚，而只是理性的积淀，即理性融化在'我'的感性中"。[1] 西方人际交往重规则和秩序、中国人重人情和关系，这已经成为基本的共识，然而，西方人亦有人情，虽然这种人情因为自由、个体等观念看起来不那么厚重和绵密，但是"情"仍旧是主体间最值得讨论的问题。英国BBC的纪录片《杜甫——中国最伟大的诗人》，讲述了杜甫的夫妻之爱、亲子之情、朋友之谊、家国之情。杜甫的诗也围绕这些情感展开，这些情感体现在诗人颠沛流离的一生之中，并没有因为时空以及文化的差异而导致英国观众出现理解上的障碍，反而得到了观众的喜欢。

悦心悦意就是"七情正，天人乐"。无论是艺术还是生活，使人的情感得到有效的疏解和释放，人自然就感到快意和顺畅，这是人之常情。因此在国际传播中，要充分利用好人类情感的丰富性和多样性。叙事中的情感可以超越政治和意识形态的差异，实现人类本体上的共通，这为有效的文化交流与传播提供了更多理论的依据。钱穆说："其主要关键，在一个情字上。人类群体日大，则欲日退而情日进，盖欲只在己，常要把外物来满足我。情则及物，常把自己的推及人。""人有情乃为人类一大特点。"[2] 情的关键在于情可以推己及人，但是欲望只是为了满足自己。所以，悦心悦意是让情感得到愉快和满

---

1 李泽厚. 美学四讲[M]. 生活·读书·新知三联书店，1989:138.

2 钱穆. 双溪独语[M]. 学生书局（台湾），1991:204.

足，体会到喜悦和美好，因此，以"共情"为基础，人与人之间的交流可以顺畅和自在。

悦志悦神是这一结构中"理"的部分，是人的情感和理性交汇融合产生的喜悦和愉快。这个"理"，是中国的"道"，也是西方的"规律"，交织着情理和事理。这个"理"对情有约束和控制，也有过滤和提升；同时对"事"而言，可探寻事的本质、规律，并寻找方法。因此，悦志悦神，"悦"的对象是大千世界，包括自然、社会、艺术、生活等，使之"悦"的不再是感官和感情，而是其中蕴含的道和规律，这是一种超越人的感官的局限以及情的本能而产生的更高阶的愉悦。人类能够在"志神"方面感到愉悦并且能够交流，还是来自人类的共通感。这里的共通感，具备了"（1）在主体间视角上的共同意识，即普通的高级认识能力在理论、实践和审美范围的应用；（2）一种主体内视角上的智性情感，即道德感、知性愉悦和审美感"。"这两种情况中智性和感性的关系都处于中心地位。"[1] 可见，使人感到愉悦的，除了审美共通感，还有认识和伦理等方面。因此，从感官的愉悦到情的愉悦，再上升到"理"的愉悦，这个进阶过程也为人类可交流的方面提供了更多的探索空间。学者周黄正蜜在《康德共通感理论研究》一书中清晰地揭示了共通感在应用领域、认识领域、审美领域以及实践领域的表现。[2]

人类之所以能够超越语言、地域和文化的局限实现共通，是因为人既是审美共同体，也是认知共同体和实践共同体，不仅具备互相感知和情感传达的能力，也能实现彼此间在行动中的交互作用，这表现为站在他人立场上思考、感受和分享他人的喜悦，普遍化的思想实验

1　周黄正蜜. 康德共通感理论研究[M]. 商务印书馆，2018:145.

2　周黄正蜜. 康德共通感理论研究[M]. 商务印书馆，2018:150.

等。特别是共同体的理念，"接近真理""提高美感"和"臻于至善"，这不仅是西方文明和文化的追求，也是中华文明的追求。中国提出的"人类命运共同体"，既与不同的人类文明构成呼应，同时也是现代人类社会发展的必然要求。中国传统美学理论为中华文化国际传播提供了理论基础，以美为媒，也将成为中华文化国际传播的重要通路。

结　语

在不断发展变化的现代人类社会，任何一个国家和个体都会与其他国家和个体发生关联，蝴蝶在太平洋一端扇动翅膀可能会引起另一端的海啸，这是人类必须面对的客观现实。如何在命运共同体的框架下去为人类更好地生存——健康、自由、快乐、舒展、幸福等——努力，是全人类关心的普遍价值和信仰。能否在国际传播中找到人类的共通之理、共享之理，超越政治和意识形态的局限，共同探讨人类共同面临的问题？人类面临的贫穷、战争、饥饿、自然环境的恶化、气候的改变是一样的，人类在同一个"诺亚方舟"之上，这是共通之理，这是人与世界普遍共在的关系。中国古人强调人与自然的和谐相处，对自然规律的适应，强调天人合一，而不是一种战胜和征服的关系。人类的工业化进程让传统的人与自然的关系发生断裂，尽管人与外部的关系处在不断的修复之中，但是人类对自然的侵袭以及人类生存环境短时间难以得到彻底的改变，这将是人类共同面对的困境。还不仅如此，人类也不得不面对自身生存的困境——高速发展的社会和高压、快节奏的生活方式，人类不断被异化，这使人身心变得脆弱，身体疾病与心理疾病越来越多。人类不得不寻求多方合作，以确保共同应对人类的外部问题和内部问题。这是中华文化能够实现对外交流与国际传播的现实基础。在中华文化的国际传播中，把握悦耳悦目、悦心悦意、悦志悦神的基本规律，使人在接近真理、提高美感、臻于至善等方面体会到愉快和喜悦，才能更好地讲述中国故事，传播中国声音。

第四章

器物为媒、"物—情"接合与关系"再造"

　　大众传媒的发展，使得人类的传播尤其关注媒体视角。随着传播研究物质转向，关于人类文明传播的视角再次回到物和人的流动方面，考察全球的人的流动和器物的流动，以及人类文明重新聚焦在个体和器物上的文化基因和印记。人类的情感具有本能性和共通性，以美为媒建立人类的情感连接，这些隐匿在器物上的符号和密码，是打开文明的一把"钥匙"，也是走进一种文明的"大门"。聚焦在器物之上的符号和密码，也讲述着一种文明凝结的生活、艺术、自然、技术等故事，并在人类多维情感经验中，寻找沟通的可能性。

　　文化的传播与交流是一个复杂的过程，涉及三个主要的方面：第一是人，人是传播者和交流者，人本身就是文化，人的生命过程就是文化展演的过程。卡西尔说"人是符号的动物"，也隐藏着另一种表述——人是文化的动物。第二是物，物是文明的载体，也是文化的具体化和客观性的存在，没有物的依托，文化就失去了现实性的归宿。第三是关系，文化的传播就是要建立一种关系，可以是政治、经济、艺术和审美，也可以是其他形态的关系。关系是文化传播的目的和交流的主旨，良好的国际关系、社群关系或者人际关系，是交流的目的和指向。一般来讲，对于文化的划分包括三个层面，物质层面、制度层面和精神层面，其实这也可以与物、关系、人和语言相对应。中华文化对外传播时离不开对这些基础性命题的讨论。我们应当充分发掘器物在传播中的基础性意义，进一步探究人的情感共通与关系构建，并通过语言连接沟通的人和关系，从而形成相对完备的中华文化传播的理论架构。以往的研究更多是从"为什么交流"以及"如何交流"的宏观层面进行路径和方法的考察，本书意图从理论上对这几个相互缠绕的问题进行剖析，旨在为实践层面的研究和探讨提供基础性内容。

一 中华文化对外传播的"物质性"与器物为"媒"

传播学研究中的物质转向，旨在超越"媒体中心主义"研究范式，也即那种专注于信息传播的符号、制度和技术维度的中介形式，把传播等同于象征性或修辞性的交流。[1] 传播学研究的物质转向扩展了传播研究的议程。这也给出一个重要的提示，对外传播的物质性以及如何以器物为"媒"。人类历史的交互和发展，离不开人类对于世界的创造和发现，每个民族和国家都形成了独特的民族性和传统文化。这些民族文化和传统文化是开启民族心灵的一把"钥匙"，很多时候，甚至是唯一的一把钥匙。这些传统文化也是走进人类历史和心灵的载体。文化并不仅以符号呈现，承载这些符号的物质基础尤

---

1 王鑫. 物质性与流动性：对戴维·莫利传播研究议程扩展与范式转换的考察[J]. 国际新闻界，2020(09):159–176.

为重要，而且文化总是表征为物质载体和符号意涵的相互构成，比如说中国的红灯笼，总是承载着喜庆、福气和美好。手工技艺、历史文化和饮食文化往往成为一个国家或民族对外交流的三个值得关注的方面，手工技艺中保留着传统生活方式，以及无数人利用手艺传承家族数代的生活，也保留了人与器物之间的自然和谐的连接。这种人与器物之间的关系能够具有某种超越性，就在于它包含着人与自然的关系、人与社会的关系以及人与人的关系。这种保留在现代社会中变得稀缺，因此是有价值的。比如六十多岁成为国际"网红"的阿木爷爷，他给孙辈制作的玩具，是人与器物之间的对话，是对物的物性的最佳呈现，这里面灌注的是人对物的熟悉、亲近和了解，以及爷爷和孙辈之间的深情，更重要的是对人类手工艺传承的尊重。阿木爷爷的故事能够被广泛传播，是因为这里面体现着人与自然、人与历史的关系。这种渐行渐远的前现代人类的生活方式以及逐渐退出历史场景的手工艺在高科技的现代社会显得弥足珍贵。就像瑞士昂贵的手工钟表，钟表匠的精心打磨与精湛的手艺确保了每一只手表的独一无二，其昂贵之处恰在于对人类手工艺传承的褒奖和盛赞，其奢侈之处，也在于具有这样精湛技艺和传统手艺的人的稀缺，这与工业化流水线生产的石英手表相比，多了一份传统手艺的"灵韵"。手工艺品即使存在瑕疵，却凝结着人类劳动，是具有"灵韵"的，相比于高科技的"对于自然主义的抑制和对于物的陌生化和奇观化呈现，引导了观看者对于物性展开审美的观照。这些传统手艺，能够在不同文化中受到欢迎，一方面是人们对机器和人工智能时代人的手工艺术能力的肯定和认同，同时隐匿着人们对"消逝的文化"的眷恋以及对某种生活方式不再复归的怅惘。风靡一时的短视频博主李子柒在视频作品中以古风化、浪漫化的方式展现了传统美食的制作过程，在快餐文化和外卖文化大行其道的今天，她的作品充满了时间的韵味。她所展现的不仅是当代都市中国人稀缺的生活方式，也是世界范围内稀缺的，这种对现代生活方式的抽离，恰恰反映出人类对自身返乡的渴望。因此，对外传播与沟通，需要找到人类生活的共同的愿景与担忧、共同的向往与责任，这就会超越民族性，并在人作为类的存在层面上找到共通的内容。此外，视频中所出现的具有不同文化特色的手工艺作品，凝结着某种文化的审美、信仰以及生活方式，人们总是喜欢保存这些手工艺作品，也是因为这些器物拉长了交流的时间性和空间性，超越语言交流的瞬时间和在场性，从而具备了保存某种文化的意味。

当然不只是手工艺品以及具体的日常生活，历史文物更是凝聚人类发展历程的载体，也是人类文化的跨时空流转物。笔者在英国期间、在大英博物馆、丘吉尔庄园、以及其他的博物馆，看到大量的中国文物，这些在异国他乡的"中国器物"，讲述着中国的故事，中国人的审美和中华文明的进程，这些文物有的是通过战争掠夺走的，有的是外交礼节赠送或者私人购买的，作为散落在世界的中华文化的物质载体，从文化传播的角度来看，它们让来自世界各地的游客和观众看到了中华文明的内容质地和特色，尽管展出在世界不同的博物馆里，但就其文明的归属而言，它们仍旧被打上中华文明的烙印。这些文物在世界知名的博物馆里保存和展出，与美洲文明、非洲文明、欧洲文明以及亚洲其他地区的文明并列，在人类文明沟通和传播角度而言，这些文物成为中华传统文化和中华文明无声的讲述者，讲述一个民族的历史和记忆、审美和生活。这些器物凝结的是人类的心灵和物质发展的历史，体现了不同时代和不同文化中的人，如何生活、如何感受、如何思考，相信过什么、喜欢过什么。笔者在与伦敦全球中国研究院常向群教授对谈时，她举了一个例子，大概在十年前，大英博物馆举办了中国兵马俑的特展，受到热烈欢迎。由于展览有人数的限制，许多观众甚至彻夜排队。常教授说，这正是英国民众对中国传统文化有发自内心的好奇或者热爱，才会有这样一种动力。这些历史文物是凝固的文化形态，讲述着与本土文化不同的"异文化"的故事，以超越时空的方式在不同的文明中流转，传播和互鉴。

饮食文化则是物质文化与非物质文化的结合体，是生活方式和文化形态的结合体，并且是容易嵌入到本土文化中，与本土文化结合，形成一个独特的"转文化"的产品。孟子说"食色，性也"，饮食是人之性命所需、人性所至，是人基本的生存需要，人类文化的进步也与人类对食物的追求息息相关。饮食文化中伴随着的食材、器皿以及烹饪方式，都是一个民族文化在日常生活中的直观显现。因此，饮食文化始终都是对外传播的重要题材，这也是为什么《舌尖上的中国》《风物人间》等介绍传统饮食文化的纪录片能够得到人们普遍喜欢的原因。此外，中华饮食文化在进入当地文化之后，也会在文化互渗中成为"转文化"的产品。一个华人的后裔在伦敦开了一家中餐馆，其设计、装修、菜品、服务，既使中国人觉得这是一家很地道的中餐馆，也会让英国人认为，这是英国文化中的中餐，是他们喜欢的一种味道，就像英国的意大利菜、法国菜、印度菜、土耳其菜一样。这个中餐馆就是一个"转文化"的产品，有助于相融的两种文化中的个体都能对此认同并且接纳，同时还能够尊重和喜爱。

物质性维度是研究和实践需要被重点关注的部分，如何从器物层面建立不同文化沟通的渠道也是值得思考的问题。观念和理念上的冲突和差异并不能阻止人类物质文明载体承载的人类共有的创造性和想象力。人类的文化交流存在一条交往的"金线"，这条"金线"最大限度反映了人类的想象力、创造力和对世界的惊异，也是人类社会漫长历史中积淀下来的对世界、人类社会和生命伦理的基本信念和价值。而器物以及非物质文化等遗产，恰恰是文化的保存，也是人与世界关系的保存，理应成为全人类交流中共通的内容。

二 从物感到情感：对外传播中的"人—物"接合和连通

不同文化的互通与交流中，器物层面的沟通是一种"活生生"的嵌入，无论是基于对他者文明的好奇还是对人类文明抱有的敬畏，都会成为对外传播过程中重要的内容，也会成为打开沟通之门的钥匙。但交流不仅是物的展示和欣赏，其中保存了哪些特定民族和文化中人的智慧和创造、人的情感和心灵、人的生活方式和审美方式？这是值得探究的。显然，以器物为"媒"是交流的基础，也是其中的维度之一，缺乏人的"物"是不具备活力和生命的；反之，没有物的依托，人的生活和情感也是难以附着的，因此，有必要在器物和情感之间建立起关联，从而实现对外传播中的"人—物"之间的接合与连通。这里也找到了两个重要的并具有启发性的概念——"物感"和"情感"，下文试图对这个理论命题进一步解释和深化。

中国传统美学中有一个重要的概念，即"物感"。所谓物感，是物对人的情感的激发，是在被万事万物所动之后，人的内心出现的各种各样的情感变化，在这种变化中，人需要通过某种形式表达和抒发，可以借助诗歌和其他艺术形式，也可以是物的生产和创造，也即在"物—人"之间通过"感"的心理过程加以连接，构成人与外物的同一关系。以往的研究中，"物感"更多指向的是文学生产和创造。中华先民在大河的滋养下，创造了人类大河文明中最灿烂的一部分。这表现在人与天地之间的相和共生的关系，人类的劳作是要遵从自然规律而不是违反规律而行，这就是"天人合一""天人相和"不能"逆天而行"，这里的"天"，虽然有时会被人格化，但不是一个有形的具体的"神"，而是"道"、是"规律"。外在的天地"大宇宙"和"道"与人的内心的"小宇宙"和身心之"道"也是相和的，中华文化中很多的文化概念，都体现了外在之"天"和人的内心之"天"是按照同一个宇宙规律运行，因此是相生相和的，而不是彼此对立、征服、战胜的关系。宇宙之天与人的自然之"天"的相和相应，也即"天人感应"，人可以去感应天，天也可以使人"动"，这也是"物感"说的基础。事实上，从事物质生产的劳动者，也会受到物之所动、所感，形成物质生产中的智慧，比如中国的《二十四节气歌》，就反映了气、物之所动与农墒之事的关系。中国古人创立了发达的农业文明也与顺应自然规律有直接关系。不只是农业生产方面，中国古代的建筑同样也受到气、物之影响，并且与气、物之间构成相应相和的关系，使建筑与光照、气流、湿度等保持最佳的相处状态，也即光、风、水等根据中国古代建筑学的要求实现人与自然的相和与审美，庭前树成为窗上影，移步换景，独具气韵。瓷器的烧制也同样如此，外界环境变化，空气的湿度、温度会影响烧土的特性。物性、人性与天性"三位一体"，人在对物性和天性的熟悉中，通过"感"与"悟"建立起其中的关联。可见，器物不只保存了人的心灵和创造，也在建立人与物、自然之间的理想化关系。或者说，器物连接了人与自然的关系，聚集了人类劳动以及人对自然的认知。

物分两种，一种是天然之物，一种是"器物"，两者的区别在于前者是自然之物，后者有人造之物。人生活在大千世界之中，受自然环境的影响，无论是环境决定论还是地理决定论，都强调了"自然"对人的影响，古希腊的海洋文明和古中国的大河文明，都是由生活区域的自然和地理环境所决定，这也发展成人类文明的不同走向，并无高低之分，人依赖自然并且最终被自然塑造成为今天的模样。此外，人与自然之间的关系，或者以器物的方式得以保存；或者以精神的方式得以保存，主要涉及艺术。以"器物"或者物质方式为媒，对外传播具备了连接的基础。还不仅如此，器物与人之间是不可分割的，器物中保存了过往的人的心灵和生活方式；人又在物感中受到激发，最终实现了保存的可能。以艺术为媒，人类沟通的精神内容就依赖于情感而有了共通的可能。因此，要从人的外部和人的内部同时接合和连通，从物感到情感，建立对外传播交流的通路。

物感的第一个层面是"气之动物"，也即自然之气使物发生变化。强调天性与物性的相通，天地之气，使物而动，比如春天阳气萌发、万物复苏；夏日阳气正旺，万物繁茂；秋天阳气日减，百草凋零；冬日阳气最少，万物枯象又内敛，生命，等待阳气复归。从物及物，自然之气的变化对动植物产生影响，正如秋风起秋叶落；春雷响，惊醒蛰伏之虫。钟嵘在《诗品·序》中说："气之动物，物之感人，故摇荡性情，形诸舞咏。"钟嵘首先提到的"气之动物"，万物之生命，因气而动。阳气发万物生，阳气落万物凋。进而因物感人，人受到万物的触动而产生不同的情绪和情感，这里有一个连接者，就是"人"。人在这样的气、物之变中，内心也受到感应，正如陆机在《文赋》中所言，"悲落叶于劲秋，喜柔条于芳春"，人的伤春悲秋也是受到气、物之变的影响。刘勰所谓："春秋代序、阴阳惨舒，物色之动，心亦摇焉。"人的内心的情感，本是天生而成，受到外界所感，故有所发，形成诗文以及其他艺术形式。

这就涉及到物感的第二个层面，也就是"物之感人"，万物因气而动，"气之动物"之后，各种各样的变化也会让人感受到自然规律的周而复始，故人心而动，或者"心怀怀"或者"气凛凛"，人的情绪和情感得到了外界的开启而发生变化，人的情感也因受到外界触动而被打开。刘勰在《明诗》篇说："人禀七情，应物斯感；感物吟志，莫非自然。"人的艺术创作以及其他生产活动，也都是受到外物之动，才有心之摇荡。《礼记·礼运》："何为人情？喜、怒、哀、惧、爱、恶、欲，七者弗学而能。"强调人类的情感的本能性和天赋性，并不需要训练和学习就具有的。可见，物感，是天地、自然以及万物对人的触动、激发和唤醒；而人之所以能被触动、激发和唤醒，是因为人本身具有情感，这"七情"，是人的本能和天赋，并不依赖后天的学习和改造。从气而感物，由物而感人，是从外部进入内心的过程；同时，内心的情感也被外物所启动和激活，构成"与物婉转"和"与心徘徊"的状态。《礼记·乐记》："凡音之起，由人心生也。人心之动，物之使然也。感于物而动，故形于声。"其中较早谈及了"人心之动，物之使然"，最主要是通过"人心"将"自然—物—情感"连接起来，包括艺术的创造与器物的生产，由自然之风物经过人心而使然。人的情感从这个逻辑出发，古今之人、中外之人能够对某些事物形成共通的感受和判断，是因为人本身的情感相通性构成了基础。而这七情，由人的本能而生，但不止于人的本能，经过社会化的淬炼，情感也就有了社会性。郭店竹简说"道由情出"，李泽厚认为，它是"人道"，也即是"天道"。"七情正"是指个体的"喜怒哀乐爱恶欲"等生理自然情感的"正道"而行，它们成了人生意义、生活价值最后的心理本体。[1] 人的情感除了具有跨文化的共通性，由于其具有的社会意义，也在更深的社会和文化层面上的对外传播奠定了理论基础。

中西方文化中对于人和物之间关系的理解不同，中国人是认识规律、适应规律、遵从规律，不违背规律。中国古人不是要改造世界，导致人与自然的矛盾关系，而是要顺从自然、与自然相和而一，所以不存在对立的关系。西方的思维方式造就的一个重要的事实就是自然科学的迅速发展，科学的发展使二元对立观念下的人得到了解放；中国人的思维方式使其实现了农业社会的最高文明形态，西方人的思维方式也带来了科技文明的鼎盛。也就是说，不同的思维方式的结果最

---

1 李泽厚.人类学历史本体论[M].天津社会科学出版社，2008:141.

终创造了不同的文明形态和发展偏向，由此带来的人类社会之间的矛盾和冲突超越同一文化的内部，而在不同文化之间起了纷争。如今，我们意图通过对外传播的沟通和协调，使不同文化之间彼此能够更加充分的认识和了解，减少战争和其他冲突。对外传播，并不是单一的语言交流，也伴随着人的精神层面与器物层面的交流与沟通。"感"是一个心理启动机制，是从物而达人的过程，进而对"情"构成激发。中国古代"情"与"感"是两个维度，"情"是本能、具有生理性内容，"感"是感应、感知，从物及情，中间是靠"感"的过程连接。从物入情，寻找"物"与"情"两个方面的共通的路径，就是为跨文化交流寻找器物与情感的基础，并将两者连接起来，在"人—物"的关系中找寻、发现、感受和体验不同文化情状和样貌，从而在更多维度寻找沟通的可能性与可行性。器物是文化的载体，凝结着人类的精神和创造，以及不同历史时期人的生活方式和情感结构；在"物"的召唤之下，人的情感对于外物也有了表达和呈现，进而通过形式（艺术）保存了人的情感和与世界之间建立起来的关系。由物感到情感，由此连接"人—物"，可以寻求的器物与情感的双重维度，一方面器物将保存的人与世界的关系直观的呈现，并将之放置入人类文明的长廊之中；另一方面人类情感的共通性为交流提供了可能。从物感到情感，人与物之间的关系得到接合，也为对外传播找到了另一幽径。

三 "关系"再造：文化殊异
之间的观念互纳与交流的感性

文化传播实现的一个重要的功能就是关系的"再造"。中西方文化的流动与传播的过程就是关系的再造过程。这个过程或许从遥远的古文明就开始了。著名的四川广汉三星堆遗址出土的文物具有许多东西方文明的共同特质，这是早期中外文化交流的体现。考古研究者依据已发现的诸如金杖、青铜雕像等文物判断，古蜀国先人已与印度、中亚乃至两河流域的文明有所往来，南面可通过滇、缅、印之间的古道直接通往南亚、东南亚以及中国沿海各地，甚至可以穿越历来被视为"人类生命禁区"的青藏高原，与此地文明发生交往。西北方向的"陆上丝绸之路"很早就有固定交通路线。可见，青铜时代的巴蜀与世界其他地区已经有了交流。而中原地区，从汉代张骞出使西域就已经开始，一条横贯欧亚大陆的"丝绸之路"有了最初的模样。中华文化与西方文明殊异，但是交流的历史绵长，这其中主要是商业和贸易的交换，更多体现在物的层面上，但是物质和观念之间又不是截然二分。中国礼乐文化中的各种祭祀和礼仪活动，都是通过物质和仪式来完成的，也就说，观念本身并不单纯是以某种抽象的道理或者语言叙述，还需要物质和仪式来体现。在这一点上，阿尔都塞也这样认为，只是他用来表述观念的概念是意识形态。因此，对外传播活动是在不断地塑造和改造不同文化之间的关系，这个关系并不是恒定的，还受制于不同的政治、军事、经济、社会以及环境等诸多因素。关系的再造是以物质作为基础的，包括物质的生产、交换、流通和消费，但是物质流动的过程中，伴随着观念的传播和相互接纳（虽然不一定认同），这个过程可能是短暂的甚至是为了某个目的而一时兴起，但是为了确保双方的利益和礼仪，而不得不让渡自身的部分权益而接纳对方，以实现交流的可能；此外，交流也是感性的活动，甚至是碎片化、日常化和生活化的，而并不一定是整体性、学术化和仪式化的，在感性的交流过程中，人们从微小的方面"腾挪"入对方的文化土壤中。因此，需要考虑的问题是观念的互纳与感性的交流。

以物质为基础的观念的互纳。前面提到了阿尔都塞，他认为观念（意识形态）需要物质的载体，或者借助于物质化的行为得以最终的实现。比如，人在祈祷的过程中，需要跪拜和行礼等一系列仪式化的行为，还需要在庙宇或者教堂这样的空间中进行，才能确保虔诚。包括各种纪念的丰碑也是如此，用碑石这样的纪念标志物，来表明为信仰献身的人的伟大和壮烈。因此，一般性的观念可以在物质化的形态中找到。对外传播深层次的交流涉及观念，但是通常情况下，是在文化相对浅层以及简单的实践中，这也是为什么全球化带来了世界的深刻连接，物质的流动让全球范围内的人共享人类文明的成果，但是仍旧会出现种族歧视和民族偏见，这是因为，人类的跨文化交流极少是从观念和精神层面真正实现交流，而只是在较浅的层面实现了物质的交换。这在很大程度上，是因为人们很少观察"物"所承载的观念的内容。物的交换和交流为对外传播打开了"入户门"。比如说，德国向其他国家出口宝马汽车、西门子冰箱等现代生活的基本器物，人们之所以争先恐后的购买，是因为德国制造本身意味着高品质，以及德国人精益求精的技术能力和细致入微的服务态度。物质（汽车、冰箱、相机）是基础，但是人们在选择物质产品的时候，就同时选择了它的品质、技术、服务等价值观。这就是与物质裹挟在一起的价值观输出。法国和意大利的高级定制时装，是全球时尚界的风向标，这些服装不仅仅实现基本的实用功能，更多的是在审美功能和价值观方面得到广泛的认可。意大利从文艺复兴时开始，就是艺术家们趋之若鹜之地，法国的艺术设计更是引领全球风潮，因此，这些服装承载着人们对法国和意大利时尚的肯定、艺术的向往以及审美的确信。当法国和意大利的服装以昂贵的价格被中国和其他一些国家的顾客认可的时候，实际上他们购买的并不是服装本身，而是服装中的意识形态或者观念，这些服装的价值观意义在于时尚、审美、顶级流行以及未来趋势。而中国向外输出的大量价格低廉的服装、鞋袜和日用品，虽然换回了很多出口顺差，但是这也给人留下了廉价、普通、低端的印象，虽然这是中国经济发展过程中的必经阶段，但是随着整个生产的转型以及人口结构的改变，应该尤其注意传播过程中的物质性的内容，当下新能源汽车的出口也在不断地改变中国的国际形象，科技、创新以及优质等观念也附着在这些器物中，形成观念的对撞和互纳。此外，还要有历史的视角，中国彼时形象的孱弱很大程度体现在物的交流和流动性上的薄弱方面，特别是在晚清，这种物的流动和物质产品的输出几乎是被动的，更多的是白银和文物的外流而不是真正的技术生产的输出，而白银和文物上输出的价值观并不是中国的富庶和文明，而是一个国家的屈辱和愚昧。从晚清开始的刻板印象迄今大约200年，仍旧没有改变。这也是为什么在对外传播过程中，国民心态总是存有或是隐匿或是明显的"羡憎情结"。东方主义与殖民主义是一种关系构成，而如今的大国关系也是一种关系构成。如何借助物质流动的新变，重构新型的关系，尤其值得思考，特别是新的历史时期，生产结构和产品结构新的升级和转型过程中，通过商品出口和流通，输出品质、科技、时尚、审美等价值观内容，这既是交流的重要内容，也是观念传播的通路。

从交流的理性到交流的感性。哈贝马斯谈及交往的理性的四个"有效性宣称"，主要是指言辞的可理解、真诚、真实、正当。这是沟通的理想情境，但实际上，任何"压迫性"力量的介入，都会使理想的沟通情境发生扭曲。哈贝马斯认为，理想的言辞情境代表一种人类的期望、一种预示。此预示本身就保证我们能够将实际上所达成的共识和合理共识关联在一起；同时理想的言辞情境可以当作任何实际上所达成共识的一个判准。[1] 相比于交流的理性，感性的交流更多是印

---

1 转引自张锦华. 传播批判理论：从解构到主体[M]. 黎明文化事业公司（台湾），1994:284.

象式的、片断的、体验性的和直观的，是对交流中突发状况的应对、碰撞和调整，最终实现双方的平衡。提出交流的感性，是看重也是承认交流的不确定性和不稳定性，承认这个前提有助于理性和客观地看待对外传播和沟通过程中的突发性和偶然性，因此，也能更合理和充分地应对传播与交流的复杂性。交流的感性，是将跨文化传播从政治性下沉到日常生活中，后面会提到不同的流动主体，实际上是以个体的身份进入到不同文化的传播与交流中，他们本身并不主观承担跨文化交流的责任，但是却在客观上扮演着这一角色。"感性"总是和"感觉""知觉""感官""情感"等概念关联，人们应承认交流中喜、怒、哀、乐、惊、惧、爱等情感的真实性，尽管为了交流的顺畅存在克制，但是仍旧会不自觉、下意识地将其呈现出来，甚至是为了表达情绪故意放大某种情感，这也是回归到不同文化传播和交流的日常状态和生活状态，将宏大使命落实到每个具体的个体身上。感性和理性是人的两个方面，尽管西方哲学一直高扬理性的旗帜，并一直认为感性低于理性，这从柏拉图开始一直延续至古典主义哲学的结束。但是，这并不意味着感性不存在，尽管理论上的表述始终将感性置于低级认识论的范畴，但是在日常生活中，感性往往比理性更具有力量，因为人时常被非理性所主导，而非理性的部分或许也像弗洛伊德说的一样，露在外面的只是冰山一角。感性在交流中占据必要地位，因为感性既具有力量，也容易形成共感和共情，这对于对外传播来讲也是尤为重要的。感性冲动的对象，"就是最广义的生命，这个概念指一切物质存在以及一切呈现于感官的东西"。[1] 因此，对外传播交流的内容和对象是最广义的生命，故借助感性的交流是必然和必需的，因为感性与人的生命相关联，虽然存在零散、碎片和肤浅，但是感性的

---

1 ［德］弗里德里希·席勒. 审美教育书简[M]. 冯至，范大灿，译. 上海人民出版社，2003:118.

规定性是席勒认为的人性的基础。他甚至认为"感性冲动先行这一特点，是我们了解人的自由的全部历史的钥匙"。[1] 感性成为人类面对生活时的支配力和行动力。不同文化中的交流者，通过感性的交流，既尊重了文化的多样性和个人经验的独特性带来的交往的偏差，也会不断纠正这种偏差实现新的动态的稳定与平衡，在共情共感中建立新的情感共识与观念互动。

四 中华文化对外传播的符号、历史和语境

从交流的物质层面到情感层面，通过关系再造，形成了对外交流的逻辑链条，而其中最直接的手段就是语言。卡西尔说，"人不再生活在一个单纯的物理宇宙之中，而是生活在一个符号宇宙之中。语言、神话、艺术和宗教则是这个符号宇宙的各部分，他们是织成符号之网的不同丝线，是人类经验的交织之网"。[2] 卡西尔将人定义为符号的动物，认为只有这样才能"理解对人开放的新路——通向文化之路"[3]。人类对外传播与交流，实际上是两个话语系统的对话以及不同符号系统之间的相互碰撞、了解、熟识和共享的过程（当然这个过程同样受制于政治、军事、经济等外部因素的制约）。关于符号系统的构成部分，语言是一个非常重要的维度，关于语言的跨文化交流，已经有非常成熟的论述，比如萨默瓦、波特和麦克丹尼尔在《跨文化传播》一书中对于语言之于跨文化交流的功能、特征和应用，以及自然

---

1 ［德］弗里德里希·席勒. 审美教育书简[M]. 冯至、范大灿，译. 上海人民出版社，2003:160.
2 ［德］恩斯特·卡西尔. 人论[M]. 甘阳，译. 上海译文出版社，2004:35.
3 ［德］恩斯特·卡西尔. 人论[M]. 甘阳，译. 上海译文出版社，2004:37.

语言和非自然语言的表达等。"语言和神话乃是近亲"[1]，本书想谈及符号系统中的神话的部分，之所以从神话谈起，是因为不同文化的起源和历史，及其演变的过程，都与神话交织在一起，尽管理性主义启蒙已经对神话进行了祛魅，但是神话作为一种原型结构仍旧是不同民族文化中坚固且恒久的部分。

不同人类文明的起源都从神话开始。无论是古希腊、罗马的神话故事，或者是古印度、古中国的神话故事，都讲述了人类对自己从何而来，又是如何构成当下社会系统的一种想象，并为其合理性找到依据。正如人类在轴心文明时期同时出现了老子、孔子、释迦牟尼以及柏拉图等先哲一样，人类蒙昧时期，通过神话故事解释世界的起源、人类的起源，以及表达人类试图寄希望于超力量来解决人与自然之间的问题。因此，人类的早期神话中就包含着人的社会结构的移植、转译、创设和生成。奥利匹克山上的诸神生活，就是一群人的生活，充满了猜测、妒忌、邪恶、背叛、勇气、牺牲等，人性的优质和低劣都是诸神的性格。中国上古神话故事，更多是体现世界从何而来，人是从何而来，比如盘古开天、女娲造人等。西方古希腊和罗马神话更像是一群人在城邦之中的关于利益、情爱、财富的争夺，尽管这些神是具有超人力的；古中国神话则制造了两个世界，神的世界和人的世界，神的世界中没有诸神争斗，神存在的目的或者是帮助人类，或者是惩罚人类。总之，所有的神话中的"人—神"关系都是搅动在一起的，都"太人间化了"。[2]但是，有一点至关重要，尽管不同文化中的神话是存在着多样性和差异性的，但是"神话创作功能却并不缺乏真正的同质性。人类学家和人种学家们常常极为惊讶地发现，同样的一

1　〔德〕恩斯特·卡西尔. 人论[M]. 甘阳，译. 上海译文出版社，2004:152.
2　〔德〕恩斯特·卡西尔. 人论[M]. 甘阳，译. 上海译文出版社，2004:101.

些基本思想遍布于全世界，并且在相当不同的社会文化环境中都得到传播"。[1]卡西尔的这段论述给我们一个重要的提示，不同文化之间是存在着某种共同的原型叙事，这些原型叙事存在双重的结构，一方面是感性的内容，不同文化之间的人们对于人类根本性的问题有着相似甚至相同的解释，这些解释通过现象学的还原最终指向的人以及人与世界的根本的关系；另一方面是一个概念结构，这个概念结构延伸出的不同的艺术表现、伦理关系以及日常生活。我们探究这个理论命题，意在探寻在对外传播中，寻找到不同文化之间对话和交流的根本性主题。尽管现代科学对神话实现了祛魅，但神话的人类学价值依然存在。[2]加拿大文艺批评家弗莱认为，"一天日出、日落的循环，一年不同季节的循环，以及人的生命的有机循环，其中都有同样意义的模式：依据这一模式，神话环绕某个形象构成具有中心地位的叙述——这形象一部分是太阳，一部分是茂盛的草木，一部分是神或原型的人"。[3]弗莱的叙述，虽然意在为原型批评提供叙事模式的基础分析，但是这也提示，生命与世界的关系这种周而复始的循环，具有了超越时空的特质，并没有被科学彻底驱逐出去，并且在文学中得到了最佳的保存，围绕神的诞生、历险、胜利、受难、死亡、复活等这一结构，展开了多样化的叙事，比如在全球范围内广受欢迎的系列小说和同名电影《指环王》，著名的神话奇幻剧集《权力的游戏》等，包括很多好莱坞电影，虽然变换着不同的英雄主角，但是故事始终都嵌套在这样的结构中。而这一结构，也会以或是丰富或是简化的形式出现在中国影视的叙事之中，比如动画电影《大圣归来》《哪吒之魔童

1 〔德〕恩斯特·卡西尔. 人论[M]. 甘阳，译. 上海译文出版社，2004:102.

2 〔德〕恩斯特·卡西尔. 人论[M]. 甘阳，译. 上海译文出版社，2004:107.

3 〔加〕诺思洛普·弗莱. 文学的若干原型[M]//伍蠡甫主编. 现代西方文选. 上海译文出版社，1983:344–345.

降世》等。在对外沟通与传播中找到神话这个维度，一个重要的理由是，"社会才是神话的原型，社会的所有基本主旨都是人的社会生活的投影"。[1] 尽管这些神话故事已经逐渐湮没在人类不断进化的路径之中，并且成为上古的遗产只是作为某种凭吊或者文化的孤本被阅读或者传播，但是"人的生命在空间和时间中根本没有确定的界限，它扩展于自然的全部领域和人的全部历史"。[2] 卡西尔这里引述了斯宾塞的观点：祖先崇拜应当被看成是宗教的第一源泉和开端，至少是最普遍的宗教主题之一。他专门提到了中国，认为中国是以祖先崇拜为典型特质的国家。但是，祖先崇拜并非具有专门的文化和社会条件，"在完全不同的文化环境中我们都可以发现它们"。[3] 罗马宗教里有，美洲印第安人也有。萨默瓦在《跨文化传播》一书中，专门辟出一章来谈"世界观：生命于死亡的文化阐释"，也就是说在人类共有的最终的命运终结处，人类为未知和恐惧找到了安放的路径，这些内容并没有因为文化的差异、社会条件的不同、科技的发展而有任何不同。

语言一直都是对外传播交流中最直接的工具。但是，误读往往也在语言之中。如果不能用他者的语言来思考问题，交流基本就处于淤堵的状态。歌德说过，谁不懂得外国语，谁也就不了解本国语。语言作为一种符号系统，虽然可以通过学习认识和掌握其规律和规则，但是语言和言语是两个概念，前者是一套系统和结构，后者是日常交谈，交谈就涉及语境，就存在复杂的情态、内容、上下文等情况。固定的模式和结构容易掌握，但是变动不居的意义与游移的动态内容，理解起来是有难度的。因此，除了找寻文化中共有的原型结构，也要

---

1 〔德〕恩斯特·卡西尔. 人论 [M]. 甘阳，译. 上海译文出版社，2004:110.

2 〔德〕恩斯特·卡西尔. 人论 [M]. 甘阳，译. 上海译文出版社，2004:118.

3 〔德〕恩斯特·卡西尔. 人论 [M]. 甘阳，译. 上海译文出版社，2004:119

重视"历史"与"语境"。一个是"历史"，进入不同文明的历史脉络中探察文化的精神气质和风度，了解文明的历史如何滋养当下，并且以哪些显见的内容体现在现实社会中，了解文化的深层结构，洞悉该结构如何形塑了历史和现实，找寻到与该文明沟通的"钥匙"。当然，这是以传播为目的的跨文化交流，带有明确的目的性。随着跨国流动的增加，交通基础设施的发展和进步，以及过去几十年间的全球化进程，人类的流动出现了史无前例的增长。这其中有为了寻找个人梦想、价值和机会的跨国流动，主观上他们并不具有文化传播的目的，但是却无意中扮演了文化传播者的角色。这些个体一方面确实是文化的载体，携带着文化的基因；但是，由于随意性和天然性，也容易造成"偏差"。另一方面就是"语境"，语境也就是上下文，撇开语境来谈问题和交流都容易造成片面和主观，那些放诸四海而皆准的道理，时常在语境中变得脆弱。有些西方学者总是以"意识形态"和"政治体制"来揶揄中国的一些事务及现象，比如有学者专门研究中国房地产建设使用的围挡上的标语，并且做了阐释。其实，这些标语有些是基于商业推广，有些是为了配合社会宣传，最主要的功能在于遮挡和美观。因此，其宣传功能并非研究者所认为的那样，尤其是对于内容的"过度阐释"，比如将尊老爱幼的图片视作中国传统社会权力结构的再现，表明研究者对中国问题研究的"先在"偏见，以及对中国传统文化和历史的陌生，特别是挪用现成的理论工具进行批判的做法尤为片面。

结　语

综上所述，对外传播是一个系统问题，涉及物质、情感、关系和符号与历史等多个方面。其中，物质是基础，也是可以触摸到的文化的载体，具有基石的地位；从物到情，物可分自然之物和人造物，物通过"感"的过程，而激活"情感"，从而在人类共通感上找到了沟通的路径；对外传播是关系的再造，包含以物为基础的互纳和交流的感性两个问题；特别是交流的感性，本书指出了从交流的理性到交流的感性的变化，以及交流的感性中涉及的不稳定性、变动性和不平衡的状态，但这是交流的真实的情状，是需要在真实的基础上实现问题的改善和解决，而不是掩盖交流的状态。交流的文化基础，就是语言和符号，同时找到了神话这一文明始点上的创造，成为连接不同文化的纽带，也成为打开不同文化的钥匙。神话作为一种原型，也成为对外沟通的结构基础。此外，还要注重历史性和语境性，才能超越主观臆断，有效实现对外传播的功能。

第五章

流动性、具身化与符号性：
中华文化对外传播研究议程与路径拓展

传播研究物质转向以及对流动性问题的关注，为中华文化对外传播提供更多理论和实践探讨的路向。超越"媒体中心主义"视角，通过理论辨析和参与式观察等方法，从人的跨国流动、个体跨文化交流中的具身问题以及符号与互动仪式几个方面，揭示个体、流动、身体以及符号等问题如何在理论和实践上拓展了对外传播研究的议程和路径，尤其关注个体流动和具身经验构建的文化传播场景对传播符号与物质之间"离散"关系的重新聚合，及其在对外传播中的实践意义。

建立人类文化交流更多的共通，为具体交流提供进入的切口，需要从不同的面向揭示沟通与传播的可能性。戴维·莫利教授（David Morley）提出传播研究超越媒体中心主义的视角，不仅激发了传播在多学科交叉研究中的活力，也拓宽了传播学的研究疆域，把此前被忽略的物质性和流动性等问题纳入传播研究的议程中，[1] 这也为对外传播

1 王鑫. 物质性与流动性：对戴维·莫利传播研究议程扩展与范式转换的考察[J]. 国际新闻界，2020(09):159-176.

研究议程和实践路径拓展提供了更多的灵感。这里将中华文化对外传播研究的落脚点放在流动的人和散居的族裔等方面，通过考察个体流动带来的空间转换、族群定居形成的文化"置入"，以及不同文化场景中的具身参与，探讨流动与定居、个体与族群在具身传播、互动与仪式等命题中，个体如何通过跨文化流动，把符号与物质之间的"离散"关系重新聚合起来，成为不同文化之间传播、交流与互鉴的路径。英国全球中国学术院院长常向群教授与笔者对谈时讲到："1990年代初期，英国只有几万华人，而现在留学生就有七八十万。人数的增长一定会让英国人民更多地看到中国、中国人和中国文化。个体扮演文化使者成为'行走的文化'，是一个值得关注的话题。"尽管这并不是一个新问题，不过在较长的时间里，尤其是在大众媒体和新媒体成为主导的媒体语境之下，媒体以及文本研究成为关注的重点，而人的流动成为被忽略的"低音"。相关议题的文章也只零星可见，其中《超越表征：数字时代跨文化传播研究的新视野》[1] 侧重具身传播对于跨文化传播的新视野和理论意义，关注到了这一问题，但是并没有将流动与具身问题进行对照考察；研究流动与传播的文章不少，但是从跨国个体流动与族裔散居视角关注文化对外传播研究议题并未有文章清晰涉及。传播研究的物质转向、以媒体为中心的对外传播的现实以及在对外传播中对"流动的人"的忽略，包括作者在参与式观察中对诸多问题的发现，成为本研究的缘起。这里也希望能从流动性和物质性（具身）出发，超越媒体中心主义的视角，通过参与式观察和理论辨析，考察个体在跨国流动中如何通过身体在场、日常生活中的文化交流，以及个体与族群在他者文化中的交互，拓展了中华文化对外传播研究议程、范式和实践路径，增进了对外传播中多元主体的参与，并彰显了民间

1　李鲤.超越表征：数字时代跨文化传播研究的新视野[J]. 当代传播，2020(06):62-65.

个体流动对文化传播的意义。此外，"中华文化"是一个宏大命题和叙事，但其本身也并非一个空洞的能指，中华文化既可以通过经典的文本和器物显现，也附着在每个人的生活方式上。在一粥一饭一言一行一趣一味中，个体的生命感和生活经验与中华文化以及中国的国家修辞关联在一起。从人的流动中携带着文化基因的"入乡"，可弥补宏大传播叙事的不足，并在潜移默化中实现文化的交流、碰撞、融通和共在。

一 流动与定居：中华文化对外传播主体的空间转换与在地性体验

中华文化对外传播的悠久历史与人的流动、货物的流动和金钱的流动分不开。中国古代的丝绸之路是经由西安（古代长安）、甘肃、新疆，到中亚、西亚，并连接地中海各国的陆上通道。这条"丝绸之路"，无论是出于当时军事、外交、贸易的需要，还是个人的商业往来，都成为中华文化对外传播早期的通路。"丝绸之路是古代世界最庞大的商贸网络，它将欧亚大陆的边缘地带与中亚的诸多贸易重镇联系在一起，还间接连通了东亚和西南亚的帝国中心。丝绸之路上不仅有井然有序的贸易活动，还有军事要塞和政府税收机构，其历史可以追溯至汉代（前206—200年）"。[1] 古代中国精美的丝绸和瓷器，以及承载这些物质的技术和审美，被西方世界认知甚至视为时尚追逐，大量货币也因此流入古老的东方。当然，古代文化传播之路也并非都是

---

1 〔美〕罗伯特·N. 斯宾格勒三世.沙漠与餐桌：食物在丝绸之路上起源[M]. 陈阳，译.社会科学文献出版社，2021:11.

这么温和与友好，武力屠戮、血腥征伐交织在不同文明的碰撞和联系之中。在前现代阶段，人类文明的交流与文化传播的进程，始终伴随着强大的国家意志、军事行动和对财富渴望衍生的各种冒险。但是历史的大叙事总是遮蔽个体生命在这条路上扮演的角色以及遭受的磨难，无数充满冒险精神的个体，无论是基于财富还是个人抱负，或者帝国雄心，都将各自的文化向世界不同文化区域传播和扩散，棉花、茶叶、咖啡豆、葡萄酒、辣椒和火药，甚至是病毒，将人类的块状文明，通过流动的路径和线索，逐渐连为一体。人类社会的发展与流动性相伴，文化和文明的传播与交流伴随着人类生生不息的流动，这也是人类文明不断扩散的历史。《大流动》的作者纳扬·昌达认为，大流动历史中这四类人，商人、传教士、冒险家和武士，不仅将"产品、思想和技术传播到域外，而且拉近了不同地域间的关系，并借此建构和深化了'全球一体化意识'"。他还认为，"跨国公司、非政府组织、激进的社会活动家、移民和游客一直持续推动着数千年前就开始的一体化进程"。[1]

被技术改变的现代社会与现代生活方式，使文化的传播呈现新的状貌。特别是随着航空等交通设施的发达，人类社会进入了全球化时代。流动作为一个古老的问题，在新的技术媒介和人类社会的全球化流动现实中逐渐成为一个新的理论命题。本世纪初，英国社会学家约翰·厄里（John Urry）提出的"新流动范式"推动了流动性问题的研究。他认为，当今世界有许多不同的社会实践，每一种都涉及特定的人、物体、技术和创作的流动组合，比如一些学生探险旅行、互惠生和其他年轻人的"海外经历"，或者在特定散居地内一些重要地方的

---

1 ［印］纳扬·昌达.大流动[M].顾捷昕，译.北京联合出版公司，2021: v－vi.

旅行和迁移，例如海外华人等。[1] 这对本文关于跨文化传播研究中的流动性议题以及物质与符号之间接合关系的研究有较大启发。在全球化时代的今天，受到交通技术的推动，流动成为个人、机构和国家三者交织在一起的行为，跨国流动者以及在地华人，携带自身文化的基因进入他者文化中，并在日常生活中经历"转文化"（transculture）的过程，正是跨文化传播要关注的部分。

文明和文化的传播涉及人、物和思想等多个方面。关涉到人，笔者认为可分为"中心传播者"和"边缘传播者"两个部分，前者以国家精英或者在全球不同领域的功勋卓著者为主，具有"典范"意义；而"边缘传播者"，是指普通人在跨文化流动中，通过自身携带的文化信息所产生的交流与传播实践。这些边缘传播者，通常是以私人和个体方式进入另一种文化中，是人与人之间的相遇，生命与生命的相互感受和认知，因此，更易建立文化连接上的"共通感"；相反，"中心传播者"往往带有宏大叙事的色彩，形成"国"与"人"、"高"和"低"、"上"与"下"的层级关系以及无形的权力宰制，这使文化的流动和文明的沟通产生了某种不平等感。因此，在中华文化对外传播的问题上，"中心传播者"往往少了"边缘传播者"的日常性和生活化，边缘传播者更易被接纳。2019年，中国留学生数量达到70.35万，[2] 成为全球留学生数量第一的国家，根据沙利文研究院（Frost & Sullivan）的报告分析，2022年留学人数预计将达到83.05万人。[3] 留

1　Margaret Grieco, John Urry (eds.), *Mobilities new perspectives on transport and society*. Surry: Ashgate Publishing Limited, 2011,p5.

2　教育部："2019年度出国留学人员情况统计"［OL］.（2020-12-14），http://www.moe.gov.cn/ jyb_xwfb/gzdt_gzdt/s5987/202012/t20201214_505447.html?eqid=abe00920000387960 000000664373182.

3　沙利文研究院："中国游学行业市场概览"［OL］.（2019-04-26），https://www.leadleo.com/ report/reading?id=5cc30ff74e5f1e5ccad62e44&outlineId=5e0eedf2bed2547051c53679.

学生群体成为跨国流动的重要组成部分，也无意间成为文化传播的巨大的"普通传播者"。如何在庞大的留学生群体从中国走向世界的空间转换中释放其文化传播的可能性和潜力，促进不同文化的交流与连接，这一点尤为重要。厄里就非常看重学生以及其他年轻人的海外学习和探索性的流动，认为这是重要的"成人礼"，也是他描述流动性的五个重要面向之一。尽管留学生出国的主要目的是为了学习，承担的是个人的未来期许和价值实现，并无对中华文化传播的明确任务，也未必有主观上的自觉，但是作为"行走的符号"或者"流动的文化载体"，客观上已成为不同文化之间对话的连接者与沟通者。笔者在观察中发现，青年学生在本土普遍接受过较好的教育，对民族文化符号和样态也有一定的认识和理解，在交流和互动中，也能有较好的展示和传递。作为"普通传播者"，留学生也会在文化碰撞中进一步明确自身的身份感和文化的主体性，提高对民族文化的特殊性的认知。因此，在考察中华文化对外传播的问题上，要特别重视"普通传播者"的空间转换，挖掘"普通传播者"文化携带性的特质，充分利用"普通传播者"做好中华文化的对外传播。这些留学生，往返于中国和其他国家之间，带着中华文化的烙印——从生活习惯到思维方式，从人际交往到审美偏好等，也带着文明塑造的认知和判断。当个体进入他者文化时，一方面遭遇"文化震惊"，另一方面也把民族文化中的某些精神旨趣带到其他文化中。当然，跨国流动的个体，不仅包括留学生，还包括大量的跨国旅行者。由于交通的便利以及中国家庭整体收入水平的提高，以往被视为遥不可及的"出国"，现已成为很多人的日常生活。这些跨国流动，无意间建立了个体与民族、国家之间的修辞连接，个体形象成为民族国家形象的关联表述，个人与家国的关联性往往在他者文化中体现得更为鲜明。中华文化对外传播，如果能超越"媒体中心主义"的局限，将视角转向流动的人（留学生、跨国工作者、游客、移民等）和其他流动的物（汽车、服装、食物等），不仅能从理论上拓展中华文化对外传播研究议程，也能在实践上拓宽中华文化对外传播的路径和载体。

　　流动的个体成为文化"行走的符号"，海外华人作为异国"定居者"，都是他者文化对本土文化的直接嵌入的表现，这也是研究中华文化对外传播不能忽略的部分。海外华人族群基于文化和生活方式的相似，大多居住在相近或者相邻的街区，比如唐人街或中国城。这些中国风格的商铺、食品以及日常生活习惯，成为中华文化对外传播的"部落格"。海外华人并没有被赋予中华文化传播的职责，但文化作为一种生活方式，印刻在个体的生命经验中，被携带、呈现与传播。笔者曾访谈多位定居英国的华人，其中包括学者、医生、作家、公司职员、中餐馆老板等，他们普遍表达出在他者文化中更在意保护和传承自己文化的内容，对中国传统节日、语言、习俗等格外看重。比如华商在伦敦举行的春节文化大游行，作为伦敦最著名的游行之一，每年吸引数以万计的伦敦市民观看，这也是中华传统文化在他者文化中的一次展演。一些中餐馆或者中国超市中大量的中国美食、手工制品以及体现中华传统文化符号的小商品，形成日常生活中的文化汇入和接合。此外，华人社群通过商会、读书会以及各种运动集会，通过文化的方式聚合和加强"想象的共同体"的建设，客观上也将民族传统文化在异国他乡进行展示和传播。这些华人社群正是斯图亚特·霍尔所说的散居的族裔，虽然他们与本民族主群构成空间疏离，但疏离使散居的族裔具有对民族文化的独特感情，既担心遗忘也恐惧文化上的"失联"，因此会形成更深层次的连接，也借此应对当地民族主群对散居族裔的歧视和偏见。海外华人面对不同的文化，其自身也需要不断地学习、接纳和调整，找到连接人类相处中共通的部分，才能在文化碰撞与适应中更好地"入乡"：既要了解规则和程序，也要懂得风俗和人情，并能找到自我与他者文化中有效连接的部分。因此，如何充分利用海外华人的语言优势和在地经验，以及对属地文化的认知和了解，帮助中华文化找到更好的"入乡策略"，值得进一步探讨。

二 具身传播与场景构建：
对外传播中的身体问题与感性实践

流动，特别是跨国流动，不仅是文化传播的基础，也创设了跨文化传播生动的现场和语境。身体在场的感受和体验与文字、书籍、影像制造的想象空间不同，并且难以被替代。新闻报道框架以及各种"把关人"对信息进行的过滤，容易形成文化理解和认知上的"偏见"，也不断制造交流和沟通上的藩篱，而流动以及人与人之间的沟通可以即时发生，在某种程度上祛除了文化传播和交流之"魅"。互联网和手机真的能够代替身体在场的交流和仪式吗？兰德尔·柯林斯（Randall Collins）在《互动仪式链》中曾这样提问。[1] 身体作为重要的媒介之一，参与到日常交流和跨文化传播中，这也拓宽了跨文化交流的新视野。身体和场景等概念也被应用到跨文化传播研究中，尤其是在考察传播效果方面，更倾向于场景搭建中参与者的体验和感受，注重跨文化沟通的语境和情态，这在一定程度上有助于消除对外传播中出现的困惑和困境。

对外传播中的身体问题，离不开前面对流动性的讨论。没有流动作为前提，对外传播中的具身研究也只有理论层面的意义，难以落实到实际的交往中。随着全球大规模的人群流动，特别是留学生、国际

---

1 〔美〕兰德尔·柯林斯. 互动仪式链[M]. 林聚任，王鹏，宋丽君，译. 商务印书馆，2012:xvii.

游客以及华人移民的增加，使对外传播中的具身问题研究，成为值得关注的重点。流动使人不断被"抛入"陌生的文化中，需要不断去建立"自我"与他者的关系。单波认为，这三种表述重点呈现了文化互动的"我"、文化交叉的"我"和文化融合的"我"，回应全球化时代"我"的生存图景：全球流动不断使人们体验普遍交往，遇见陌生人，经受文化差异与文化压力，进入文化适应，感受文化连接与分割的心理考验。[1] 可见，个体在文化互动、交叉和融合中，"身体"被卷入到巨大的跨文化交往中，个体不再通过媒介信息构建的想象场景交流，而是进入具体的场景之中通过体验、思考、反馈和互动实现跨文化的交流与传播。

强调身体在场是传播物质转向的一个研究维度。以往的传播研究是以媒体为中心的范式，"专注于信息传播的符号、制度和技术维度的中介形式，把传播等同于象征性或修辞性的交流"，[2] 这在一定程度上窄化了传播研究的范围和议程。关注传播中的感性实践与身体交流，以及交流场景的建构，关注传播中的人的生命性和情感能量，是对传播原初之意的复返和再现，"com-munication的原始意义在中文里就是'沟通'，在拉丁文与community同个字源，都是communis，即是要建立'共同性'（make common）——也就是透过社区内人们面对面的沟通，彼此分享'信息'和'情感'，以建立深刻的'了解'"。[3] 以媒体为中心传播，传受主体分别居于信息的两端，遵循传播主体—信道（信息载体）—接收主体的这一线性传播模式，两者之间并不一定以身体在场的方式交流，因此也难以提供柯林斯所言的情感能量以及

1　单波.跨文化传播的问题域[J].跨文化传播研究，2020(01):1-30.

2　王鑫.物质性与流动性：对戴维·莫利传播研究议程扩展与范式转换的考察[J].国际新闻界，2020(09):159-176.

3　李金铨.传播纵横：历史脉络与全球视野[M].社会科学文献出版社，2019:70.

情感连带。保罗·亚当斯描述路过某地时如何要求各种感官，如"视觉""听觉""触觉""嗅觉""动感，即所谓的本体感受"，甚至"味觉"参与其中。声音包含"从鸟鸣到交通和喇叭的声音"，触摸的感觉则可能"包括蒿草刷过身体时的触感，过往车辆的湿滑路面溅起了浪花和在拥挤的地方陌生人之间互相推搡"，[1]这种充分调动生命各种感官获取并传递的信息，建立了与场景之间的深度关联，并与他人之间建立情感共通与连接，也会形成"瞬间共有的实在"，特别是身体在场提供了"高度的互为主体性，跟高度的情感连带——通过身体的协调一致，相互激起/唤起参加者的神经系统——结合在一起，从而导致形成了与认知符号相关联的成员身份感；同时也为每个参加者带来了情感能量，使他们感到有信心、热情和愿望去做出他们认为道德上容许的事情"。[2]这显示出身体在场赋予传播的情感性以及强大的身份感，情感能量促进主体间沟通意愿以及沟通信息的清晰和准确。面对面的交谈中，交谈的双方因为身处同一场所，因此能通过身体在场相互影响，并且能够分享共同的情绪和体验，这对于跨文化传播而言尤其重要，补足了大众媒体或者新媒体传播隐去的身体感受和现场能量汇聚。此外，身体作为信源传递同样的信息，比文字和其他媒介载体要更丰富和全面，巴恩伦德（Barnlund）认为：

> 人类交往中的许多甚至绝大多数关键的意义是由触摸、眼神、声音的细微差别、手势、说话或无言时的面部表情传达出来的。从认出对方的那一刻起到相互告别，人们利用所

1 〔英〕彼得·阿迪.移动性[M].戴特奇，译.北京师范大学出版社，2020:160.
2 〔美〕兰德尔·柯林斯.互动仪式链[M].林聚任，王鹏，宋丽君，译.商务印书馆，2012:译者前言.

有的感官观察对方：注意话语的停顿、语调的变化，留意着装、仪表，观察眼神、面部表情，乃至注意其遣词造句、话语背景等。每一个信号的协调与否关系到能否理解对方转瞬即逝的心情或其持久不变的品性。通过对动作、声音和语言等信号的理解，人们做出不同的决定：是争论还是同意，是报之以微笑还是面红耳赤，是放松还是抵触，是继续还是中断谈话。[1]

身体在场所传递的信息，不仅是信息的传递还是仪式的建立，并且非语言交流"是人从出生到生命结束这一生中非常重要的信号系统"。若要想填满意义空白之处，不仅需要了解身体语言与文化的相应性，更重要的是要了解"文化确定了非语言行为在何时进行、如何进行和产生什么后果的表现规则"。[2] 马塞尼斯（Marseilles）认为：

全世界的人都拥有同样的基本情感。但是什么事情会引起某一情感，人们在什么地方、以什么方式表达这种情感，以及人们如何界定情感等都因文化而异。因此，从全球的角度来看，日常生活千差万别不仅体现在人们的思想、行为方面，而且体现在人们如何用情感来充实生活方面。[3]

1　〔美〕拉里·A. 萨默瓦，理查德·E. 波特，埃德温·R. 麦克丹尼尔. 跨文化传播[M]. 闵惠泉，贺文发，徐培喜等，译. 中国人民大学出版社，2015:183.

2　〔美〕拉里·A. 萨默瓦，理查德·E. 波特，埃德温·R. 麦克丹尼尔. 跨文化传播[M]. 闵惠泉，贺文发，徐培喜等，译. 中国人民大学出版社，2015:183.

3　〔美〕拉里·A. 萨默瓦，理查德·E. 波特，埃德温·R. 麦克丹尼尔. 跨文化传播[M]. 闵惠泉，贺文发，徐培喜等，译. 中国人民大学出版社，2015:187.

身体在场对于情感的传递以及情感能量的流动，是人和人基于共通感建立沟通的前提，并且要将身体在场与文化语境充分结合起来，才能使非自然语言的表达具备超越民族、种族、肤色以及语言等诸多障碍的条件，更好地实现跨文化交流的可能性和可行性。这不仅是交流情境的构建，也是感性实践。欧文·戈夫曼也认为，个体的主动表达，指语言符号或者双方皆知的传达信息的语言替代物，这是传统意义上和狭义上的交流；个体留给别人的印象涉及更广泛意义上的行动，别人认为这些行动就是发出者（交流者）的象征，这种行动理应发出有因，而不是为了以这种方式发出信息。这说明身体在场至少完成两种功能：第一是传统意义上的交流；第二是更广泛意义的行动。由于全球化带来人口的大量流动，文化传播不只是依赖少数的个体或者媒体，身体在场的跨文化交流日益增多，带去了感性的交流实践，同时也使非自然语言交流的优势得以显现，也恢复了传播中身体在场带来的经验的回归与张扬。

身体在场建立交流的仪式感和场景。身体在场是典型的文化之间的互动，是一种文化与另一种文化的碰撞、表达、交流。跨文化交流是人与人的相遇、人与事的相遇以及人与物的相遇。不同文化中主体的相遇就是激发、唤起、激活的过程。尽管这个过程也会产生冲突、矛盾和困境，但是人与人之间仍旧存在着共情的部分，这里的共情，指的是"一种能力，它使我们理解别人的想法或感受，并用恰当的情绪来回应这些想法和感受"，[1] 并且存在"共情回路"的生理基础与感官的共通。此外，情绪的表达与情感能量传递"液态"的方式可以自由地流动和蔓延，因此会超越非身体在场带来的固化和想象，在情境

1 〔英〕西蒙·巴伦-科恩.恶的科学：论共情与残酷行为的起源[M].高天羽，译.广西师范大学出版社，2018:14

中将个体意义凸显出来，而不是洗刷个体的过程。"一个人只能通过交流治疗交流的问题，只有在与他人的互动中才能把陌生的变为熟悉的，进而把自己从自我异化中解救出来。在与他人的互动之中，个体可以体悟到巴赫金所说的'视野剩余'，即每个自我在观察自己时都会存在一个盲区，就如同我们不可能看见自己的脸和后背一样，所谓独特的个体视野即每个个体都拥有的'视野剩余'"。[1] 可见，身体在场的交流，提供了超越于文本和影像的丰富信息，特别是在情感与情绪的流动中，释放出更多的交流信息，在一定程度上消解了由于"视野剩余"带来的局限。虽然数字时代的到来，特别是即时视频，使在场交流看起来不是那么的必要，但是具身交往仍旧是重要的。对外传播与交流，身体在场的重要性体现在：第一，情感能量的传递使不同文化之间的碰撞更容易得到理解和尊重；第二，超越自然语言表达的局限，从而实现更加丰富的信息传递；第三，构建跨文化交流的仪式感，体现对他者文化和本土文化的尊重；第四，纠正对外传播中的认知偏向，形成对于跨文化交流的正向理解。对外传播的基本理论问题只有转入人的日常交往实践之中，才有可能找到可行的路径。[2] 跨文化交流从以媒体为中心的范式转向"具身传播"物质维度，意在发掘对外传播中身体在场的重要意义。身体在场实现了跨文化交流中的时空合一，交流是一个线性过程，体现为时间性；身体在场，又体现为空间性，因此，身体在场实现了对外传播的时空合一。无论这个场景是两个人或者是多人的，都提供了情感流动的空间，比如人们会通过握手、拥抱、微笑去感知和体验与对方的交流，实现了沟通者双方

---

1 单波. 跨文化传播的问题域[J]. 跨文化传播研究，2020(01):1-30.
2 单波. 跨文化传播的基本理论命题[J]. 华中师范大学学报：人文社会科学版，2011(01):103-113.

在自然语言以及身体语言的多维交流，以及场景对沟通效果实现的有效性。笔者曾与伦敦一位三个孩子的母亲交流，得知她的小女儿患有先天性心脏病，并且会突然发病而住院进行各种治疗。这种共情，使笔者在交流的时候，会通过握手和拥抱表示鼓励和安慰。身体本身就是一个多维信息体，包含仪容仪表、服饰着装以及举止言谈等，这不仅是个体文化修养的体现，也是一个民族文化的彰显。比如，身着汉服走在伦敦街头的女生，通过服装来表明身份以及审美，阿拉伯民族的长袍和头巾、拉美和非洲的脏辫等，都是各自民族文化的体现。因此，身体在场仿佛一个民族国家"行走的文化"的现场演示，并实现与其他民族的对话和交流。需要说明的是，这些流动的个体或者行走的"文化"，并不是以文化传播为目的，而是作为文化的载体，以潜移默化的方式进入另一种文化中，在文化震惊、适应、融合中，通过对话、杂音，甚至默音的方式实现了跨文化的交流。

三　个体与族群：对外传播中的互动仪式与族裔象征符号

全球时代人类的流动促进了文化之间的交流，身体在场释放了跨文化交流的情感能量。人类被更加紧密地凝聚在一起，因为"人类的生存要依赖于人们考虑形形色色的共同行动的能力"。[1] 前面提到的流动与定居，实际上主要体现为个体的流动与族群的定居。个体多表现为频繁与短期的流动，族群则体现为稳定与长期的定居。在全球流动中，不同文化中的个体不断相遇和交流，这种交流可能是瞬时的、偶

---

1 〔美〕拉里·A.萨默瓦，理查德·E.波特，埃德温·R.麦克丹尼尔.跨文化传播[M].闵惠泉，贺文发，徐培喜等，译.中国人民大学出版社，2015:293.

然的，也可能是阶段性的和必要的。旅行者在途中遇到的其他文化中的个体，这种交流通常就是偶然的；但是对于留学生或者长期驻外工作者，这种交流在时间上可能是中短期的，在实践层面也是必要的。在对外传播中，涉及两个重要的理论和实践命题，一个是互动仪式，另一个是族裔散居的象征符号。

关于对外传播中的互动仪式，实际上是自我文化中的个体或群体与他者文化中的个体或群体之间在情境中发生的交流与互动。这个互动仪式，既包含了戈夫曼的日常生活中的仪式，也包含了柯林斯的互动仪式中的情境与情感能量的传递。戈夫曼认为，"我使用'仪式'这个术语，因为这类活动，尽管是非正式和世俗的，代表了一种个体必须守卫和设计的其行动的符号意义的方式，同时直接呈现对其有特别价值的对象"。[1] 戈夫曼认为日常生活中的主要仪式类型，其实并不是对神圣物的敬畏，而是各种较小的体现各种各样私人关系的小型会话。这些对话中的热情、友好、平淡、熟悉、陌生等都在"打招呼"这种仪式中体现出来，"他们暗示了一个人对待他人的态度，即有不同程度的友谊（即团结）、亲密性或尊敬。每个人都心照不宣地明白，它们在细微之处表现了，在完全的陌生人、暂时功利性联系的人、担当某些组织角色的人之间、彼此知道名字并互相作为个体而不是作为角色认识的人……他们之间的差别"。[2] 这是基于个体交往的微语境，戈夫曼与柯林斯一样，都强调了仪式发生的共同在场性，并从身体在场转向对于共同际遇的关注。柯林斯甚至认为每个个体都是一个互动仪式链，并且认为"互动仪式最富激情的瞬间不仅是群体的高峰，也是个人生活的高峰。对这些事件我们刻骨铭心，它们赋予我们个人生

1　〔美〕兰德尔·柯林斯. 互动仪式链 [M]. 林聚任，王鹏，宋丽君，译. 商务印书馆，2012:38.

2　〔美〕兰德尔·柯林斯. 互动仪式链 [M]. 林聚任，王鹏，宋丽君，译. 商务印书馆，2012:39.

命的意义"[1]，个体随着情境的变化，行为、感受和想法也会发生转变。个体从本土文化向其他文化流动，必然会带来情境的变化，这会使其根据自身的经验、认知和情境进行有效的沟通以确保自身在他者文化中的安全和确定性。同时，会对他者文化进行充分学习和了解，寻求能够建立互动仪式的行为和方式。笔者在曼城学习期间，为欧洲大陆以及英国的朋友带去"中国风"的各种小礼物，并根据音译，将他们的名字写在书签上，这些异国友人惊异自己的名字以不同文字符号呈现的样子。礼物与心意、友善与惊异让来自不同文化之间的人迅速建立了相互信任的关系，并在后续过程中，友好、善意、真诚的情感能量在互动双方之间流动，使交流的双方体会、感受并做出反馈，在日常生活的细节中认识到仪式操作的简单以及意义的不简单。中华文化对外传播看起来是一场声势浩大的集体行动，实际上，却在个体与他者文化的互动中悄然实现，实事求是、生动、客观地呈现我们的语言、文化和生活，坦诚相见会更容易打开自身，找到与外界沟通的契合点。不同文化地域中的人，都有自己对于真善美的理解，虽然有些微的差异，但是仍旧具有普遍的共通点。以个体为代表的跨文化流动，必然与对外传播进行关联。在互动仪式中，身体在场聚集了大量的情感能量，并且交流双方"乐意捕捉共享的关注点和情感连带"，会形成较为顺畅的交流，甚至可以弥补言语上的欠缺。个体之间的相互交流，弱化了民族与国家的宏大叙事，在一个微小的情境里，以生活的方式实现了跨文化的交流。在互动中，个人的喜好和偏爱，包括对于他者文化的熟悉和了解，进行日常化的交流或者学术讨论，避免与国家的宏大叙事构成更多的关联。埃米尔·涂尔干（Émile Durkheim）认为，个体意识是集体意识的一部分。个体具有的思维方

---

1 〔美〕兰德尔·柯林斯. 互动仪式链[M]. 林聚任，王鹏，宋丽君，译. 商务印书馆，2012:73.

式、价值取向、情感特征是社会化因素内在化的过程，中国人习惯在"关系"和"归属"中安放自身的位置，在跨文化交流中呈现出含蓄、宽容、内敛、温和、真诚甚至是隐忍，也是中国传统文化的内在基因对人伦理想和人际关系的形塑。日常生活中的个体交流和互动仪式，提供了对外传播的重要场景，其中"尊重"成为互动仪式必须具备的心态。受制于具体环境、刻板印象以及社会心态等因素，个体往往会遭遇各种各样的歧视、偏见、冷漠以及不尊重。不过，放松、诚恳、开放和友好交流的心态，能够给予互动的双方鼓励、肯定，并向对方构成积极的反馈和回应，这些是需要个体不断学习和实践的。身体不在场，很难在情境中通过情感流动提升交流的品质和效果。提出对外传播中互动仪式的问题，着眼于流动的个体客观上必然具有文化传播的功能，通过建立良好的沟通情境，个体在跨文化交流中容易获得在他者文化中的良好存在感和认可度。虽然个体在跨国流动过程中，会遭遇不同程度的文化震惊，但是身体的在场又会形成情感和能量聚集，通过分享、关注和体验，保持对他人和情境的关注，准确地捕捉他人的情绪状态，在交流中做到移情，接受差异，在必要的妥协中寻求通融与合作等。如何将中华文化对外传播的宏大叙事消弭于个体间日常交流的微叙事，是值得进一步研究的。

与互动仪式相关的，就是族裔象征符号。中华文化是世界文明历史中的重要组成部分，不仅如此，中华文化对于日本、韩国以及东南亚地区的文化构成了重要的影响。随着人类航海事业以及其他交通工具的发展，大量东南沿海地区的居民远到马六甲海峡，或是到非洲和北美地区淘金和拓荒，成为早期输出的海外移民。比如新西兰学者宫宏宇在《意想不到的使者》一文中，专门讨论了早期的广东淘金客在新西兰的音乐传播，并认为相比于早期的传教士、商人和旅行者，广东淘金客从社会底层开始的音乐传播，是重要的传播途径之一[1]。第一代移民往往伴随着艰辛的求生历程以及社会底层的生活。后来的移民或者是高学历、具有专业技术的移民，或者是投资移民，当然也包括跨国婚姻的移民等，相对第一代移民来讲，生活状况和社会地位等都有了显著的提高，在欧美一些相对较大的城市都有华人商业和生活居住区——唐人街或者中国城。这些散居的族裔，通过日常生活、族群内部沟通以及中华文化传统习俗的展示，一方面对于散居族裔有情感和文化的连接作用；另一方面，也在不同文化中渗入了中华文化的内容和气质。前面提到的英国华埠商会在伦敦举办的春节庆典活动，它以特拉法加广场和唐人街以及伦敦西区为主要活动地点，每年有几万人参加和观看，与中国传统文化有关的故事、人物、图腾符号以及传统艺术活动得到展示。不仅华人参与其中，来自不同肤色、人种和文化的人也参与其中。除了游行，期间还有手工摊位、中国美食展览以及传统的中国舞蹈、音乐和武术表演等。这种大型的"流动的文化"展演，文化的物质形态、图腾符号以及族群身份等，都得以显现。海外华人族裔进行的文化展演活动，是出于对"文化之根"的记忆和留存，在文化对比和参照中，体会自我文化与他者文化之间的差异和分野，如何在他者文化中保留、呈现、发扬自我文化，也是海外族裔寻求文化身份和自我认同的路径。中西方文化差异巨大，西方人通过宗教连接彼此，中国人通过世俗的生活伦常建构个体与族群的关系，个体的价值需要在集体和族群中确立，因此，海外族裔的文化凝聚力和发散性相对较强。海外族裔与留学生及驻外工作者的不同之处在于，早期移民与故乡之间构成一种"遥远的亲切"，甚至存在一种"分离

1　宫宏宇. 意想不到的使者——广东淘金客与中国音乐在新西兰的早期传播[J]. 星海音乐学院学报，2013(04):17-21.

的焦虑"。散居的族裔定居在异国他乡，由于本土文化的同化，移民的二代，甚至三代对祖辈文化的保留越来越少，出于对自我"根"文化的衰落和消逝担忧的朴素情感，他们聘请中文教师给移民的二代、三代讲授中文以及中华传统文化。他们并不对中华文化传播的宏大叙事负责，而是出自一种自我文化认同与保存，或是对自我过往的珍视。文化像一条河，流淌在人类的土地之上，形态各异，也会受到国家和意识形态的影响导致阻塞，但是人类的大地是共通的，河流总有交汇的可能。中华文化对外传播不是单一的"对外输出"，"输出"的话语总是让他者文化存有"入侵"的警惕，要把宣传的概念和口号弱化到无，踏踏实实地做事情，用"事实"来体现"理念"。通过不断流动的跨国者以及散居的族裔在不同文化空间传播互观，通过物的形式和互动仪式与他者建立关系，更容易实现不同文化之间的交流和互鉴。

结　语

当下，中华文化对外传播在文本和媒介研究方面成果颇多，这也是研究中华文化对外传播的"高音"之处。随着传播研究对流动性、物质性、具身性等问题的关注，对外传播的研究也需要传播议程的拓展和扩散，超越以媒体为中心的对外传播的单一思路，形成更立体和多向度的传播路径和方法。笔者通过自身的海外生活经历，以及参与式观察和访谈，认为中华文化对外传播有几个问题是必须要关注的：第一，关注流动性，并将其作为考察传播主体的重要维度，有利于扩充"谁"在传播的问题；第二，考察对外传播的具身问题，关注身体构成的信息场域和情境，有利于观察对外传播沟通效果；第三，对外传播的仪式和符号问题，通过对个体互动与族裔呈现的研究，有利于激发传播主体的活力，也使中华文化的多样性面向能够被更好地展现。以上对这些问题进行的剖析，是为中华文化对外传播提供进一步实践的可能性和路径，沿着这个思路，中华文化对外传播会有更加务实和丰富的拓展。

第六章

痛感与共识：创伤共通感的
跨文化传播理路与实践

从工业革命时代笼罩曼彻斯特全城的连绵酸雨，到自发行以来就激起全球动物保护声浪的生态纪录片《海豚湾》，人类对自然造成的生态创伤及其带来的惨痛后果不仅在跨文化、跨时代与跨媒介的作品中被反复表征，也经由共同体间共通的"痛感"与"创伤"构建了"如何与自然共处"的经验共识及情感联结，实现由特定生态创伤向普遍文化创伤的转换。廓清"创伤文本"以实现跨文化理解的创作路径与连接可能，促成由生命共同体到人类命运共同体的普遍认同。

从席卷环球并引发普遍担忧的全球性热浪，到毁坏道路交通造成数十万人流离失所的特大洪水，愈加频繁的极端天气给不同国家和人民带来巨大物质破坏和精神创痛。人们在反思人与自然的关系的同时，也认识到：这不是单一国家和族群的困境，而是人类需要直面的共在和共通的问题。以生态危机、恐怖袭击与现代大屠杀为代表的创伤性体验呈现为一种痛感意义上的文化联通，也为跨文化的意义共识提供了可能：跨文化传播的语境构建不仅来自主体实践的具体感悟，也需要"共话伤痛"的情绪反馈。人类既可以在"悦耳悦目"与"悦心悦意"的层面上建立内容与情感上的审美共通，也能基于痛感建立情感联结和价值共识。人类共有的创伤事件与经验痛感为跨文化理解辟出一条交往通路，正如杰弗里·亚历山大所阐述的："通过文化创伤的构建，各种社会群体、国族社会，甚至有时是整个文明，不仅能够认识并分辨出人类苦难的存在及其根源，还能为此担负起一些重大责任。当集体成员认识到创伤的原因，并担负起相应的道德责任时，通过原则上允许他们分担其他人的苦难，集体成员从而界定了他们休戚与共的集体关系。"[1]

本书着眼于纪录片文本背后的话语及社会互动，通过文本间的对话，辅以对相关纪录片作者的半结构式访谈，考察"创伤—痛感"在跨文化传播中发挥的情感功能与社会效用。笔者于2021年8月对《国家公园：野生动物王国》的总监制书云导演进行了两次半结构式采访，她从创作者的角度参与书写、记录生态创伤的象征化过程，为"创伤—痛感—共识"的情感理路提供了更为深刻的理解。因此，这里将结合文本分析与创作者访谈，具体探讨：①作为影像媒介的纪录片在拍摄传播人与自然紧张关系的中介化过程中，如何展现生态创伤向生命痛感的转换，进而建立普遍的人类共识？②这种中介化的表征过程如何在跨文化语境中构建传播理路，又如何通过人类共同体普遍的情感共通形成跨文化连接？③生发于具体媒介文本的痛感与创伤如何渗透进全球化的媒介场域，并结合当下平台化的传播特质，促成人类命运共同体的跨文化实践？

1　J. C. Alexander. *Trauma: A Social Theory*[M]. Cambridge: Polity Press, 2012:6; 6.

一 生态创伤、文化创伤与作为中介的生态创伤影像

在医学领域，创伤往往被视作一种个体身体与精神层面的威胁，如朱迪思·赫尔曼在《创伤与恢复》中将创伤定义为"通常涉及对生命或身体完整性的威胁，或与暴力和死亡的亲密接触"。[1] 在精神与认知上，这些创伤超出了日常经验的范畴，因为它们压倒了我们的官能，"对基本的人际关系提出了质疑"，并"粉碎了在与他人的关系中形成和维持的自我结构"。[2] 将这种个体内部的紧张与威胁拓展至人与自然的互动中，"生态创伤"也由此而来。临床心理学者蒂娜·阿莫鲁克在论述人与自然的关系时将生态创伤划为两个层次，从客观环境上说，生态创伤指由于人类活动或自然灾害造成的环境破坏，并由此使人类族群与既往的生活圈层、生活方式与生活栖息地相分离；从人与自然的关系来看，生态创伤源自"这种同土地亲密关系的创伤性丧失"：当人类被强行从他们的家庭、文化和土地中分离出来时，"个人、集体、生态和精神领域的暴力破坏就产生了"。[3] 电影研究者阿尼尔·纳莱恩从历史的向度切入，认为在工业化以来的生态实践中存在着一种旷日持久的生态焦虑：一方面人们意识到生态环境在当下的经济发展模式中受到威胁，希望通过采取行动保护自然世界；但另一方面，人们又会刻意回避对生态破坏的了解与报道，压抑保护自然的呼声与需求，以求持续发展全球经济。纳莱恩将这种矛盾且压抑的心态

1　J. Herman. *Traumaand Recovery: The After math of Violence-from Domestic Abuse to Political Terror*[M]. New York: Basic Books, 1992:33.

2　J. Herman. *Traumaand Recovery: The After math of Violence-from Domestic Abuse to Political Terror*[M]. New York: Basic Books, 1992:51.

3　T. Amorok. *The Eco-Trauma and Eco-Recovery of Being*[J]. Shift: At the Frontiers of Consciousness, 2007, 15:28-31.

归结为人类对于生态伤害的回避："我们把生态伤害视为一种创伤，一种公认的、我们努力抑制以避免其痛苦影响的东西。"[1]换言之，在当下的研究中，"生态创伤"不仅仅是一种物质上的威胁，更与身份与文化认同密切相关。

"生态创伤"也由此与"文化创伤理论"（cultural trauma theory）存在对话空间。在文化创伤理论的视角下，伤痛的来源不仅是生理性与个体性的，更是社会性与群体性的。文化创伤来源于一个共同体"感到他们遭受了可怕的事件，这些事件在他们的群体意识上留下了不可磨灭的痕迹，永远铭刻在他们的记忆中，并以根本不可挽回的方式改变了他们未来的身份"[2]。虽然事件作为原初性的创伤奇点，在社会记忆的建构过程中被一次次书写，但事件本身却不存在创伤性："文化创伤诞生于社会的中介性因素。这一过程可以与事件发展同步，也可以在事件发生前，或是作为事后（post-hoc）的重建过程进行。"[3]所以，文化创伤理论实质上秉承了建构主义的理论取向，强调事件只有在特定的文化语境与解释系统中才能被结构为"创伤"。[4]具体而言，事件的创伤性可以同时波及社会各个场域，审美、法律、科学乃至大众传媒都会在创伤建构的过程中更迭相应的叙事话语，"将个人痛苦转化为集体创伤是文化工作，这一行为取决于演讲、仪式、游行、会议、戏剧、电影和各种故事讲述"[5]。因此，在大众传媒这一特定的场域，文化创伤转换需要构建出一套特定的创伤话语或创伤叙事。对于

1　A. Narine. *Eco-Trauma Cinema* (1sted.)[M]. New York: Routledge, 2014:9.

2　J. C. Alexander. *Trauma: A Social Theory*[M]. Cambridge: Polity Press, 2012:6.

3　J. C. Alexander. *Trauma: A Social Theory*[M]. Cambridge: Polity Press, 2012:6.

4　郭恩强. "以新闻而生，以新闻而死，为新闻殉节"——刘煜生案与"九·一"记者节的创伤记忆叙事[J]. 国际新闻界，2019(9):84–104.

5　J. C. Alexander. *Trauma: A Social Theory*[M]. Cambridge: Polity Press, 2012:13.

"生态创伤"来说，"生态创伤电影"或"生态创伤影像"则是搭载创伤叙事的传播中介。

近年来，愈发严峻的环境问题成为纪录片创作的重要母题，生态创伤已然成为纪录片创作者们格外关注的时代症候。纳莱恩将这类描述人类破坏及自然报复的影片称为"生态创伤电影"（Eco-Trauma Cinema），该类影片多以纪录片的形式，着力呈现"人类对自然环境产生的破坏，或是我们在自然的无情更迭中所背负的痛苦与创伤"。[1]此外，在其他描述人与自然关系的纪录片中，也可以频繁见到描述生态破坏惨痛后果的相关影像片段或话语叙述，或许可以将其称之为以生态为题的"创伤性影像"。这些生态创伤影像往往在情绪上给予受众一种痛感或悲剧感，进而成为普遍的文化议题。而就内容而言，这类影像作品往往包括三个方面：①讲述遭受自然世界创伤的人们；②描述伤害环境或物种的人们与社会故事；③描述生态灾难的严重后果，通常专注于人类的创伤和生存努力。[2]本研究试图廓清这类"创伤性影像"在跨文化传播中构建生态共识所建构的情感理路与学理机制，进而为构建"人类命运共同体"与"生态共同体"提供理论指引。

二 "创伤—痛感—共识"：
生态创伤影像跨文化传播的内在理路

无论是由于开采原油而满目疮痍的亚马孙丛林，还是充斥杀戮与鲜血的日本海豚湾，这些生态创伤影像往往在情绪上给予受众一种痛

---

1 A. Narine. *Eco-Trauma Cinema* (1sted.)[M]. New York: Routledge, 2014:2.

2 A. Narine. *Eco-Trauma Cinema* (1sted.)[M]. New York: Routledge, 2014:2.

感或悲剧感。想要理解"生态创伤影像"何以成为联结异质文明的情感通路与话语中介，不仅需要跨文化传播的理论资源，也需要接续上哲学与文学理论的痛感谱系。本部分将结合杰弗里·亚历山大的文化创伤理论，以及康德对于"共通感"的论述，理清跨文化语境中"创伤—痛感—共识"的转换何以可能，作为"载体、内容与中介"的生态创伤影像又在其中发挥了怎样的功用，从而促成跨文化的情感共通与共识构建。

（一）处境互通与视野交融：作为联结话语的"创伤—痛感"

在杰弗里看来，建构文化创伤的意义在于促成社会共识："文化创伤让人们开始关注一个新的领域：社会责任与政治行动。"[1] 在这一过程中，对苦难的叙述、对创伤的归因直接影响了共同体对于道德责任的理解，特别是创伤叙事中所重点强调的，集体成员间"唇亡齿寒"的依存关系成为彼此分担痛苦的重要原因。例如，在《水俣病患者及其世界》《水俣世界》等生态创伤纪录片中，作为环境污染受害者的水俣病患者及其在镜头中所展现的病痛创伤，以及市民们与水俣这片土地所形成的依存关系，深刻地揭示了生态创伤之下人类的脆弱性，以及凝聚共同体在走出伤痛过程中发挥的重要作用。可见，要想将特定文化共同体所共享的创伤叙事转换为更为广泛的文化共识，寻找有效的"联结话语"较为关键。

在这里，创伤所蕴含的"普遍痛感"成为文化创伤得以跨文化传播的"联结话语"，也成为不同文明进行共情理解的情感中介。痛感既具备生理意义，又拥有独特的文化意义。从生理上看，痛感是人类神经系统对外界刺激和伤害的瞬间或者持久的反应，这会使人产生

1　杰弗里·C.亚历山大,生安锋,林峰.文化创伤:一种社会理论——与弗里德里希·基特勒的访谈[J].文化研究,2021(2):5-28.

记忆，以此来避免和远离可能性的伤害，也是人类自我保护的一种机制；此外，痛感也具有群体意义和文化意义，人们会基于普遍之痛产生的共通体验，对人类行为中某些可能会产生伤害的行为进行规避和反思，从而形成基于痛感产生的共识。比如，在雅克·贝汉拍摄的纪录片《海洋》中，人类对海洋生物的掠夺和捕猎以及对海洋生态的污染，使海洋生命遭遇到了巨大的创伤，观看者会在讲述者的视觉话语中产生人类共通的疼痛和遗憾，并由此反思和批判人类对环境的戕害行为以及如何保护与人类共生的环境和自然生灵。尽管"人类的悲欢并不共通"的相关叙述看似可以反诘痛感共识，然而在共通感的实践层面上，这种普遍的痛感却是始终存在的。正如人类生理痛感的强度虽有差异，但因为痛感带有明显的生理性和本能性，故能成为人类的共同感觉。生理和本能构成的交流共通，对人类而言也有自省和反思的意义——换言之，痛感即使不是逻辑上的全称判断，也具备普遍性的意义，也能形成共享的意义空间。痛感共通，是"将自己放在他人的立场上其实是这样的一种行事方式：将私人和感性的诸条件放在括号里，以便立足于一种普遍立场。扩展性的思维方式只有通过一种净化、缩减和抽离的方式才是可能的，而每个其他人的立场在此并非在经验中出现的具体立场，而是一种抽象的和普遍立场，一种能代表每一个人的立场"。[1] 因此，"痛感"实际上为不同文明、不同地域的人群提供了桥接共识的认识论基础，为共同体交流情感，共话伤痛提供了特殊的处境或是机遇。

（二）生态共识的跨文化构建：生态创伤影像的情感共通

基于创伤与痛感的处境沟通不仅与自身的生命体验息息相关，更强调与他者的视野交融："作为经验性复杂具体情境，人总是只拥有有

1　周黄正蜜.康德共通感理论研究[M].商务印书馆，2018:124.

限的经验知识。在审美中，经验中的个体鉴赏力往往也受到自身特定
文化氛围和历史背景的限定。""但他必须对自己的判断进行检查，并
通过别人的立场对自己的立场进行补充——或者通过意见交流，或者
通过示例性的艺术作品。"[1] 在这里，生态创伤纪录片即是"示例性艺
术作品"的代表，通过影像的形式记录特定地区的生态创伤，并得以
在跨文化的语境下勾连起相似的痛感语境，从而联结起人类命运共同
体中的生态共识。

跨文化创伤的建构离不开人们共享的经验和意义，也离不开"承
携者群体"（carrier group）借由大众媒介构建的创伤叙事，他们搭建
起人类对于生态创伤普遍的情感共识。[2] 那么，创伤与痛感所蕴含的
共识究竟是什么，相关的媒介作品为何能在世界范围内得到传播与接
受？实际上共同体间的共识有赖于具备共通感的反思实践："通过主体
间性的反思也展示了社会共同体中一种新的时空维度……我和他者通
过相互的给予关注和投入情感而相互交织在一起，共同组成一种审美
共同体，一种情感性的'人间只在'。我们不仅生活在我们自己的时
间中，而且平行地体验着我们有共同审美体验的他者的时间。"[3] 在生
态创伤的语境中，作为共同体的人类社会都曾经历过掠夺环境的工业
化进程，也由此构成了文明共同体的普遍性反思。换言之，生态灾难
这一创伤事件虽然具备地域性与个案性，但以纪录片创作者与环境保
护人士为主的"承携者群体"，通过构建出典型性的创伤案例，在一
次次的文化操演中，完成了个案性的创伤事件向共通性的文化痛感以
及环保共识的转换，并由此形成了稳定的创伤叙事、创伤话语与创伤

1　周黄正蜜.康德共通感理论研究[M].商务印书馆，2018:125.

2　J. C. Alexander. Trauma: *A Social Theory*[M]. Cambridge: Polity Press, 2012:13–15.

3　周黄正蜜.康德共通感理论研究[M].商务印书馆，2018:127.

记忆。[1]

值得注意的是，作为创伤载体与情感中介的创伤性影像本身也具有道德和审美上的双重意义，使纪录片基于这种人类共通经验的媒介文本得以跨越不同语际，搭建起广泛的情感共识。以康德的逻辑视之，这种美与道德的情感是"愉悦"且"普遍"的："美和道德都有纯净化和彻底化的主体内心状态，即不依赖于外在的、经验的任何兴趣，也基于此产生普遍的愉悦的情感。"[2] 即使这种愉悦是通过痛感而产生的，都会起到净化、同情、怜悯的作用，在主体间建立共识的可能。由此审视"生态创伤"这一议题经由相关创伤影像展开的情感通路，可以发现，相关文本往往从生命的万物有灵和自然平等的非人类中心主义视角出发，通过阐述人类生存与生态破坏的创伤性经验，搭建起"创伤—痛感—共识"的传播框架，并使人类产生共通的悲悯和痛感，进而对当下人类共生和共在的问题进行积极反思。可见，强调正视"人与自然"关系的创伤性影像必然携带着道德、文明乃至发展方式上的拷问，既为人类既有发展路径带来了深刻的揭露与反思，也成为跨文化传播中颇具建设性的"痛感路径"。从"创伤—痛感—共识"这一路径视之，修复自然与修复被自然重创过的社会心理是一项长期工程，几代人持之以恒的文化实践"不仅是为了重塑记忆，也为了修复一个破损的社会"。[3] 而作为中介的生态创伤影像不仅为跨文化创伤共通感的构建提供了可能，也为相应的生态实践提供了情动的潜能。

1　王建会.文化创伤操演与创伤话语建构[J].文艺理论研究，2017(2):155-161.

2　周黄正蜜.康德共通感理论研究[M].商务印书馆，2018:127.

3　［日］桥本明子.漫长的战败——日本的文化创伤、记忆与认同[M].李鹏程，译.上海三联书店，2019:6.

三　个体情动到命运相通：
创伤共通感的情动联结与道德实践

（一）作为"联结潜能"的情动：创伤影像的二重表达

　　既然生态创伤的跨文化传播有赖于普遍的历史经验与自然经验，那么这种深植于文明结构中的痛感记忆如何促成跨地域的联结，成为实践中道德性与情感性的共识？哲学家阿维夏伊·玛格利特从政治哲学的角度出发，剖析了伦理、道德与记忆的关系。玛格丽特强调，虽然民族国家仍是现阶段国际交往的核心，无偏私的人类伦理共同体并不能实现，但仍应期待将全人类转换为具备基本义务的道德共同体——"作为道德共同体的人类是否具有最低程度的分享的道德意识？记忆的事业是否应该完全留给较小的伦理共同体？"[1]而与生态保护相关的基本义务，以及毁坏自然造成的创伤记忆，正是现阶段超越民族伦理的共识性道德，也构成了全人类理应铭记的基础准则。

　　在此意义上，生态创伤影像为生态共识的构建提供了一条情动（affect）路径。情动作为一个哲学概念，经由"斯宾诺莎—德勒兹—马苏米"的理论阐释与概念发展，形成了当代西方文化研究中的"情动转向"（affective turn）。作为情动研究的集大成者，法国哲学家德勒兹试图以情动概念去诠释如何成为"超越现有结构秩序与权力线条束缚的游牧式主体"，强调主体在构建生命图像与身份认同中的流动性与能动性。因此，德勒兹往往将"情动"视作"潜能"，以一种乐观主义的伦理学去诠释情感对于共同体生成的重要作用："对于一个封闭社会中的每一位成员来说，如果他向情感开放，情感就传达一种回

1　A. Margalit. *The Ethics of Memory*[M]. Cambridge, Massachusetts, London: Harvard University Press, 2002:77-78.

忆、一种他可以一直保持的激情。"[1] 具体而言，情动其实是一个认识论问题，"我们只能认识自身，而我们对外部物体/身体的认识只能经由它们在我们自己身上所施加的情状"。[2] 因此，情动牵连起不同行动主体间的身体共鸣与情感共识，"一方从另一方中出现，又回到另一方中。情动就是从实际事物的角度出发看去的这种两面性，在其感知和认知中表达出来"[3]。

在国别不同、形式多样的生态创伤影像中，或是沉痛言说自己所受到的自然报复，或是面向世界发自肺腑的动情呼吁，二者都致力于向受众传递创伤结构中特有的情感状态，以情催动保护自然的社会实践。例如在影片《达尔文的噩梦》中，导演于贝尔·苏佩以民族学的深描方式，记录下人为干预自然生态系统造成的严重后果——一桶被视为能够改善坦桑尼亚社会经济的鲈鱼被投进维多利亚湖，却导致了湖内数以万计的原生鱼种灭绝。生态噩梦在坦桑尼亚上演的同时，也带来了诸如食物短缺、疾病横行与深度贫困等更为广泛的社会创伤。对妄图支配自然的追悔不再是坦桑尼亚人所独有的，而是通过对"达尔文精神"的反诘向全世界的受众呼告与自然共存共好的迫切与必要。在情动的视野中，这些痛苦且朴素的情感状态成为情动传递的基础，生态创伤与文化共识也借此通过跨文化的情动跨越制度与意识形态的阻碍，完成由创伤向共识的潜能转换。

除了通过展示生态破坏的惨烈后果，以及人们在自然报复之后痛苦的情感，生态创伤的记录者更愿意选择一种面向未来的姿态，以理

---

1 ［法］吉尔·德勒兹. 康德与柏格森解读[M]. 张宇凌，群德，译. 社会科学文献出版社，2002:204.

2 B. Massumi. *The Autonomy of Affect*[J]. Cultural Critique, 1995, 31:83-109.

3 G. Deleuzes. *Lecture Transcripts on Spinoza's Concept of Affect* // 刘芊玥. "情动"理论的谱系 [J]. 文艺理论研究，2018(6):206.

想化的情感去描述人与自然和谐相处的场景，去唤回人类文明对自然的依恋与相存之情。例如央视出品的三集自然纪录片《国家公园：野生动物王国》，在展示了普达措国家公园、祁连山国家公园等位于青藏高原的自然保护区所面临的生态恶化、动物多样性锐减的现状之后，着眼于人与自然间朴素和谐的生存关系与情感状态，去书写"如何去保护自然"而不是"为何去保护自然"，强调创伤之后融情于物、万物齐一的情感取向与实践精神。在第一集《野性的天堂》中，西藏棕熊为了度过长达6个月的冬眠不得不觅食增肥而闯入寺庙，而僧侣并不害怕这样一只庞然巨物，还为棕熊准备好了饭食，隔窗静观棕熊进食的憨态，并以僧侣之口道出："我们不伤害熊，熊就不会伤害我们。"这份相互调适、和谐共生的自然观回应了人类社会对于自然的依恋与关切，从情动这一共通感的切口出发，在跨文化的范畴中进行情感、经验与文化记忆的接续。在此意义上，文化创伤不再是"对共同体认同产生根本威胁的社会痛苦"，[1] 而是向人类全体与未来社会敞开的情感结构，以表征性的媒介文本呼唤着社会实践对创伤的证成与修复。

（二）超越文明差异的道德实践：创伤影像的行动可能

无论是创伤性的告解，还是面向未来的呼吁，情动的传递往往意味着差异性的消解与统一性的转换。正如德勒兹在论及情动的生成情景时，强调情感的作用在于超越种族与生物的差异，"不是一种怜悯的情感，更不是一种同一化，而是在完全差异的个体之间所形成的速度和情感的复合，是共生"。[2] 生态创伤的跨文化传播，实质上为普遍性记忆道德与生态义务的构建，创设了弥合差异的媒介空间。而在桥

---

1 J. C. Alexander. *Trauma: A Social Theory*[M]. Cambridge: Polity Press, 2012:43–55.

2 〔法〕吉尔·德勒兹. 哲学与权力的谈判[M]. 刘汉全，译. 译林出版社，2012:179.

接共识的意义上，文化创伤的联结需要以情动为基础的传播路径；在生态共同体建的意义上，情动路径要求人类与自然建立起意向性的依恋之情。以《国家公园：野生动物王国》为例，虽然影片是从"国家公园"这一宏观制度着眼，但全片描摹的重点却是自然界微观的生命叙事，以此勾连起跨文化的共情体验。在旁白的引介中，"国家公园"背后的官方色彩被融汇于作为个体的村民或是动物保护者的实践之中，在共同的情感叙事与意义流通中悄无声息地浸润上"生存""哺育""爱意"等普世的情感体验。而这一"重构叙事""转换视角"的过程，既是在跨文化的视野中寻求交往的共性，也促成了文本普适的接受结构。本片监制书云也回忆立项伊始，自己与中央电视台在"科普"与"情感"上的分歧："当初在审阅纪录片的初稿时，国内的同事和领导提出了要发挥纪录片在科普上的作用。无论是国家公园的制度，还是中国自然保护区的地理环境与珍稀动物，对于国外的观众来说，过量的科普存在着信息上的接受困难。更重要的是，如果科普的成分太重，就减少了感情的融入，受众对于影片的感触会变得很脆弱，所以在这方面我们做了很多沟通上的努力。"《国家公园：野生动物王国》在150多个国家发行，并且得到了很好的反馈，这与当初以"情感"作为叙事主线，紧扣人类共通感的基础有关，不仅科普了中国多元生态环境中珍稀物种的生存和保护的现实，也传播了生态建设和动物保护中的国家叙事。

此外，痛感与创伤不仅在道德层面上为共同体间的交流提供了共识，更蕴含着转换负面情感的积极力量，通过构建出面向未来的对话结构，将创伤中的负面情感纳入集体认同与道德行动的构建之中。[1]

1　A. Margalit. *The Ethics of Memory*[M]. Cambridge, Massachusetts, London: Harvard University Press, 2002:159−169.

这一由愧疚到责任的转换，也与前文中强调的"情动"力量密不可分。言说创伤不仅是一种话语实践，更是一种情感实践。只有意识到人类社会在发展过程中经历的生态伤痛与文化创伤，在跨文化的语境中进行情感、经验与文化记忆的接续，人类共同体的共识搭建才得以可能。更重要的是，创伤性影像中的情动表达蕴含着积极的"行动力量"，得以超越媒介文本与文化创伤的维度，指引着改变现实的社会实践，并在文化实践中沉积为跨文化的交往道德与记忆伦理，而这也是相关的创伤性文本或是创伤性影像促成社会实践的关键。

四 创伤共通感的跨文化路径与研究面向

食物结合"创伤—痛感—共识"的理论路径与《国家公园：野生动物王国》在跨文化传播中的具体实践，以"生态创伤"这一具体角度为例，笔者试图回答基于"创伤共通感"的共情理解在跨文化传播中何以可能这一问题。那么，基于创伤的传播路径是否适用于其他的跨文化议题？在当下数字化、媒介化、平台化的传播语境中，"创伤共通感"是否具备更丰富的沟通价值？这对于建构生命共同体乃至人类命运共同体有何积极意义，在其中又有什么需要警惕与注意的方面？在这一部分，将进一步扩展相关的问题意识与研究层次，并为创伤共通感如何成为构建人类命运共同体的情感通路提供进一步的理论想象力。

（一）创伤共通感的议题扩展与记忆构建

首先需要强调的是，创伤本身就是跨文化传播的重要话语资源。无论是基于生态自然的环境破坏，还是生发于人类悲剧与意外事故的文化事件，这些特定国族与共同体所面对的创伤不仅是区域性（regional）的构成，也是人类文明需要一起面对的"记忆事件"（memory event）。创伤不是居于一时一地固定不变的沉痛体验，而是如文化记忆学者阿斯特莉特·埃尔所描述的，是一种在文化交往中不断旅行（traveling）的记忆实践。[1] 在埃尔看来，跨文化记忆本就根植于我们普遍的日常经验，例如许多包含民族痛感的历史故事就在迁徙与沟通的过程中成为不同文明所共有的传说或故事。从媒介研究的视角来看，作为记忆载体的媒介具备去地域化的功能，记忆的内容也多是文明主体所能共享的图像与话语。特别是在全球化的语境中，媒介文本所承载的创伤记忆不仅是特定文明的文化烙印，也是生产共识与促进合作的交往场域。将既有的文化创伤推介出去，成为世界文明发展历程中普遍现象的特定表征，这不仅是"世界记忆"（cosmopolitan memory）时代的文化特点，也是为我国的国际传播提供新的指引。笔者采访《国家公园：野生动物王国》的监制书云时，书云也强调了生态题材与环保影片在国外的受欢迎程度：

现在《国家公园：野生动物王国》已经发行到了150多个国家，这可能是中国纪录片对外发行比较好的成绩了。在美国的野生动物栏目中，我们的片子是自制影片中收视率最好的，而且要比一般的收视率要高出13%。这就给了我很多启发，例如《国家公园：野生动物王国》的宣发是抓住了动物的萌，但重心其实在于如何通过建立国家公园这一制度挽回饱受破坏的自然环境，对于中国与世界的对话而言，这种生态文明的建设与宣传是更为重要的。

1　A. Erll. *Regional Integration and (trans)Cultural Memory*[J]. Asia Europe Journal, 2010, 8: 305−315.

换言之，无论是在主观的认知与交往上，还是在客观的技术与传播上，人类普遍的痛感经验都具备跨文化传播的可能。从自然生态的破坏到亲人朋友的流离失所，与之相关的痛感议题皆蕴含着巨大的传播势能。

（二）作为情感基础设施的数字平台与图式化传播

关注痛感带来的跨文化连接可能之时，作为传播基础设施的平台媒介在"接续情感，构建共识"过程中发挥的重要作用也不能忽略。这一作用首先体现在作为共识基础的"创伤记忆"在网络平台中呈现出高度流通的样态，人们对记忆资源的阐释与传播也愈发及时与积极。霍斯金斯以"连结性转向"（connective turn）描述数字时代的记忆特质与流动方式发生的微妙变革："在当前的记忆生态中，连结性转向导致记忆变成事件媒介化过程中结构性的一环。这一结构化过程将两种关键的、彼此关联的记忆力量结合在一起，一是数字当下的纪念化，二是不安全感导致的对过去的记忆需求。"[1]前者强调数字媒介与平台媒体使事件发展与纪念活动出现某种时空上的同步性，例如"马航失联"这一悲剧事件不仅在国内的社交平台上引发剧烈的悲痛情绪，在诸多国际网站上也不乏哀悼的声音。联结世界的社交网络使特定地区的创伤事件具备了"跨地区"的可见性，也由此带来了情感联结与构建共识的可能。此外，由于信息环境的变化，创伤事件的迅速流通也带来了集体的不安情绪，"使得人们渴望回首过去，不停地把它翻来翻去，寄望于找到少许延续性和稳定性"。[2]霍斯金斯将这一

1　安德鲁·霍斯金斯，李红涛. 连结性转向之后的媒介、战争与记忆[J]. 探索与争鸣，2015(7):106-144.

2　安德鲁·霍斯金斯，李红涛. 连结性转向之后的媒介、战争与记忆[J]. 探索与争鸣，2015(7):106-144.

"联结历史事件"的记忆实践视作"图式化"（schematization）的过程，当下的数字环境要求即刻发生的事件可以迅速转换为便于传播的新闻模态，对既有记忆资源的挪用也由此成为资讯生产的惯有手段。例如，在动物保护行动中反复播放《海豚湾》以凝聚最大共识，援引皇后乐队（Queen）在"拯救生命"援助非洲慈善演唱会中的经典片段表达"天下一家"的共同体认同……这些图式在巩固旧有记忆轨迹的同时，也提供了建构跨文化共通感的媒介资源。特别是在平台化与媒介化深度演进的当下，如何借用这些"放之四海而皆准"的创伤资源与记忆话语，使"中国故事"与人类命运共同体理论在国际传播中具备朴素的情感力量也是值得探讨的话题。

（三）跨文化语境中的"情感腐蚀"现象及其反思

需要注意的是，创伤与痛感在建构跨文化共识与共情理解的同时，也存在因负面情绪瓦解沟通基础的"情感腐蚀"现象。特别是在气候变暖、海洋保护、重大卫生事件等跨国议题上，对同胞遭受苦难的共情、对生态灾难的痛心往往会沦为国家间权力博弈的舆论工具，在归因溯源、推诿指责中用"怨恨"代替"共识"，逐渐腐蚀了跨文化沟通的理性基础。例如，面对愈发严重的极地气候与生态危机，相关的国际合作却往往受到历史遗留问题、国际多边关系等问题的掣肘，致使跨国族、跨文化的负面情绪不断发酵，进一步搁置了改善极地生态的对话与实践。

诚然，"怨恨"等负面情绪作为人类个体乃至社会共同体普遍的情绪，在日常的人际传播或是国际交往中确实难以规避。但需要明确的是，跨文化的视野及方法也同样提供了将"痛感"转换为建设性"创伤共通感"的可能，使负面情感得以超越怨恨与指责的内在向度，促成共同体间共识的搭建与实践的付诸。要应对"情感腐蚀"这一负面因素，首先要认识到既有新闻话语与沟通话语中隐含的"他者化问题",进而去思考跨文化的认同构建。换言之,对于跨国议题的争议及其所牵涉的负面情感,在新闻文本中往往呈现为"我们"与"他者"的尖锐对立,"这种以'保卫我们的民族''保卫我们的生活'为目的的'亲友种族主义'(kith and kin racism),刺激并呼应着人们的惧外心理",[1] 在构建单一认同感的同时却也阻碍了更进一步的共同体合作。因此,在警惕积郁、仇恨等负面情感有可能"腐蚀"跨文化共识与基础的同时,也应该反思是否能发展出一套"反抗他者化"的跨文化话语,进而实现更具建设性的复合共同体认同(multi-community identity)。诚如单波教授所言:"对他者化的抵抗并不只是抵抗权力,更重要的是抵抗每一个文化群体成员心中的排他性认同。对他者化的抵抗也并不只是站在道义层面保护他者,更重要的是保护人类的交流,没有对他者化的抵抗,人类的交流亦难以为继。"[2]

结　语

以共情、正义、体恤为代表的人类朴素情感,通过创伤承携者或是新闻媒体的报道,为跨语际的认同提供了可能。实现痛感与共情传播的可能在于普适性的情感,情感必须经由特定事件作为载体与中介才能激发,而创伤性事件及创伤性体验恰恰编织出了"生命共同体"与"人类命运共同体"的理路,这就要求去挖掘不同新闻议题中的共识性创伤,从文明的创伤性经验入手,形成跨文化的连接通路,为官方与民间的生态合作建起沟通的话语桥梁。正如中国积极向外界展示

---

1 单波,张腾方.跨文化传播视野中的他者化难题[J].学术研究,2016(6):39-45+73+2.
2 单波,张腾方.跨文化传播视野中的他者化难题[J].学术研究,2016(6):39-45+73+2.

自身在保护云南北迁象群与西双版纳大象栖息地的努力，被路透社称赞并与更为宏观的健康风险相联系："西双版纳如何保护大象和自然生态系统，也将为中国改变与自然关系的整体努力定下基调"，[1] 展现了"人类命运共同体"与"生命共同体"的全球性及不可分割性。

而在跨文化的视角中，创伤与痛感所建构的共识理路不仅为跨文化传播提供了契机，也为生命共同体与人类命运共同体的实践提供了话语基础。列维与施奈德认为全球媒体的呈现为全球记忆的形成提供了新的认识论点（epistemological vantage points）与和新的道德—政治互赖关系（moral-political interdependencies），这一变化既可以体现在共同体看待生态环境等跨文化议题的态度转变上，也可见诸跨区域与跨文明的合作之中。这对我国的国际传播工作而言，既是机遇，也是挑战。如何在普适性的记忆题材或创伤话语中发掘出中国故事，在文化创伤上寻求跨文化的交往共识与合作可能，也由此成为至关重要的跨文化命题。

---

1 S. David. *China's Wild Elephants Seek Room to Roamas Habitats Shrink*[N]. Reuters. 2021–07–20.[2022.07.01]

第七章

"以食为媒"：情感体验、
集体记忆与跨文化传播的物质向度

饮食作为人类的天然需求，其习惯和偏好与社会文化产生千丝万缕的联系。食物作为人类文化史中重要的"流转物"，具有媒介的时间偏向；食物又在不同人类文明空间中传播，成为不同风俗文化和经验观念的直观呈现，且有媒介的空间向度。食物在跨文化流动中扮演了促成经验整合与文化接受的重要角色，食物的不断流动的丰富的历史，也是人类文明融和与发展的历史。食物从故乡到他乡，大多要经历从惊异到接纳的过程，共食者的隐形身份为孟子所说的"共通感"提供了更多现实基础。在媒介物质转向视野下，"以食为媒"为跨文化传播提供了更多的可能。

媒介研究的物质转向，在数字媒介传播方式日益普及的今天，拓宽了媒介文化和传播研究的疆域。承载不同文化和生活经验的流转物，尤其是与人们生活息息相关的食物，为跨文化传播研究提供了重要的物质切口。在中西方文化传播交流过程中，食物扮演了十分重要的角色，特别是近几年中西跨文化传播的重要个案中，很多与食物相关，如风靡海外的中国美食纪录片、创纪录的中国You tuber（短视频博主），写中国食物的英国女作家等。张光直认为，"到达一个文化的核心的最好方法之一，就是通过它的肠胃"。[1] 在过往相关研究中，饮食人类学的新视野强调了饮食与文化的互动，彭兆荣的《饮食人类学》是国内重点对比中西方饮食及其文化溯源的著作，斯托勒和奥克斯（Stoller & Olkes）的《民族志的物之味道：人类学中的感觉》（*The Taste of Ethnographic Things: The Senses in Anthropology*）则关注了借助饮食感知文化的研究方法；玛丽亚·巴林斯卡（Maria Balinska）的《百吉饼：一个普通面包的惊人历史》（*The Bagel: The Surprising History of a Modest Bread*）也把食物流动与宗教、战争、移民等宏大叙事粘连起来，成为窥探宏大叙事中的小切口。"功能主义学者，……认为食物是整体社会功能中的一部分。食物的功能不仅仅是果腹，它还承担相应的社会功能和社会表达功能。……结构主义学者则通过食物找寻社会中的深层结构及其转化机制。……文化研究学者则将食物视为特定社会的文化密码，因此研究食物也就是破译社会的潜在文化代码，等等。……在上述这些分析里，各样的社会机制——科学的，国家的，市场的，文化的，显性的，隐形的——都被揉碎，融入食品，端上餐桌，对我们的身体和自我产生潜移默化的塑造。"[2] 食物，携带着人类对生存的渴望、对财富的追求以及对权力的觊觎，成为人类社会历史上诸多事件发生的内在动因。食物流动的过程，嵌构在人类大流动的历史中，"有些帝国征战异国时，无意间带来新的作物或物种，其中最重要的调味食品，可能就是从新大陆引进到亚洲的辣椒"。[3] 如果没有辣椒，泡菜只能寡淡无味地配着大酱汤，成为朝鲜族人餐桌上

1　[美] 尤金·N.安德森.中国食物[M]. 马孆，刘东，译. 江苏人民出版社，2003:250.

2　林芬. 人如其食. 微信公众号：正午故事，2018-09-13，https://mp.weixin.qq.com/s/3EH V9k4FVFnUU0aZsi-ajg.

3　[印] 纳扬·昌达.大流动[M]. 顾捷昕，译. 北京联合出版公司，2021:271.

的一道佐菜，而不会像今天这样风靡世界。大流动将不同民族和地域的人的口味带到世界各地，把世界其他地方的口味变成熟悉的乡味。食物是一种很奇妙的存在，是人赖以生存的基础，也是人的快乐之源，更是人的情感寄托。食物具有时间性、空间性，历史性、现实性，文化性、自然性，物质性、精神性，本土性、他域性，世俗性、神圣性，与人的生命和人类社会息息相关。食物流动的过程，也是文化的播撒过程，但是食物作为媒介并未得到更充分的重视。本文以食物为媒介，观照食物传播中的集体记忆，以及食物如何在跨文化传播中扮演文化使者的角色，连接不同的文化，形成转文化的产品，成为人类文化互动中不可缺少的内容。

一 "味道的记忆"：饮食的集体经验保存与文化流转

（一）食物的地方感与集体记忆

在《论集体记忆》中，莫里斯·哈布瓦赫（Maurice Halbwach）列举古希腊哲学家对黄金时代的追思："今天的世界和过去的世界相比，似乎总有些种种不完满。"[1] 这种对于世界初始的崇拜，构成了古希腊时期哲学思考的心理动因。而根据雅斯贝尔斯（Karl Theodor Jaspers）的"轴心时代理论"，将这一观察扩展到世界范围内，以色列、印度和中国等地的古代文明在其哲学突破阶段，都饱含着对那个只存在于远古时代的理想国的记忆。这一倾向同样适用于普通人的个体情感，人们往往怀念童年、青年时期，并在记忆中逐渐筛去痛苦杂质，将纯粹与超脱的情感倾注至旧时光中，这个过程就是集体记忆的形成、保存

---

1 〔法〕莫里斯·哈布瓦赫.论集体记忆[M].毕然，郭金华，译.上海人民出版社，2002:80-87.

与流转。集体记忆是在一个群体里或现代社会中人们所共享、传承以及共同建构的事或物，人的身体成为具体历史环境下的经验基础。因此，集体回忆可能经由物质或非物质的形式进入历史的门槛，但它往往在人们现实生活的身体力行中得以延续。集体记忆可能寄居于人们的日常衣食住行之中，并塑造着一时一地一群体的生活和习性，与经济、政治、文化生活息息相关。

关于食物的记忆，是人类集体记忆中最为鲜活、直接且切身的一种，并不断转化为具身经验，塑造着人们口味各异的选择与偏好。从时间维度来说，相对于其他人造物，食材的发掘、烹饪与饮食习惯的养成以及食物的传播，周期更漫长。不同地域与民族历史经验中的饮食变迁，通过人们现实的身体感官经验得以在时间中存续，从而成为一种带有区域性和民族性的生活传统。如四川乐山地区的跷脚牛肉，起源于三江交汇之处的脚夫、挑夫的日常饮食。跷脚正是体力劳动者在街边站着进食时跷起脚尖搭在路石上的记忆。面粉在陕西地区发展出数十种形态各异的面食，深深植根于关中地区悠久的小麦、玉米种植历史中。食材选择、口味记忆，往往呈现出难以打破的地域界线和内部认同。有关这一点，可从那些历史更短的地域饮食个例中窥见一二，如沈阳人对鸡架的嗜好就是一个很好的例子。鸡肉是中国人主要食用肉类之一，但鸡架作为食材则并不常见。鸡架何以能成为沈阳独有的地方性美食？这需要从沈阳的历史中寻找答案。从时间跨度来说，鸡架并非沈阳的传统美食，其历史最长只能追溯到20世纪90年代，彼时正值东北国企改革，下岗分流潮波及众多普通家庭，家庭收入与生活成本紧密相关。吃肉需求不会因为生活成本下降而断绝，人们必须寻找其他替代食材。鸡架因为易得、低廉，因此代替鸡腿、鸡胸等优质部位，成为人们的日常肉类食材。餐馆、摊贩发现商机，围绕鸡架研制出种种小吃菜品。据说沈阳最为知名的铁板鸡架就诞生于铁西区，而铁西区承载着沈阳辉煌且沉重的重工业历史。20世纪90年代的国企改革时期，部分下岗工人利用工厂里的钢材边角料，自制电炉烤鸡架作为营生方式。可以说，鸡架成为重要的食物与沈阳人在20世纪90年代特殊的城市经历有关。近年，围绕东北下岗潮往事的文学作品、影视作品不断涌现，这些创作者绝大多数生于20世纪80年代，小说有班宇的《冬泳》、双雪涛的《平原上的摩西》，电影有张猛的《钢的琴》，等等，这些文学影视文本的叙事题材根植于这代人关于东北国企改革中的城市工人家庭变迁的集体记忆中。大量的时代意象被用于提取和唤起观众的集体记忆，饮食的变迁是这些意象中最为直观、效果最好的一种。

（二）食物裹挟文化基因的流动和传播

带有显著地域属性的食物，往往体现着人们在日常生活中对过去年代某些生活方式、情感和价值的追忆与践行。不同菜系的形成源于地理、气候、土壤的自然差异，地方小吃的诞生也源于各地更为具体和微观的历史文化记忆。饮食记忆是生活经验的基本构成，食物选择又反过来巩固了一时一地的人特定的口味嗜好和情感依赖。鸡架副食品从兴起到普及贯穿了沈阳乃至东北作为老工业基地从辉煌转入衰退的区域记忆，这种区域记忆在时过境迁之后更添一种掺杂了城市历史与年代记忆的集体情感。这样的区域性食物偏好已经进入地方风俗的范畴，印证着东北工业兴衰这一共同经验的真实性与可感性。每一区域特色食物、饮食方式的形成，其背后都有着非常庞杂的地理风物、政治文化和时代变迁因素。而通过饮食传统的追溯，对集体记忆的搜集也将更全面，更具有现实意义。哈布瓦赫认为，要保存一个社会记忆，必要的条件是社会交往要不断提取该记忆的延续性。[1] 对于提

---

1 〔法〕莫里斯·哈布瓦赫.论集体记忆[M].毕然，郭金华，译.上海人民出版社，2002:80-87.

取东北工业历史记忆来说，鸡架就成为那个时代的一种符号、一种媒介，一个具备时间延续性的物品。人们通过现实操演——食用来唤起这一符号背后的记忆。而食物与服饰、器皿、影像所不同，它的日常性、对生理与身体的直接作用，更使其演化为一种勾回集体记忆的无意识因素。

武汉的知名小吃热干面，也与武汉悠久的码头文化有关。自开埠以来，码头搬运货物是武汉地区最常见也最易得的工作。码头搬运与一般的体力工作不同，大多搬运货物是以计件结算的，搬运货物越多，搬运速度越快，收入也就越高。很多码头工人吃过早餐，就要投入一天的劳动。这导致武汉人的"过早"（早餐）对食物的高热量、食用方便有着极高的需求。热干面重油重料，汤水较少，吃起来方便快捷，吃完可以尽快上工，这些特征都是为码头工人量身定制的。今天，武汉作为国内准一线城市，城市职业类型多样化，大多数人其实并不需要高热量的早餐，但热干面与武汉码头文化的集体记忆一道，得以延续和流转。食材及其口味偏好所显示的地域归属和文化认同，往往有着更加可信、可追溯的文化记忆。在不同地区、不同民族与国家的食谱上，可以通过不同食材、烹饪与风味，一窥食物背后的地理风物、观念习俗乃至更为宏观的文化体系，这是食物作为媒介的价值。

食物在人类社会中的传播，不仅在时间中流转，也在空间中流动。人类对已有食物的继承，是人类对自身生命和健康的保障。日常生活中，成百上千种的食材及其料理，以及烹饪方式的丰富多样，带着人们对自然的探索和发现以及对人类文明的印记。食物不仅携带着人类从古至今走来的文化记忆，也保存着人类寻找世界和自身的平衡性，并在此过程中建构人与自然之间的仪式感，"放眼天下，不论何方，饮食都是文化的转化行为，有时更是具有魔力的转化行为"。[1] 食物在时空中的流转是以一种深度介入日常生活的文化经验方式，成为烟火人间踏实依靠的。人们通过与周遭自然的相和统一获取食物，"靠山吃山，靠海吃海，靠田吃田"，食物成为人与自然的连接，构成了"人—自然—食物—文化"链条中的起始端，这种连接在时空中被不断强化，于是山海相连，地域相通。刻在食物上的印记是人与自然、人与社会的关系，也是人与人之间的关系，这种关系随着人群的流动，在不同的民族、国家和社会里生发延展，并且与当地的自然和文化条件结合，成为文化"入乡"适应性最好的方式之一。无论是南北菜系的融合，还是东西美食的交汇，食物都在当地落地生根，并在不断改良过程中，成为不同文化交融的重要"产品"。食物中包含着民族和地域文化风貌、审美标准以及对自然风物的认知，具有共同文化记忆，跨越不同地域和民族进行文化互通。因此，食物作为一种媒介，以其时空兼具的双重属性，成为跨文化传播中的重要载体，成为人与人之间实现"感觉共通"的接口。

二　食物作为媒介的时空合一：饮食中的文化感知

（一）食物接合物质实践和文化感知

食物作为一种透视社会文化的媒介，它对不同地区、不同民族的文化风俗和经验观念的呈现和传播，比传统文字和图像更加直观，也更为全面，最重要的是它以潜移默化的方式深入他者文化中，并经改

1　〔美〕菲利普·费德南兹·阿梅斯托.食物的历史[M].韩良忆,译.左岸文化出版社, 2012.

良、转化后，与当地文化融合，形成符合当地饮食习惯的新食物。在媒介环境学的理论视野下，媒介的物质性差异与人们如何使用媒介、如何通过媒介传递文化、感知文化的实践之间有着紧密的关联。但纸张、磁带、磁盘这些媒介因为其更加明显的工具属性，其与社会文化的相互塑造会逐渐隐身于单纯的工具使用经验中，这些传播工具往往因为其技术优先的易用性而在世界范围内得到普及。要从此类传播工具本身的接收与演化中提取有效的集体记忆，进而感知一种社会文化的发展变迁，往往可以得到较为理性化和理论化的结论，但在感知上却十分模糊和间接。与之相比，食物更靠近人的身体，食物作为客体与人类主体是互动的、互通的。饮食结构、饮食习惯，都与人们一时一地的经济文化生活密不可分。[1] 作为日常生活实践，与食物相关的经验传承更加稳定，追溯线索更为可靠，对于文化经验的保存也更具可感性。

　　人们品尝食物时，往往借助饮食经验的参照体系，因此，食材选用、烹饪方式和餐桌礼仪，其中任何一种饮食文化的细微差别都足以让人感知不同文化之间的差异。同样以牛肉作为食材，中西方的食用方式就存在较大区别。在具体牛肉部位选择上，西方人偏爱牛排，中国人则偏好里脊。在烹饪方式上，西方人以煎烤为主，中国人则以炒制、卤制为主。以牛肉为主食材的固定菜品，如西方的牛肉汉堡、菲力牛排，与中国的尖椒牛柳、蚝油牛柳之间的差别，显现出中西方对牛肉烹调不同口味、不同口感之要求。西方人重视肉类的原口感，更愿意吃半生的牛肉，尽量保持肉质的原生特性。而追求五味调和的中国人，则尽可能地发展与牛肉相宜的食材，通过炒或煮这样介入性更强的烹饪方式，达到味觉口感上的和谐。到这里，关于牛肉单一食材

1　彭兆荣.饮食人类学[M].北京大学出版社，2013:10-15.

的偏好，就已经触及中西方文化的深层差异。一部分学者认为，中国追求天人合一的形而上学思想与西方倡导的主客二分的哲学传统，在潜移默化中影响东西方人的烹调方式以及对于食物味道的理解。类似的饮食差异随处可见，通过了解和品尝陌生的食物，人们可以切身感知到食物背后的地域性和民族性文化。基于个人经验，人们将在一个更加感性、更具有主观说服力的位置上理解相关的历史文化传统，这一感知过程与人们使用文字、影像等媒介来了解异域文化是截然不同的。口感直接发生在身体层面，是身体一系列的感受与感知。孟子说："口之于味也，有同耆焉；耳之于声也，有同听焉；目之于色也，有同美焉。"（《孟子·告子上》）其意在强调人类审美趣味共通的生理感知。身体作为介质参与其中，强化了感知的主体性，这一身体力行的主体实践更容易将食物及其背后文化的认知转化为内在经验。

20世纪美国女作家赛珍珠（Pearl S.Buck）在其畅销小说《大地》（*The Good Earth*）中，就围绕中国人的食材、烹饪、餐桌习惯，展现饮食与中国人个人理想与家庭发展之间的关系。在赛珍珠的作品中，饮食成为一切生活的重心，女主人公阿兰以其精巧的烹饪技巧、过人的耐心，化平庸食材为神奇的美食。将食物与人物的悲愁、幸福和人生诉求高度关联。[1]《大地》为赛珍珠赢得诺贝尔文学奖，在英语世界畅销百万册。在国家间文化交流缺失的时代背景下，这本小说成为西方人重新看待中国社会文化的一个窗口：中国人如何在特定环境下构建精神文化，这种精神文化又如何塑造了普通人的生活方式，决定了他们的人生理想。在传播相对闭塞的20世纪初，这样的饮食书写与中式餐饮文化传播一道，改变了西方社会对中国社会的刻板印象。赛珍珠也一直不遗余力为中国饮食文化做宣传，一度在美国中产家庭女性

---

1 ［美］赛珍珠.大地[M].王逢振，马传禧，译.上海译文出版社，2002:10-15.

群体中引发中餐热潮。显然，无论是在微观的文学创作层面，还是在宏观的文化传播层面，中国饮食都是西方人感知东方文化的一个不可或缺的媒介物。

（二）"食媒"的去传播偏向性

人类学家霍维斯（Howes）认为，品尝食物这样身体力行的实践，赋予了感觉在现象学上的复杂性。所谓现象学的复杂性，可以从现象学本身的研究重点予以理解。现象学关注事物存在和表象之间的关系。[1]饮食，包括食材选用、烹饪工具、食器在内，可以视为一种民族文化在器物发展过程中对自然世界的选择、发明与创造。在一个文字影响稀缺或效力微弱的场合，这些与饮食相关的客观存在的物，就成为所谓的"物化的文本"，展示和叙说着它所代表的历史文化。相对于物质文化遗产，饮食由于其易复制、易传播以及直接唤起身体感官的优势，更接近于一种"活着的遗产"。因此，在文化传播中食物往往扮演着极为重要的角色。通过身体与食物的互动，人们可以整体感知食物所包含的地方性、时空性、民族性乃至蕴含其中的复杂哲学思维，这源于食物选择乃至食物的味觉口感所包含的深厚的文化的差异。哈罗德·伊尼斯（Harold Adams Innis）提出"传播偏向"理论，认为不同媒介在时间和空间上存在偏向性，大多数媒介往往偏向其中一端。如羊皮纸、石刻文字或泥版文字，坚固耐用，利于其承载的内容在时间上的延续。而纸张，包括更早的莎草纸，轻便易复制，利于内容在空间上传播。在伊尼斯看来，偏向时间的媒介有助于巩固其神圣性，树立权威性，促成一种宗教信仰、社会秩序的形成。而偏向空间的媒介，则有助于其世俗性的扩散，推广先进技术。[2]将这一理论

---

1 彭兆荣.饮食人类学[M].北京大学出版社，2013:18-25.
2 ［加］哈罗德·伊尼斯.传播的偏向[M].何道宽，译.中国人民大学出版社，2003:35-40.

与文化的传播路径整合可知，单一媒介往往只适用于传播一种社会文化的某些面向，不具备时间和空间上的平衡性，从而影响该媒介的传播效果。相比轻薄易碎的纸张、厚重耐久的石板，食物作为媒介，反而具备时间和空间之间的平衡性。食物具体的烹饪方法、过程中所蕴含的地域风俗、文化思维、审美旨趣，能够在时间流逝中较为稳定地保存；而食物的具体成品，也因为其易得、易模仿、易扩散的属性，容易通过品尝这一简单而又切身的体验在空间中传播。因此，同样作为社会文化记忆的媒介，食物媒介区别于一般的器物媒介，属于一种"沉淀于身体的记忆"的媒介。

麦当劳、必胜客等西方连锁快餐品牌进入中国后，汉堡、披萨等食物流行，无疑直观展现了中西方的饮食差异，而饮食差异的背后有食材选择、烹饪方式乃至更为深刻的饮食与健康观念等文化差异；这种通过饮食切身感知文化的案例不胜枚举。茶叶传入英国后，经由上流社会将饮下午茶的习俗推广至普通大众；对饮茶的仪式、器物的苛求，也促使英国人推崇中国瓷器、银器，从而带动了中国古典绘画、器皿文化在欧洲的传播。同样，茶叶传入日本后，禅宗、阳明心学等中国古典哲学思想也随之在日本知识界开枝散叶。饮食时空合一的媒介向度赋予人们更为完整的文化感知，从而促进文化的传播与落地。近些年火锅成为餐饮业的新选择，绝大多数火锅店都将川渝两地作为自己的"出身地"，以强调其正宗性。快速的涮煮烫熟方式，口味以麻辣为主，强调人多热闹的用餐气氛，使火锅在全国流行，在此一过程中，川渝地区的"江湖文化"通过火锅饮食这一重要媒介也传播至全国各地。无论人们如何通过文字、影像来感知"江湖文化"事关为人处事、社会交往的理念与方法，都不及人们在聚会时用火锅饮食来得更为直观与直接。因此，食物作为媒介，必然被一种社会文化的集体记忆所感召，在经验参照中被接受、被整合。川渝饮食代表了中国饮食文化的一个面向，是展示中国饮食文化的一个非常生动的范本。

饮食文化作为一种奇妙的存在，扎根于人们日常经验中，当人们在遇到不同饮食文化时会出现惊异和拒斥两种矛盾的心理，但是随着时间流逝和体验的渗入，人们在文化心理上会出现反转。因书写四川美食《鱼翅与花椒》（*Shark's Finand Sichuan Pepper*）一书而知名的英国女作家扶霞·邓洛普（Fuchsia Dunlop），曾在20世纪90年代旅居成都，并在近20年间多次造访四川，她对川渝饮食风俗经历了一个从不解、抵触到沉浸其中的过程。兔头、脑花等离奇食材一度让邓洛普恐惧不已，但她也能很快就接受了麻辣火锅这种挑战她味觉的烹饪方式。通过日常饮食，邓洛普逐渐理解了中国人"啥都吃"的饮食传统，这与漫长历史中下层百姓对果腹的迫切需求，以及上层士绅炫耀与猎奇的社交饮食有密切关系。这种饮食文化在崇尚自然的同时又力求标新立异乃至奢侈铺张，具有两面性。[1] 显然，相较于西方人传统观念里对中国人的饮食偏见，这是一个长足的进步。邓洛普与赛珍珠这两位西方女作家对中国饮食的描述，间隔了将近一个世纪达成了呼应。而究其根源，是因为这两位女作家不仅是尝试理解中国文化的作家，而且还是愿意身体力行接受中国饮食的体验者。她们在整合时空上的饮食经验中更加全面、更为具体地感受到了中国饮食背后的历史文化传统。因此，从食物天然的地域属性、对集体记忆存储，以及在时空的流转中唤起人的感受、促进认知的形成来看，食物调和了伊尼斯所认为的时间与空间偏向，为文化传播提供了有效的媒介。

---

1 〔美〕扶霞·邓洛普.鱼翅与花椒[M].何雨珈，译.上海译文出版社，2018:70-90.

三 "品尝民族志"：食物的跨文化传播

正是因为食物凝结着人类对自然的探索和发现，沉积着人类文明的痕迹，体现出不同民族的感觉结构，因此，随着人类的流动，食物将属地文化带入他乡，成为不同文化之间交流的独特通路，尽管这个过程并不具有传播的主动性和刻意性。事实上，很多食物可能还残留着战争的阴影、殖民的痛楚。[1] 食物是不同民族生活的物化文本，彰显其审美旨趣和韵味，并随着人类全球化的流动，扎根在不同民族的饮食经验中，为跨文化传播提供了新的考察对象。食物去传播偏向性，兼有时空合一、物质和精神合一、生活和审美合一的特质，成为跨文化传播的有效载体，特别是在中华文化国际传播的主题之下，小而美的食物，将以其色香形味俱全的特质，在大而广的世界中传播中国味道。

（一）食物：品尝式的民族志物化文本

在人类学研究中，食俗可以作为民族文化的物化文本，用以展示一种文化的历史传统、演进过程和实践经验。同样，饮食作为人类共同的生理需求，在身体经验上具备相通之处。对陌生文化具有的好奇心和试图通过饮食去感受和熟悉不同文化的冲动，驱动着人们通过品尝陌生食物，直接体会个中差异来感知不同文化的巨大魅力，这也是微信朋友圈的各种旅行晒图中，食物图片总是其中必不可少的原因。人类历史上的大规模的洲际、国际交流中，食物曾多次发挥经济和文化作用。作物的生产经验传播和食物的文化经验传播，都依赖于食物的流转。很多时候这个因果甚至可以反过来，如特定食物所附带的经济作用和文化意义，驱动了早期的航海家和政治团体来开拓航路，远

---

1 〔印〕纳扬·昌达.大流动[M].顾捷昕，译.北京联合出版公司，2021:271.

赴异邦。哥伦布最初的航行目的是从印度带回香料，让欧洲贵族的餐桌更富滋味。这场"直把美洲作印度"的航行意外让玉米、土豆、番茄、红薯等美洲农作物传入欧洲，又在随后几百年内传到非洲乃至东亚。这些食物彻底改变了整个欧亚大陆的饮食结构。但进一步细究会发现，同样的食材如玉米，在欧洲、中国以及其发源地美洲，其食用方式完全不同，美洲人会耗费大量时间来烘焙玉米饼；中国人往往将玉米磨成粉，做成面条或者粥饭；欧洲人则因为玉米面无法发酵做面包，直接放弃了食用。食材在不同地域的流转中促进了不同地域民族文化的平行发展，不同的烹饪方式是不同民族的思维方式、生活经验以及复杂的情感记忆所共同塑造的结果。玉米在中国迅速成为重要主食，在欧洲则被直接移出菜单，这个差异，本质上是一种文化体系对外来食物的一种考验——新的食材能否进入人们的食物体系，其背后是人们的口味、口感，乃至对食物情感的文化体系在发挥作用。

从这一点来说，食物可以作为民族志的调研对象，它更具备贴合现实经验的说服力。民族志研究倾向于通过参与式的观察来实现对民族文化发展脉络的把握。但当代民族志的研究者因本身的思维框架限定了他们对他者生活经验的感知，因此其研究结果往往过于理论化、理性化，甚至陷入固有的窠臼之中。因此斯托勒和奥克斯在其《民族志的物之味道：人类学中的感》中提出了新的民族志研究路径：品尝式的田野工作。食物记忆与一般文化记忆不同，它是一种先天的被沉淀于身体的记忆。食物筛选、制作与消费，是一种社会化的具体经验。通过感受这种经验，可以构成更具整体性的对话。[1] 在饮食实践中，人们以味觉解开锁定在食物中的密码，找到潜藏在食物中的文化基因。而食物对于时空偏向的整合、对文化记忆的沉淀、对于实践方

1　彭兆荣.饮食人类学[M].北京大学出版社，2013:25-30.

式的具身性要求，与民族志方法原本追求的体验与展示文化相契合。基于"品尝民族志"的文化研究倡议，我们可以反观文化间交流，尤其是跨文化传播的宏观文化意识形态与微观文化认同的整合。

（二）食物的跨文化传播

食物以物质的方式表征文化。以食为媒，至少在三方面可以为跨文化传播提供新的观察对象。

第一，食物的文化属性是隐匿和潜在的。其输出往往不具有大张旗鼓的架势，因此，也不容易被本土文化排斥。具有民族特色的食材或烹饪方式，在其传播过程中比文字、影像等文本形态更加直接和感性，其所具有的易渗入性和易转化性，使其表现出本土和外域相结合的特征。赛珍珠和扶霞·邓洛普的食物书写，帮助她们的作品在中西方都收获了大量读者。通过阅读与食物相关的书籍乃至亲身尝试一种异国食物来感受和想象文化，对于大众来说，要比生硬的理论化的文化书写方式更加亲和、更容易接受。食物与身体感官的紧密关联，在网络传播时代依然有效。2021年2月2日，吉尼斯世界纪录官方发文宣布，李子柒以1410万的优兔（YouTube）订阅量又一次刷新了由其创下的"YouTube中文频道最多订阅量"的吉尼斯世界纪录，这显现出饮食作为跨文化传播的载体，能赋予这样一位个体传播者如此巨大的影响力。从传播学角度来说，饮食为人之大欲，饮食题材类节目先天具备共通性，拉近了与不同受众的心理距离，这一切入点与赛珍珠、邓洛普一致。饮食不仅给李子柒提供了更多的创作空间，也给中国文化提供了更加具体的、个人化的传播载体。纵观李子柒的数百个视频可以发现，其中不乏对中国文化习俗的宣传内容。如田园景色、生活起居、衣物、耕作等，这些视频素材不仅展示了中国食俗的具体内涵，也呈现了一种整体的文化实践，传达了中国传统文化中追求和谐、温良、天人合一等哲学思想。基于食物这一焦点，这种文化感知是个人的、感性的，这也是李子柒的视频在海外如此受欢迎，却没有引发西方社会一贯的对"中国文化入侵"的怀疑与抵触情绪的原因。世界各地的中餐馆之所以非常受欢迎，除了一种"异国情调"外，还有一个重要因素就是中国的食物提供了人类对滋味的本能追求。孙中山曾说："我中国近代文明进化，事事皆落人之后，唯饮食一道之进步，至今尚为文明各国所不及。中国所发明之食物，固大盛于欧美；而中国烹调法之精良，又非欧美所可并驾。"[1]

第二，食物可成为转文化的"产品"。笔者在访谈英国全球中国学术院常向群院长时，她提到"transculture"（转文化）这个概念，认为最简单的比喻就是"中西合璧"，即把中国的和西方的好东西糅在一起，产生一种更好的东西。中国人可以从中看到中国的元素，西方人可以从中看到西方的元素，都会有熟悉和亲切的感觉，既能看到自己文化的模样，又能看到不同文化的模样，因为这是一种更包容、更丰富的新的产品。本土食物传入异国，与他者文化的日常生活发生化学反应后所产生的改良，为文化观察提供了一个非常生动的素材。比如，美式中餐菜品"左宗棠鸡""李鸿章杂碎"等，它们既表现了中美通过饮食习惯所展现出的文化差异，也显现了两种文化在交集地带达成和谐的可能性。"李鸿章杂碎"即"炒杂碎"，实际上是当时为了满足美国华人劳工一日三餐需求而创作的菜，就是用猪、鸡内脏和蔬菜混在一起爆炒，成本低廉，但油盐重、热量高，能满足体力劳动者的口味和劳动需要。随着社会变迁，美国中餐馆需要走向美国大众，为了招徕更多顾客，中餐馆着手改良这一菜品，通过改良过程可以一窥中美两国的食俗文化差异。美国人乃至整个西方社会都对动物内脏避之不及，因此在新式的"炒杂碎"中，牛肉、猪头肉代替了动物内

1　孙文.孙文学说[M].台北阳明书屋，1988:2、6.

脏成为主要食材。在烹饪方式上，中餐追求味的统一，从主料、辅料到香料，都力求达到视觉和味觉上的和谐，所以很多中餐菜品，往往让人难以分辨盘中食物原本的食材是什么。但对于西方人来说，这种难以分辨食材的食物会引发不安全感。"炒杂碎"是为劳工果腹而诞生的，不仅有着先天的"乱炖"属性，而且还没有固定的食材、作料和烹饪程序。因此在后续的改良中，中餐馆尤其强调了"炒杂碎"的标准化流程。《纽约时报》曾刊登过多篇有关如何制作"炒杂碎"的文章，其中一份食谱提供的配料是："一磅鲜嫩干净的猪肉，切成小碎块，半盎司绿根姜和两根芹菜……用平底锅在大火上煎炸这些配菜，加入四餐匙橄榄油，一餐匙盐，再加黑椒、红椒和一些葱末提味。快出锅时，加入一小罐蘑菇、半杯豆芽或法国青豌豆或菜豆，或是切得很细的豆角或芦笋尖。"能够看出，"炒杂碎"已经加入了西餐的烹饪食材和方法。食材与食材之间不再追求"融合统一"，这一转变背后有着整个中西方文化对味觉、视觉的塑造。当然，类似的饮食融合也出现在西方餐饮传入中国的过程中，如肯德基进入中国后，不但根据中国人的口味，推出藤椒、麻椒口味的炸鸡翅，而且还推出过"嫩牛五方"这样结合中国人口味和西方烹饪方式的"融合食物"。这些在饮食交流中的改良与融合，讲述着中西方的文化差异，但中西方文化的共通地带即基于个人品尝对于这些共通性的感知，却为跨文化食物传播展示了一条可行之路。

第三，食俗具备丰富的文化考古价值。它有助于人们缓解彼此在种族、民族、性别方面的对立，将关注焦点从"我群"与"他群"的差异而转向二者的关联与共通，从而理解不同文化群体是如何通过客观历史传统和想象性认同构建出个自己的饮食体系。大多数时候，食物的传播与普及都是一个不可逆的过程。人类历史上鲜少发生食物因为国家间的武装冲突或意识形态对立而被禁止和灭绝的现象。比如，三文鱼、芥末等食材以及寿司、刺身等烹饪方式，其实是在抗日战争时期由日本大规模传入中国的，但在抗战胜利之后，这些食物并没有随着侵略者一起被赶出中国。类似的现象在冷战时期的苏联也并不少见。包括食材、烹饪方式在内，饮食一旦落地生根，将通过人们的生理接受和心理认同进入日常生活实践之中，这种广义上的"共食者"为我们提供了一个极其松散但又令人乐见的文化交流的想象空间。以食物为媒介的文化传播，具有理性化、理论化倾向，而作为媒介的食物则具有描述性和非理论性，它以真正的日常生活实践方式唤起一种可感的文化。

结　语

食物的流动是跨文化传播的重要维度。一方面，作为文化历史经验与现实经验的焦点，"共食者"的身份为食物的跨文化传播提供了更加坚实的"共情"基础。正如《孟子·告子上》中所说，"理义之悦我心，犹刍豢之悦我口"。相同的饮食造就了共通的感觉，也促成了不同文化之间共通感的形成与累积。另一方面，食物的流入与变化，本身也是文化实践的一部分，外部文化的进入、融合、重生，形成了兼有不同文化特质的新的文化内容。食物是人类生存的基础，尽管食物的味道可能会因各地的自然条件而有不同偏向，但是身体对环境的适应和记忆也产生出新的文化内容。人类文化的生生不息、丰富多彩，在流动中创生了不同的内容、形式和载体。食物携带着各自的文化观念、风俗习惯和精神旨趣进行跨时空传播，"以食为媒"，便使不同国家、民族和社会，以口腹之乐实现文化的交流和共融，实现美美与共。

第八章

"万物齐一"与"万物有灵且美"：跨文化传播的"自然—生命"审美互文与叙事理路

文明互鉴与文化沟通中更为基础和深刻的部分是什么？能否在人类文明基底中找到可沟通和对话的理论内容并予实践以指导？基于这样的问题意识，研究从自然—生命的视角切入，从"万物齐一"和"万物有灵且美"中西方理论的互文和参照中找到对话的基础和可能，并通过自然与生命叙事的共鸣与共通，探寻跨文化传播接合路径，并在叙事伦理和普遍性依据上强化了这一连接理路。

跨文化传播与沟通是在文化差异中寻找共性，建立沟通双方共感、共情、共识的对话空间；也是在共性中寻找差异，通过彰显个性，形成黑格尔说的"这一个"以及双方共同的照见。建立共通并尊重差异，才能让构建理想沟通情境成为可能。文明互鉴与文化沟通中更为基础和深刻的部分是什么？能否在人类文明基底中找到可沟通和对话的理论内容并予实践以指导？在这一追问之下，从人类文明思想史的进路中找到中西文化互鉴和沟通的共通旨趣与内容，为实践路径探索提供扎实的理论支撑和叙事策略尤为重要。基于这样的问题意识，笔者从中国古典哲学中"万物齐一"的物我关系出发，与西方哲学中的人与自然观念展开对话，尽管西方前现代的物我关系经科学主义和启蒙主义后在中西方都存在一定的断裂，不过从美国的自然主义文本或者英国乡村叙事文本，比如英国作家吉米·哈利（James Herriot）的著作《万物有灵且美》（*All things Bright and Beautiful*）《万物既伟大又渺小》（*All things Great and Small*）《万物刹那又永恒》（*The Lord God them All*）等作品，会发现这种断裂仍旧以某种人与自然的和谐相处方式达成接续，并形成较强的共鸣，这也是人类被现代技术生活抛入"荒野"之后，对于自然家园的"回望"和眷恋，能激发出现代人强烈的"乡愁"。这种状态在当下中国的技术和社会语境下，也显现出与西方较为接近的对自然与生命的共情和共知。通过发掘跨文化传播与人类文化沟通中的自然—生命的双重叙事，从中国"万物齐一"与西方"万物有灵且美"的文化基底中找寻人类共鸣之处，并在人类命运共同体要义中探寻对话与接合的路径。该问题的讨论关涉到哲学、文学、美学、传播学以及文化比较研究等多重学科视域，从既有研究成果来看，或偏重于哲学思考，或偏重于文学理论阐释与文本分析，而对具体指向的跨文化传播问题涉及不多，本文可以为跨文化传播中的"自然—生命"和谐理论的应用提供一种思路。

一 "万物齐一"与"万物有灵且美"的理论互文

人从自然中获得生产和生存所需的一切资料，自然就是人类的家园。尽管人要面对大自然带给人的生存困境，如暴雨、洪水、干旱、冰冻、猛兽等，但是人也在自然馈赠的食物和空间中得以繁衍、生息与进化。到了人类文明的轴心时期，也就是公元前2—3世纪，生活在地球不同地方的人开始思索人与自然的关系。人类生存的自然环境不同，有的依傍河流，有的依傍海洋。依傍河流者，大河冲击的平原更适宜驯化种子和牲畜，进而发展起农业；依傍海洋者，着眼于船只的建造和改良，进而发展了手工制造业。无论哪种文明开端，都提供了思索人与自然关系的契机。中国中原地区较早发展起来大河文明，因受到季节的影响，有着深刻的时间观念，而生命的律动与自然的律动也构成了某种和合状态。《周易·乾卦·文言传》云："夫大人者，与天地合其德，与日月合其明，与四时合其序，与鬼神合其吉凶。先天而天弗违，后天而奉天时。"这里讲的是"人"要顺应天地自然，与自然万物和谐相处。与天地合，即顺应天地之道，也即自然规律；顺应日月之光、四时之序，即不违背天时。在中华传统文化中，天既是自然之天，也是人格之天，还是道德之天，人顺应天，是顺应自然，是顺应人心，也是合乎道德秩序。中国文化中的"顺"，也是依山川河流之势。孔子说："天何言哉？四时行焉，百物生焉，天何言哉？"《论语·阳货第十七》孔子这里讲的是，天没有什么好说的，四时运行万物俱生，天还要说什么呢。孔子在这里的言说是有对象性的，天地什么都没有说又说了全部。《中庸》指出："惟天下之至诚，为能尽其性；能尽其性，则能尽人之性；能尽人之性，则能尽物之性；能尽物之性，则可以赞天地之化育；可以赞天地化育，则可以与天地参矣。"人性、物性能够尽其然，是天地化育而成，也可以与天地比肩。老子在《道德经》中也讲"道生一，一生二，二生三，三生万物"，自然之道乃生生不息，万物皆为道生，人与万物也是平等的。庄子也讲："天地与我并生，而万物与我为一。"（《庄子·齐物论》）章太炎曾援引佛学阐释《齐物论》中的平等观："齐物者，一往平等之谈，详其实义，非独等视有情，无所优劣，盖离言说相，离名字相，离心缘相，毕竟平等，乃合齐物之义。"[1] 中国文化中人与自然的关系，从文明之初及至思想史的演进，始终存在一脉相承的"天人关系"，这里的天人关系，体现为人对自然的敬畏、顺应以及呵护，人与自然之间的关系并不是二元对立，而是一种浑融的关系，人的身体结构中形成的"小宇宙"与天地之间的"大宇宙"是相和相应的，中国思想文化中的天人关系，可以视为人与自然关系的某种体现。这里的自然，既是以物质存在的万物的集合，也是对规律的适应和顺从，比如"自然而然"。自然，还是事物本身固有的样子，顺从和遵循本来的样子，也就必然是这样。从这一理解中可以看到，无论是将自然作为物质存在的某种天地万物的集合，还是作为事物固有的规律和实然，都是对自然的顺应和遵从，并且在敬畏和照拂中，人与自然，或者人与天达成顺应和共识。也是在这样一种文化和哲学中，"万物齐一"就表现为万物的平等与尊重，万物之间，皆有其性，皆有其命，皆有其形神。中国的"性命"之说，也是认为万物天赋而成性，朱熹说："物所受为性，天所赋为命。"[2]，物自有其性，天所赋其命，因此，万物皆为天地生，"以道观之，物无贵贱"（《庄子·秋水》）。故而强调人即万物之一，与众物平等。这也是后来为什么佛教得以在中土大地转化，极大地激发出中国文化性格中的"悲天悯人""慈悲为怀""万物齐一"的部分。因此，在前现代社会，中国文化中讲"顺势而为"，这个"势"就是规律，也是道的方向，万物皆有自行之道，天地有序万物有轨，尊重且顺应，万物齐一相安。这种前现代的观念并不认为"人定胜天"，因为人本就是万物之一，各安其位，不戕害不掠夺不侵占，才是"自然而然"。但是这种前现代的"天人关系"在现代

1　章太炎.章太炎学术史论集[M].傅杰，编校.中国社会科学出版社，1997:251.
2　（宋）黎靖德编.朱子语类[M].王星贤，点校.中华书局，1986:82.

技术提供给人的超乎寻常的力量之下被消解，人们开始对浑融一体的自然进行切割和分离，人成为了占有者、统治者、掠夺者和"霸权主义者"，极大地消解了天赋之命的自然观念。当然，自然也以其独特的方式反噬人类的掠夺。当下，重提人与自然关系的和谐，以及可持续的发展战略，科学、健康、绿色、环保等理念，恰是人对家园的回归和人的原始乡愁的重返。人被抛入现代性"荒野"的无根感和无方向，带来了较多的人的生存、心理和精神的问题，人越来越科技化的同时也是人越来越疏离自然状态的过程。这个问题在当下中国尤为明显，当然这同样存在于西方的文化与社会中。

西方思想文化中形成的自然概念是和中国有显著区别的，这也是两大文明和文化上的区别。作为常识的"自然"很容易被人们理解，但在西方思想文化中，自然的观念也发生变化，古希腊时期的自然观是一种有机兼有灵的自然观，他们认为，自然界"不仅是活的而且是有理智的：不仅是一个自身有灵魂或生命的巨大动物，而且是一个自身有心灵的理性动物"[1]。在人类文明的早期，万物生灵与人一样，都是一种自然存在。人类学家泰勒以"万物有灵"（animism）总结了西方世界自原始社会以来对自然界的泛灵论观点："每一块土地、每一座山岳、每一面峭壁、每一条河流、每一条小溪、每一眼泉水、每一棵树木以及世上的一切，其中都容有特殊的精灵。""在原始宗教里，物品被看作是赋有像人一样的生命的。"[2] 随着社会的演进，普罗泰戈拉的"人是万物的尺度"抬高了人的价值，也成为西方人类中心主义的肇因。正是因为不断凸显的人在自然中的价值，自然成为人的目的，最

---

1 〔英〕R. G. 柯林武德：自然的观念 [M]. 吴国盛，译. 商务印书馆，2018:6.

2 〔英〕爱德华·泰勒.原始文化：神话、哲学、宗教、语言、艺术和习俗发展之研究 [M]. 连树声，译. 广西师范大学出版社，2005:519,553.

终导致了从哥白尼及至黑格尔对人的主体性肯定而忽视了人与自然健康和谐的关系。"到了1800年，英国都铎时期自信的人类中心主义让位于一种总体上更加困惑的思想状态。世界不再被视作只为人类而创造，并且人类和其他生命形式之间的严格界限变得越来脆弱。……现在不是每一个人都相信人类是唯一神圣的物种。一些浪漫主义者更偏爱一种曾经被谴责的神秘主义观念，即'每一丛灌木都是神圣的，而且每一株杂草都是天赐的'"。[1] 自卢梭开始，启蒙主义已经重新审视自然的观念，并且呼吁"重返自然"才启发西方人重新审视人与自然的关系。卢梭说："在宇宙中，每一个存在都可以在某一方面被看作是所有一切其他存在的共同中心，它们排列在它的周围，以便彼此互为目的和手段。"[2] 卢梭主张人与自然的关系应当是平等和谐的，卢梭所要求返回的"自然"实际上是一种附魅的自然本体，这是人类一种古老的自然观，即认为自然皆有灵魂。这种自然观产生于先民们依赖于自然并与自然融为一体的生存方式。卢梭、雨果等浪漫主义作家的宗教观都是"泛神论"，人与自然互相通灵，情景可以交融。这种自然观与中国道家的神秘主义的"天人合一"观念是一致的。[3] 乔治·桑（George Sand）在《魔沼》（1846）中讴歌大地和自然，以及人与自然和谐的观念。此后的爱默生以及他的学生梭罗都在工业侵蚀自然的时候提倡重新返回自然。但是西方的自然观始终存在一种压抑的二分法，即自然与文化之间存在某种对立。正是这种对立，使西方

1　罗涛，魏乐博.自然观念的西方流变及其中国文化根源生态经济评论[J]. 2014（第00期）: 3-18.本文编译自魏乐博（Robert.P.Weller）的著作《发现中的自然》（*Discovering Nature*）一书的第二、第三章。

2　［法］卢梭.爱弥儿（下卷）: 论教育[M]. 李平沤，译.商务印书馆，1978:394.

3　冯寿农.卢梭的自然观开拓了法国生态文学——再读《论科学与艺术》[J]. 法国研究，2014(1):64-69.

在遭遇诸多自然对人类的反噬和戕害之后开始逐步走向了卢梭建构的自然观。而后现代主义哲学家利奥塔也在《非人》一书里提及与自然融为一体的返魅的自然观，这是对卢梭自然观的一种接续。德国法兰克福学派当代哲学家罗萨认为，启蒙运动和科学主义从未赋予物以超出工具性地位的关系，相反在前现代社会、非西方传统中物是有活力的、被赋予灵魂的、能够以自己的方式说话——换言之，能够与人类建立起共鸣性关系；启蒙主义和科学主义观念严格区分"文化"（人的世界）与"自然"（物的世界），使物变得"沉默"。罗萨援引里尔克的名篇《语辞的贫乏》（*Poverty of Words*）称，"我想发出警告和反对／让它们去吧！我爱听物的歌唱"。[1]程虹教授在《美国自然文学三十讲》一书中，提到美国自然文学作家巴勒斯说，"蒲公英告诉我何时去寻找燕子，紫罗兰告诉我何时去等待林中的画眉。当我发现延龄草开花时，便知道春天以及那个开始了。这种花不仅表明知更鸟的苏醒……而且预示着宇宙的苏醒和自然的复原"。[2]

将"万物齐一"与"万物有灵且美"联系在一起，是中国传统的天人合一观念与西方的自然观念的比较和对话。这里的"万物齐一"与"万物有灵且美"，并不是在一般意义上所谓有灵论等哲学和宗教意义上谈及，而是在世间万物的生命性、情感性、自然性以及审美与万物尊严、平等上实现价值连接和共通。中西方自然观的演变都走了一条类似于黑格尔说的"正—反—合"的过程：中国传统的"万物齐一"和西方二分的自然观最初存在着分野，一个是浑融的"天人合一"的自然观念，一个是主体与认知对象的"主客二分"的自然观

1 冯学勤."新异化"的高级感性诊疗方案——论哈特穆特·罗萨共鸣理论的美育性质[J]. 社会科学战线，2023(3):173-182.
2 程虹.美国自然文学三十讲（增订版）[M]. 外语教育与研究出版社，2018:1.

念，不同的观念决定了人在对待自然的态度差异，一种是顺应的和敬畏的，一种是征服的和战胜的。但是西方的自然观念在其进路上发生了改变，也即从"作为客体的自然观"，走向了"为了自然本身的自然观"以及"田园诗般的自然观"。[1] 人们既可以从思想家的论述中看到这个走向，也能在近四百年的西方的风景画中看到这条进路，诸多文学作品也循着这条引线问世。而中西方文化能够对话和沟通的重要基础之一就是深层生态学理论。卡普拉认为，深层生态学源自这样一种实在观，"这种实在观超越了科学的框架而获得了关于如下问题的直觉认识：'所有生命的统一性、这种统一性的多种体现的相互依赖，以及这种统一性的变化和转变的循环。'……在深层生态学家看来，东方传统表达了世界的有机统一这一观念，为人们接受生态中心主义平等观念奠定了基础"。[2] 中西方在这两条不同的文明进路上建立起来的与自然的关系，出现了开端的类似，行进的分歧，彼此的借鉴以及现在的交汇，重回了中国早期的自然观与古希腊的自然观的近似，这也显现出人类早期文明的共通。随着西方经历漫长的神学统治阶段，自然被认为只不过是对理念的模仿或是上帝的造物；而到了启蒙主义时期，卢梭的"重返自然"与中国传统的"顺应自然"有了共通之处。中国在近现代，乃至当代，对西方科学主义和技术主义的学习，以及现代思想观念的引入，使得中国传统的天人合一、万物齐一的观念发生了断裂，中国社会的高速发展也带来与自然之间的矛盾，这也走了西方工业革命以来的老路。虽然中西方文化的发展是两条不同的脉络，但是人类共通的社会发展经验让中西方也面临着共同的人与自然关系问题，尤其是在技术全球化和信息全球化的当下，地球成

---

1 罗涛，魏乐博.自然观念的西方流变及其中国文化根源[J].生态经济评论，2014(00).

2 赵轶峰主编.当代中国的"人—自然"观[M].东北师范大学出版社，2015:39.

为一个村落，不同国家的生活方式和与自然对话的方式变得高度相似。这也使得人类先后面临着同一个问题：人与自然关系的问题，或者生命—自然关系问题。而这次，人类显现出高度的一致性，因为人类处在命运共同体的同一叙事框架中。

二 "共鸣"与"齐一"：自然—生命叙事下的跨文化传播连接的可能

虽然人类文明之间存在着诸多的差异，并且在各自的演进过程中逐步形成各自的文化气质和精神旨趣，展现出人类文明的多样性与差异性，但是正如马克思所言，人作为"类存在"，于自然之间建立起的对象化关系，总有相似和共通之处。前面提到了从人与自然间的关系来看，中西方文明在起点上近似，但是走了两条不同的路径，又在人类全球化的进程中再次并路前行，这也为跨文化传播或者国际传播提供了更多文明基底上的共通之处。自然—生命的叙事成为连接中西方文化并进行对话和交流的通路，且能够达成普遍的共识和共感。

（一）"万物有灵且美"："自然—生命"叙事的共鸣与共通

其实人类的共通和交往一直蕴含着"万物有灵且美"这一或是显明或是隐匿的内涵，并且通过文学叙事和日常生活叙事，这一内涵在不同的文明和文化中建立起了人类的共鸣与共通。这尤其体现在"自然—生命"叙事的框架之下，笔者曾在《痛感与共识：创伤共通感的跨文化传播理路及实践》一文中提到，"人类对自然造成的生态创伤及其带来的惨痛后果不仅在跨文化、跨时代与跨媒介的作品中被反复表征，也经由共同体间朴素且共通的'痛感'与'创伤'构建了'如何与自然共处'的经验共识及情感联结，完成了由特定生态创伤向普遍文化创伤的转换，并从既有的经验与共识出发，立足人类普遍性的伤痛，为生命共同体乃至人类命运共同体提供桥接的契机"。[1] 这就是"自然—生命"叙事的一种，其实人与自然的对话仍旧存在着普遍的喜爱、愉悦和悲悯的关系，并且作为人类的"共通感"，形成了情感联结，探寻到从"理"、"事"、"情"[2]三方面建立连接的可能。

"自然—生命"话语背后所蕴含的生命共同体理念在文化层面进行着价值底色的衔接与互通。无论是中国传统的齐物论思想，还是西方在文化哲学上的"万物有灵"，都致力于描述人与自然和谐共生的关系。因此，以"自然—生命"话语为依托的生态报道或纪录片作品具象化地呈现了东西方文明价值观背后互通的思想内核，并为生命共同体理念的国际对话和沟通提供了实践指南。"自然—生命"话语中所蕴含的共通情感与共同理念不仅为相应的媒介产品带来了跨文化的关注，也为具体的国际传播实践提供了相应的经验借鉴，特别是故事中所蕴藏的人与自然之间的平等、尊严和友好等观念，这是在人类意义上而不只是在某个文明视域下的讲述。英国作家吉米·哈利的"万物系列"书籍——《万物有灵且美》、《万物既聪慧又奇妙》（*All things Wise and Wonderful*）、《万物既伟大又渺小》、《万物刹那又永恒》等出版物，及其改编影视作品在英语世界产生了较大的影响力，被认为是"出版界公认的少数几位能在大西洋两岸英语世界都长期畅销书的作家之一"。吉米·哈利，其实是一名兽医，在他长时间与动物的接触过程中，记录了很多有趣的故事。这些"温馨风趣的人与动物的

1　王鑫，黄皓宇. 痛感与共识：创伤共通感的跨文化传播理路及实践[J]. 新闻与传播评论，2023(4):82-90.

2　王鑫. 中华文化国际传播的审美进阶与"感—情—理"结构[J]. 江西社会科学，2022(1):105-114.

故事，放射生命与爱的光芒"，"在约克郡峡谷中享受，大自然的阳光、空气、草原和动物的陪伴，献给所有热爱自然和生命的人。"[1] 万物（All things），不只是有它们的灵性和美好，而且无论是伟大还是渺小，都应获得平等的对待和尊重。在文本话语和叙事中浸润着西方浪漫主义后，自然重新以万物平等和友好的姿态进入人与自然的对话中。话语分析学者费尔克劳夫强调立体式的话语分析，即不仅要包含对文本的语言学描述、对文本与话语过程间的关系描述，更要结合情势，对话语过程与社会过程之间的互动与接合关系进行阐释。因此，在文本、语境与人的关系中，不仅要在具体的文本研究中"入乎其内"，去探察"自然—生命"话语在作者—作品—读者之间的话语连接和互动，也要"出乎其外"，借由文本以文本—社会的视角去探察话语交往与意指实践如何在国际传播中桥接起软性的国家话语。

（二）平等、尊严与友好："自然—生命"的话语双重嵌构

在生态叙事的媒介产品中，"自然—生命"话语所嵌构的多种情感表达与情绪共鸣共同构成了话语实践中"悦耳悦目""悦心悦意""悦志悦神"的传播基础。本文所强调的"自然—生命"话语，其"自然"与"生命"的两端在跨文化共通的价值内核中相互连接，成为"人类命运共同体"与"生命共同体"在国际传播中的话支撑。在"万物系列"中，作者使用了 All things（万物），并且用 Bright（灵气）、Beautiful（美丽）、Wise（聪慧）、Wonderful（奇妙）、Great（伟大）、Small（平凡）来描绘万物。从修辞学意义上来讲，其对待自然万物的生命形式所体现出的平等、尊严和友好，建立起创作者和接受者之间的连接和共鸣。"活泼泼的生命完全无须借助魔法，便能对我们述说至美至真的故事。大自然的真实面貌，比起诗人所能描摹的境

---

1 〔英〕吉米·哈利. 万物有灵且美[M]. 种衍伦，译. 中国城市出版社，封面语。

界，更要美上千百倍。"吉米·哈利以兽医的身份对英格兰的田野风
光、自然景致与万物神灵发出了源自内心的体察与共鸣："我可以看
到这块美丽的大地的边缘。这儿是我的世界，我永远属于它，它也永
远属于我……当然，这不是惊天动地的满意，而是那种在默不作声的
这片可爱的土地上的小生命服务的满足感。""现在，坐在无际的蕨草
的当口，我不禁想到能接近动物、了解动物，并和他们成为朋友才
应该是世界上最宝贵的财富。突然，我意识到自己是多么的富有。"[1]
在吉米·哈利的行文中，世界与作为体验主体的"我"已然融为一
体。因此，面对动物的满足感是"我"得以服务于它们，以平等且友
好的姿态与它们成为朋友。哈利着墨最多的便是每一个充满生命力的
动物，譬如生产的母羊、患病的宠物狗，以及生病的牛，哈利都给予
其应有的尊重和敬意，而生命复苏带来的震撼和惊异就是这种尊重的
回报，小动物带来的生命的感动，让辛苦、劳作、脏恶等变得微不足
道。由此，"我"的主体性生命就与大自然的"万物神灵"相连接，
并将个体生命感知融合进了自然的生息繁衍之中。借此回溯英国文学
史与审美史的流变，会发现吉米·哈利的生态观是对英国传统"如画
美学"（Picturesque）的继承与发展，哈利的兽医经历以一种具象化的
视角勾勒出了英国文化对自然的认识论，并给予了从文化的角度认识
《万物有灵且美》中自然审美态度所彰显的"英国性"。在哈利的描述
中，既有在前文《国际传播中的审美进阶与"感—情—理"结构》一
章中提及的从"悦耳悦目"到"悦心悦意"再到"悦志悦神"的审美
进阶，也贯穿着"理—事—情"相连接的审美共通：这种共通，超越
文化和政治的藩篱，在人的生命最生动和最质朴的表达中，形成了人
与人之间的连接和感动——"柔和的风掠过我的脸颊和双手，牧草也

1　[英]吉米·哈利. 万物有灵且美[M]. 种衍伦，译. 中国城市出版社，2010:295-296.

随之摇摆着。我站在大门口向里眺望了一下。严冬的白雪已不复见，远方的云层亦透出了微微的阳光。我闭上眼睛，听到大自然中的天籁，那里面融合了焦虑、信任与爱。"[1] 其实，"万物系列"不只是人对自然的尊重、平等和友好，在人与动物和自然生命的交流和相处过程中，也进行人与人之间的情感连接，其中也包含质朴真实的感情："爱管闲事的佟太太"，在"她絮絮叨叨的极爱管闲事的嘴巴后面，有一颗孤单且善良的心"，"坚韧的戴太太"，"最矮小的却有着钢铁一般的意志，她长得并不好看，可是那红润健康的肤色和乌黑的眼睛随时都散发着亲切感和肃穆的庄严感，我觉得她的表情之后隐藏着某种力量"。[2] "开车离去的时候，我回头望了望戴家农场一眼，那位矮小的女主人也许会被接踵而至的磨难折磨出满脸的皱纹，可是她永远也不会倒下去。"[3]

"万物系列"的可摘之处在于：生命与自然的叙事在不同文化中都显现出它的动人之处与共鸣。无论是平凡的生命群像还是各种遭遇创痛的动物生命，抑或是无言的山丘与远处的榉树，在不同的文化与人群都显现出共生的美好和相通的感受。而读者大抵也在这样的共鸣中产生久久地回响。"万物有灵且美，万物有情。如植物，如动物，如人。兽医治疗生病的动物，也治疗人们的心灵。妙手还要有仁心，所以整本书都弥漫温情。珍惜生命，给濒死的动物以尊严，瞒着主人给羊打一支麻醉针，结果意外地治好了羊，并且领悟到重要的道理：疾病之所以会带给动物（甚或人类）死亡，往往是因为其痛苦与恐惧已经先吞蚀了患者的生存意志。因此，只要你能除却它的痛苦或恐

---

1 〔英〕吉米·哈利. 万物有灵且美 [M]. 种衍伦，译. 中国城市出版社，2010:25.

2 〔英〕吉米·哈利. 万物有灵且美 [M]. 种衍伦，译. 中国城市出版社，2010:86.

3 〔英〕吉米·哈利. 万物有灵且美 [M]. 种衍伦，译. 中国城市出版社，2010:91.

惧，奇迹时常会发生。"[1] 在习以为常的生活中，存在着无数生灵，它们或者以明显的方式存在，或者以隐秘的方式活着，它们看起来很高贵，或很卑微，它们也可能美丽，抑或者丑陋。庄子说："天地与我并生，万物与我为一。"当把目光转向那些动物或者植物时，也会在这个世界中观照出我们人的存在。人世万物，有灵且美，有慧且妙，伟大与渺小，在时空中刹那而抵达永恒，正是这种诗意情怀与生命感勾连起跨文化的相通。

（三）情感、经验与历史："自然—生命"话语介入跨文化传播的三重可能

"万物系列"还贯穿着人类的情感、历史的进程与经验的共生。这里涉及的情感，是生命之间体恤和温情，这里的逻辑前提并不是"人类中心主义"，而是"生命至上"。"哈利是个热爱生活的人，他善于从生活中的点滴小事中发掘美好，并把他对生活的热爱以近乎完美的方式传递给读者。让我们能够同样感受到生命、爱与欢笑。"[2] 这里的情感并非单一的人与人之间的情感，更是人与物、物与物、人与天地甚至是人与宇宙之间建立的情感，超越了时间和空间的限制，也超越了物种的限制，具有开阔的精神旨趣和诗性情怀。

> 母羊弯下脖子用温热的舌头舔着小羊，喉咙里还发出满意的低鸣声——只有在这种时候，你才听得到那种奇怪的声音。直到我把第二只和第三只乳羊都接生出来以后，那母羊的低鸣声仍未停止。

---

1 萧秋水："明亮、美好"，2011年7月30日，https://book.douban.com/subject/4187411/reviews?sort=time&start=160。本段系读者书评。

2 〔英〕吉米·哈利. 万物有灵且美[M]. 种衍伦，译. 中国城市出版社，封面语。

……

尽管寒风扫过我的脸颊，我还是禁不住愣站着欣赏这一幕动人的画面。干了这么多年的兽医，我始终无法了解生命的奇迹。

……[1]

"万物系列"丛书行文之间无不渗透着动物之间的舐犊情深，这同样也会激荡起人的经验和情感，这种人与物之间的情感共鸣和连接，并不会因社会、文化、政治上的不同产生差异，而是具有普遍性和共通性。"解释自然并非是改良自然，而是要挖掘她的精华、与她进行情感的沟通、吸收她并用精神的色彩再现她。……自然与心灵相互感染，互为对象。所以，其作品是在描述自然景象的同时，折射出人类内心之景的风采，展示出人的心灵如何体验自然。"[2] 因此，可以从"万物系列"以及诸多涉及人与自然生命的跨文化文本中找到对话和沟通的可能。不仅如此，其实万物与世界之间构成了某种"主体间性"，是行动者构成的某种网络，这个网络中有人、动物、植物以及彼此之间建立的生态关系，具有时间性、空间性、实践性和生成性的特质。因此，自然与生命之间的双重话语中除了情感和经验的维度，实际上还有历史的维度。人与万物的关系在中西方的历史中都不是一个恒定不变的存在，而是嵌构在人类历史中的，譬如工业革命对自然的破坏改变了人的生存境遇和存在状态，从而引发人对自然环境的重视和动物保护主义的崛起：即使一个普通的约克郡农民和兽医都意识到，"可是医学进步了，你可以将几cc的特效药从针孔推进牛的血管

---

1 〔英〕吉米·哈利. 万物有灵且美[M]. 种衍伦，译. 中国城市出版社，2010:19, 25.
2 程虹.美国自然文学三十讲（增订版）[M]. 外语教育与研究出版社，2018:5.

中就治好它的病。那农夫的话提醒了我，这世界上没有永远不改变的事。何止是医学，农业又何尝没有惊人的进步"。[1]

技术改变了人类社会，也改变了固有的人与人和人与自然的关系。在前现代社会，基于动物的连接，小镇上的人与动物之间建立了赖以生存的关系，既有情感依赖也有生活依赖，但随着现代社会以及后现代社会的到来，这种关系也在一点点改变。这种关系改变的经验，虽然在中西方遭际的时间不同，但是由于全球化时代的到来，以及"地球村"的实现，这种经验惊人的一致。贾平凹的《怀念狼》中提到，狼没有了，猎人也就消失了。怀念狼实际上是怀念一种生活方式，一种社会身份，一种存在状态，一种人与自然的关系。蒙古族或者藏族把死去的生命还给自然，意味着生命的生生不息。旧有的某种生活方式消失了，人与自然乃至万物之间的生命关系发生了变化，虽然这是无法逆转的历史进程，但是人应该比任何时候更重视"万物齐一"的平等感以及对彼此的尊重，更应该在人与自然共生的意义上保护万物生灵。自然生态有机循环构成中，任意一个链条的破坏，都是整个生命链条的损坏，人并不能"独善其身"。从梭罗的《瓦尔登湖》的自然主义生活，到"万物系列"中人与自然之间的生动与有趣，再到雅克·贝汉拍摄的《迁徙的鸟》《帝企鹅日记》《海洋》等系列纪录片，人们在不同文本中重新审视万物的美和灵性，以及对自然力量和对自然本身的尊重和敬畏。

文本讲述的故事早已为跨文化传播的内容、路径和可行性背书。如果说以食物作为媒介，会超越传播的空间和时间偏向，体现人的生活的世间感；那么以"自然—生命"作为沟通和对话的通路，则具有情感性、精神性、历史性和宇宙性。万物有灵与万物齐一，在不同文

---

1 〔英〕吉米·哈利.万物刹那又永恒[M].种衍伦，译.九州出版社，2015:15.

化中，它们所指向的经验是具体的，但是在跨文化的交流和传播中，并未遇到接受和理解上困难，其根本之处在于找到了人类传播和交流共通的部分：人类对万物之爱，人与万物之间的情感是人脱胎于自然留下的不能抹去的印记。"悲落叶于劲秋，喜柔条于芳春"（陆机《文赋》），这种人与万物之间的情感，是人与自然之间的交感和呼应，这可以从心理学、哲学以及人类学中找到多种解释，不同文化都在解释生命与自然的关系。在不同的解释中，可以看到人作为类存在与自然和万物建立起的共鸣和齐一的关系，也是在这样的叙事逻辑之下，"人类命运共同体"这一核心概念才有在全球传播的基础。其实这一共同体连接的不仅是人类的命运，更是全球的生命，包括动物、植物以及所有具有生命属性的存在之间的共通。使每种生命都如其所是地自由存在着，才有可能建立最适宜的生态循环状态，"万物齐一"才能万物共生。

三 "自然—生命"叙事伦理与跨文化连接

（一）"自然—生命"叙事伦理的跨文化连接

在"自然—生命"的叙事中，会看到不同文化之间既存在差异，也有共通之处。差异来自各自文化中对人与万物（自然）关系理解上的分歧，共通则来自人与万物之间的关系中超越政治性和社会性的内容，是人与自然之间建立的伦理关系与价值理性。"人本主义的人—自然观有显然护持着价值观的属人的本质，因而保持了'文明'的意义，而不是通过把人与至少在心智和感知发达程度上低于人的生物甚至环境本身等同起来而否定文明经历的价值。如果否定文明的价值，人类又为什么为保护环境和维持与自然的和谐忧心忡忡呢"[1]? 天地万物构成了彼此相互依傍的多彩世界，自然和土地，以及生于斯长于斯的各种生灵，它们有各自的踪迹和习性，有各自存活的本能和天敌，它们用各自的声响产生彼此之间的共鸣和沟通，也用各自的沉静进行无声的表述。大地上的故事和心灵的脉络进行交织和对话，贯穿着"土地伦理""荒野认知""诗性话语"与"万物性灵"，人将认识自己与阅读"自然—生命"接合起来，形成人与"自然—生命"的对话，而不再因囿于文化和意识形态的不同而产生隔阂，转而"追寻人与自然的伦理上的正确相处"[2]。

这里有一个逻辑前提，就是人将自然人格化，同时也将人与万物的关系伦理化。"感时花溅泪，恨别鸟惊心"，尽管这是诗人的有感而发，但是花的哭泣和鸟的惊心，其实是人的感情对景物的赋予，就像遥远的村庄总会成为游子的乡愁一样。"……自然与整个人类及其文明和文化的关系，经历了一个漫长的过程。而这一主题也是当今人类所面临的不容回避和必须解决的问题。它不只是某一个国家的问题，而是一个全球性的问题。从自然文学的发展过程中，我们也看到了西方自然文学作家对东方古老文化的兴趣，看到了多种文化的相遇。无论是从爱默生的《论自然》还是梭罗的《瓦尔登湖》中，我们都能看到东方思想的影响。当代自然文学作家苏珊·兹温格在其著述中对老子的思想极为推崇，称老子的《道德经》充满人生智慧，教诲人们如何贴近土地，过一种平静、简朴、知足的生活。"[3]无论是在怎样的一种伦理主义或者人文主义的理论视角之下，对于"共境"（Mitmelt），也即万物共同生活的环境的珍视与呵护，对"自然—生命"的尊重和

1　赵轶峰主编. 当代中国的"人—自然"观[M]. 东北师范大学出版社，2015:5.

2　参见尼达吕梅林（Julian Nida-Ruemelin）主编《应用伦理学》，转引自赵轶峰主编《当代中国的"人—自然"观》。

3　程虹. 美国自然文学三十讲（增订版）[M]. 外语教育与研究出版社，2018:364.

敬畏，都能够实现人与"自然—生命"的情感、伦理和价值共通，并且能够在跨文化中获得共鸣、共情和共感。"康德早就说过，对大自然任意妄为，会给人与人之间的相互关系造成恶果。为了使人类的道德品格得以养成、巩固和完善，就应该从善待自然入手，富有同情心地对待动物，培育优雅的审美情趣。很难想象，一位在为人处事方面能够表现出高度道德敏感性的人会虐待动物、踩死花朵。总之，痛苦中心主义以'感受性'为生物内在价值的论证理据，这比生命中心主义、自然中心主义对生物或一般物体内在的价值进行论证所使用的理据要有力得多，更容易引起人们的共鸣。"[1]

（二）"自然—生命"跨文化接合的普遍可能性依据

人为什么会在跨文化中获得共情、共感，并在阅读和经验中产生较强的共鸣，是否具有普遍性的内容存在？或者基于怎样的生理、感觉和理性上的共通，才能在"自然—生命"叙事中形成较为普遍的认知和共识？笔者从文化、审美心理等方面探寻接合的可能。

第一，"移情"。这里的"移情"，是人可以把相同的情感移入相似但不同的物种之间，也就是说，人可以对动物和植物产生某种类似于人的情感。比如《红楼梦》中黛玉的葬花词，实际上，对于花的命运的终极关怀，同样也是林黛玉对自身命运的窥探以及对可能的结局的想象，花与人之间就建立起了"移情"。同样，对于动物生命所遭受的痛感和疾病，无论是兽医还是动物的主人，内心都会充满同情和怜悯，甚至有人会因为一匹马遭受病痛而不忍心其饱受折磨为它施行安乐死（英国电视剧《万物生灵》2020）。这种情感并不只是在人类之间存在，也同样存在于人与动物之间。电影《忠犬八公》的日本版本、美国版本和中国版本，都让观众产生了持久的共鸣，这种共鸣是

1　赵轶峰主编. 当代中国的"人—自然"观[M]. 东北师范大学出版社，2015:144.

超越文化隔阂、政治差异、社会形态，而产生的普遍连接。

第二，"共通感"。笔者前文中西方的角度论及"共通感"的问题，共通感就是"人与人之间，人与自然之间，人与宇宙之间建立的持久的情感联系"。这是人类具有的一种先验而普遍的能力，显现出共通感具有的普遍性特质。英国经验主义学者沙夫兹博里把共通感视为一种对共同体或社会、自然情感、人性、友善品质的爱。[1] 这种人与动物以及万物之间产生的共鸣，"随物宛转""与心徘徊"（刘勰语）的状态，是人类与万物之间的一种沟通方式，这种沟通并非依赖于人类的语言，而是依赖于人的某种本然和天生的情感建立的超越理性的共鸣。从中国文化上来讲，这是人类与自然生命之间共生而来的某种超越科学和理性的内容。而这种人与动物之间的关系，并不依赖于语言、文化和社会的差异而有不同，"万物有灵"，并不是强调万物的某种原始和神秘的力量而产生的交感，而是生命之"气"流动于万物之间产生的相应相和的气息。19世纪英国作家理查德·杰弗里斯（Richard Jefferies）的作品《我心灵的故事》（*The Story of My Heart*）中，我们看到的是一个徘徊于丘陵与原野之间，将身心交付于宇宙的杰弗里斯：从草叶树叶之中，从鸟类的歌声与羽毛之中，从听虫鸣与观蝶舞之中，他获取到了自然界万物的精力、宏伟和美丽。[2]

第三，"完形"。这里的共鸣是对象的生命情感和形式与人的情感和形式建立起来的异形同构，具有格式塔心理学的某种气质，也即"完形"。格式塔心理学派美学家安海姆认为，无论是在自然现象中还是在人类社会中，无论是在人与人的关系中还是在人的心灵中，都存

---

1 ［德］汉斯·格奥尔特·加达默尔.真理与方法（上卷）：哲学诠释学的基本特征[M].洪汉磊，译.上海译文出版社，2004:30-31.

2 程虹.美国自然文学三十讲（增订版）[M].外语教育与研究出版社，2018:6.

在着一种统一的力的结构。这种力的结构是万事万物得以共鸣的基础，当对象的力的结构与人的知觉、情感的力的结构达到一致时，才能产生审美感受，也就是情感共通。"我等候着。现在夜色深沉，强大的寂静拥抱和宽容着我；我又可以看见那满天的星斗和那满目的星光。在距最近的人烟处二十多英里的地方，我非但没有感到寂寞，反而感到了快乐——快乐以及一种静静的喜悦。……文化的完美不是反抗而是宁静。只有当文化达到了某种深层次的精神之宁静时，它才真正达到了它的目的。……正是这种碰撞与冲突形成了一种有独特形式的美感。它看似分，实为合，与东方文化中的天人合一有相通之处。"[1]

无论是移情、共通感还是完形，这些理论实际上都在解释一个问题，就是"万物齐一共感"的基础是人与自然具有某种情感、生理和形式同构，可以超越具体的历史和社会语境而达成普遍的共识。"人不是自然的统治者，也不是宇宙的中心和目的，人是自然的一部分和一种自然现象；人需要以敬谨感恩的心态善待自然，因为人本是由自然养育的，因为人在自然中十分渺小，……多样性是生命的源泉，生态世界的任何一种生命都应该得到保护；越是接近于人类的生命形态，越应该得到人类的善待。"[2]

结　语

人类情感和文化上的共通之处为传播和交流创造更多的可能性，跨文化传播中的共通问题和情感共鸣，有益于增进传播的深度。这

1　程虹.美国自然文学三十讲（增订版）[M].外语教育与研究出版社，2018:9.

2　赵轶峰主编.当代中国的"人—自然"观[M].东北师范大学出版社，2015:5.

些问题具有共通性、普惠性、世界性和根本性，并不受制于意识形态、生活方式等方面的差异。从人类文明基底上探寻可能性，能为跨文化传播提供更多实践路径上的可能，关乎人类命运共同体的方方面面，有助于达成普遍的全球共识。以"自然—生命"为契机，将"生命共同体"这一概念的学术话语和纪录片以及其他各种媒介话语统一起来，形成叙事合力，并构建可理解可沟通的话语体系。"自然—生命"话语都赋予了媒介产品强大的共通性与吸引力，并且"自然—生命"话语中所蕴含的历史向度与经验向度也为人类的情感交流带来了启发，"自然—生命"话语的社会实践建构了普适性的交流基础。

　　本文从"自然—生命"的视角切入，从中西方文化中关于万物、生命的相关论述找到理论上契合点和共通之处，并从具体的文本中找到接合的可能，无论是遭遇工业革命受损的英国乡村的痛感，还是在人与动物、大地、荒野建立起来中西方接收者的共鸣，抑或是美国自然文学中彰显的地域性与全球性共通的文明互鉴和对话，以自然—生命为主题的纪录片等，都说明"自然—生命"可以成为多彩文明交流中采用的有效话语，并且能够在对话和交流中建立起新的共识契机。

第九章

中国传统文化符号跨文化叙事研究

　　杜甫作为中国古典文学与传统文化中重要的文化符号，其形象不仅在不同的历史阶段经历能指的重构与再诠释，更在跨文化、跨媒介的再现与译介过程中受到国际社会的关注。20世纪以来，杜甫及其诗歌经由海内外汉学家的译介进入西方的视野，其文化形象也在更为深入的文化互动与政治经济秩序中不断演进。从多元主体与异质语境的对话中勾勒出世界重构杜甫这一文化符号所采用的机制与策略，揭示文本背后的结构—主体的张力与意识形态因素，力图在跨文化传播中提供解决问题的中国理论视角。

一　"杜甫的旅行"：跨文化传播中
符号互动与意义的共享交集

　　英国文化研究学者雷蒙·威廉斯总结文化观念的形成过程时，梳理出文化（culture）概念的三重意涵：文化不仅是"属于个人自我完善和普遍追求的价值状态"，还是"文献"式的实体构成，更是"人类生活与生产过程中的整体生活方式"。[1] 在威廉斯看来，相应的文化实践不仅需要立足于文献进行文本细读，更应深入与文本相伴生的社会语境与社会结构进行共同体意义上的考察。不同于英国文化研究立足于文化传统论述共同体间"感觉结构"（structures of feeling）的演变，美国的芝加哥学派在"进步运动"（progressive movement）的感召下，以符号互动论阐述共同体的建构何以可能，强调文化依托于符号化的展演进行意义的建构与传播。在"符号互动"的视角下，传播是"由参与者间不同程度地共享意义（meaning）和价值而导致的符号行为（symbolic behavior）"。[2] 将视点由文化共同体内的沟通拓展至跨文化传播，文化符号的旅行与转译则更为复杂。法国传播学者阿芒·马特拉以符号为路径理解传播活动，强调"符号是社会控制的一种方式，政治的界定开始于语言"，[3] 并由此介入对现有国际传播格局的批判。由于文明间存在着意识形态与价值观念上的差异，文化符号的译介过程意味着符号意义的跨语境重构。正如齐泽克将欲望的视点称为被歪曲的"畸像"（anamorphosis），文化符号也在意识形态浸润的转译过程中发生了意义的流转。但译介后的文化符号并不是一座剥离原有文化语境的孤岛，而是成为不同诠释社群进行"同情理解"（empathetic understanding）的文本场域。因此，探讨文化符号在跨文化传播中意义建构的同与异，也为建构超越民族的理解共通提供了一条幽微的文化路径。赛义德提倡的"对位阅读"（contrapuntal reading）即是统合多元文化之同，涵摄他者文化之异的具体实践，在共时性与历

1 ［英］雷蒙·威廉斯. 漫长的革命[M]. 倪伟，译. 上海人民出版社，2013:46.

2 Don F. Faules, Dennis C.Alexander. *Communication and social behavior: A symbolic interaction Perspective* [M]. Boston: Addison-Wesley Publishing Company, 1978:5.

3 Le Monde. *Entrevue avec Armand Mattelart*[EB/OL]. 2002-02-01[2021-03-18]. https://www.lemonde.fr/archives/article/2002/02/01/entretien-armand-mattelard_260952_1819218. html.

时性的交汇点上探察不同文明对同一文化符号的意义建构，立足于文明间共享的意义交集，不断拓展对阐释殊异之处的理解。

因此，在跨文化传播中，应该提倡一种基于现象学的研究路径。通过多元主体与异质文明间的对话，揭示意指实践背后的多重视角与权力建构。所以，笔者在引入文化研究视角对文化符号的文本转译进行分析之外，还结合自己在英国访学期间对纪录片《中华的故事》《杜甫：中国最伟大的诗人》（以下简称《杜甫》）的导演迈克尔·伍德教授[1] 以及威斯敏斯特大学中国传媒中心（CMC）主任戴雨果教授[2] 进行的开放式访问，力图通过多元视角的聚焦与不同主体的解读，相对客观地辨析以英国广播公司为代表的西方媒体如何在内容生产中编制出表征中华文化的意义之网。"杜甫"这一诞生于中华文明悠久历史与文学传统中的文化符号，在20世纪以来被诸多汉学家与国际媒体译介与再现，成为观照中西方互动的独特指涉，存在于符号背后的意义流动也促成异质文明间的"视野交融"（fusion of horizons）。

文化研究学派的"表征"（representation）理论，为本文探察西方世界如何建构杜甫及其背后的中国文化提供了具体路径。霍尔认为表征意味着"在我们头脑中通过语言对各种概念的意义的生产。它就是诸概念与语言之间的联系，这种联系使我们既能指称'真实的'物、人、事的世界，又确实能想象虚构的物、人、事的世界"。[3] 霍尔通过双重表征系统揭示了交往过程中意义的生产机制——在外界事物内在

---

1 笔者曾于2019年3月8日在伦敦与迈克尔·伍德就BBC中国题材纪录片如何呈现中国、中华文化对外传播以及国家形象建构等问题进行访谈。

2 笔者曾于2019年6月10日在伦敦威斯敏斯特大学中国传媒中心（CMC）与戴雨果教授就BBC的意识形态话语与报道框架、中华文化的国际影响力等问题进行访谈。

3 ［英］斯图尔特·霍尔. 表征——文化表象与意指实践[M]. 徐亮，陆兴华，译. 商务印书馆，2003:17.

化的过程中，意义借由人们头脑中能够表示外在世界的概念系统进行流通与共享；在内在概念外物化的过程中，"语言"成为具备沟通功能的第二表征系统。无论是基于概念的第一表征系统，还是基于"语言"的第二表征系统，霍尔在论述中暗示意义必须在一个共有的场域中完成传递，通过语言来生产意义构建社会共识，运用相同信码生产"共享的意义"。"语言如何组建意义？它如何维持参与者之间的对话，使他们能够建立起共享理解从而以大致相同的方法理解世界的一种文化？语言能做这事，因为它是作为一个表征系统来运作的。"[1]本研究试图探讨中国传统符号的跨文化传播，在不同的语言以及不同的环境中，如何能够生产共享的"意义"。霍尔的理论提示了两个需要考量的重要面向：第一，交流何以可能的前提。如果不能通过语言实现思想、情感、观念上的共享，交流则是难以实现的。这也提示跨文化传播中的符号转译和重构如何在思想、情感或者观念上与其他文化中的人形成"共享意义的交集"？第二，霍尔一直提示语言能够生产意义，但他并没有将语言单一的局限为有声的语言或者文字，而认为语言是一个系统，"在语言中我们使用各种记号与符号（不论它们是声音、书写文字，还是电子技术生产的形象、音符，甚至各种物品）来代表或向别人表征我们的概念、观念和情感。语言是一种文化中表达思想、观念和情感的'媒介'之一"。[2]在跨文化的语境中，表征的运作需要建构异质文明间共享的意义域，并借此进行他者形象的阐释与价值观念的生产。意义域的建构主要体现在对文化符号的选择与解释上，基于意识形态进行文化内容生产的大众媒体通过诸如归化、类比

1 ［英］斯图尔特·霍尔. 表征——文化表象与意指实践[M]. 徐亮，陆兴华，译. 商务印书馆，2003:17.

2 ［英］斯图尔特·霍尔. 表征——文化表象与意指实践[M]. 徐亮，陆兴华，译. 商务印书馆，2003:02.

的译介策略，将他者文明中具备多元意义的文化符号"化归""转化"为符合自身认知倾向的文化文本，成为文化表征实践的客体，在符号领域完成了文化意义与价值观念的再生产，"任何媒介文本对于他者形象的呈现都不是简单的反映（reflective）或意图（intentional）的直接作用，而是一种建构（constructionist）的机制"。[1]

英国广播公司推出的纪录片《杜甫》不仅提供了一个西方媒体建构机制运作的视角，在沟通上还形成了一种接合异质文化的召唤结构（calling structure）。纪录片的"纪实性"与"非虚构"特质，使其相比于剧情片与新闻节目，在国际传播与跨文化交流中具备更为广泛的接受度与更为强大的传播力。英国广播公司作为全球著名的新闻广播机构与纪录片制作机构，其价值观背后依然带有文化、观念和意识形态的局限性。威斯敏斯特大学CMC中心主任戴雨果教授在接受笔者采访时也认为，英国广播公司有非常强烈的政治态度，虽然英国广播公司宣扬它自身不带有任何立场和偏见，但实际上它是一个非常固执己见的组织，在运作过程中尽可能地传播它的意识形态。笔者试图在"批判—建构"的分析路径中，通过对杜甫及其诗歌在英语世界的译介史进行考察，并借由纪录片《杜甫》厘清译介过程中的误读，扩大文明间理解与互动的意义空间，为中华文化如何进行跨文化传播提供探索的路径。

二 "为何是杜甫"：诗人原型与跨文化转译实践

杜甫作为中国文学史上极具人文情怀与现实主义精神的诗人，在

---

1 常江，王晓培. 龙的翅膀与爪牙：西方主流电视纪录片对"中国崛起"的形象建构[J]. 现代传播，2015(04):102-106.

诗歌批评史上被冠以"诗史"的美誉，是人类共同的文学财产。本研究之所以选择杜甫作为中华传统文化符号对外传播的代表，是因为杜甫及其诗歌的译介史与中西方的交往过程具有一定的"协同性"。杜甫这一文化符号在中西方交流互动的不同情势与语境中，逐渐成为表征诗人这一文化形象的原型，并在跨文化传播中，建构出容纳多元意义的文化场域。由此，本文将借助表征的理论框架，从诗学与政治学两个角度，阐述杜甫这一文化形象在译介过程中的旅行。[1]

20世纪之前，囿于保守的外交政策与封建思想，中国与西方世界的交流受限，西方世界特别是英语国家对中华文化持有很大的偏见。例如黑格尔在论述中国的象形文字时强调："由于象形文字的书面语言的缘故，中国的声音语言就缺少那种通过字母文字在发音中所获得的客观确定性"，由此产生了"僵化的文明"（stationary civilization）。[2]在西方世界对中国普遍持有偏见的氛围中，杜甫的诗歌与个人形象难免会遭遇误读。翟理斯对杜甫在中国文学史上的地位加以肯定，但与这一评价并置的，却是"自信异常"与"仕途失意"的意义标签。符号诗学重视文本话语中各文化元素构成的位置关系，事物的意义也以文化的方式被建构，并发生着从一种历史语境到另一种语境的变化。在翟理斯的表征体系中，杜甫与中华文化共同构成了一种表征他者文化的二级神话系统，加载在杜甫形象上的负面意义与其背后的元语言（中国形象）形成了含蓄的镜面映射，"自大""失意"等负面意义生成了西方中心论语境下，欧洲人对东方的"视差之见"。

"一战"之后，中国与世界的交往逐渐增多。在这个阶段的杜诗

---

1 〔英〕亨利埃塔·利奇. 他种文化展览中的诗学和政治学[M]//表征——文化表象与意指实践. 徐亮，陆兴华，译. 商务印书馆，2013:219-330.

2 〔美〕斯塔夫里阿诺斯. 全球通史：1500年以后的世界[M]. 吴象婴等，译. 上海社会科学院出版社，1999:318.

译介中，出现了中国人的身影。美国诗人宾纳（Witter Bynner）和中国学者江亢虎（Jiang KangHu）以《唐诗三百首》为底本，在1929年向英文世界推出了中国古代诗歌选本《群玉山头》，其中包括36首杜诗。江亢虎在文中称杜甫为中国的"诗圣（the sage of poetry）"，[1] 从中国人的视角出发，为杜甫在中国文学史上的地位正名。除了杜诗选译外，美国作家昂德伍德（Edna Worthley Underwood）与中国人朱其璜（ChiHwang Chu）还在这个阶段共同合译了杜诗专集《同谷七歌》与《杜甫：徘徊在神州月光下的吟游者》，由跨文化的理论视域出发，对杜甫及其诗歌进行了较为客观的介绍。[2] 纵观这个阶段的杜诗译介，会发现先前西方世界对杜甫形象与诗歌的种种误读，在逐渐密切的中外互动中得到了一定程度的消解与摆正，虽然在编排策略与译介水平上被洪业诟病为"完全缺乏任何编排原则，有时同一首诗被冠以不同标题，出现在不同译文中"，[3] 但表征实践中的他者色彩已然弱化。西方世界对杜甫形象的微妙转变，阐明了作为话语构成体的杜甫，如何在不同话语主体的协商互动中呈现出跨文化传播芜杂的权力生态。由"异常自信"的文化标签到"诗圣"名号的译介，权力/知识的互动支配了杜甫符号意义的承载与可见。福柯认为，权力/知识规定了人们对特定现象的理解，因而诸客体与主体的展示过程与权力运作息息相关。[4] 因此，跨文化的译介过程并不是中立的，而是充斥着权力关系的，对杜甫身上某些特质的放大或忽视，正是表征实践中政治学的体

1　Witter Bynner. *The Jade Mountain: A Chinese Anthology of the T'ang Dynasty From the Texts of Kiang Kang-Hu*[M]. New York: Alfred A. Knopf, Inc, 1929:25.

2　李特夫. 杜甫诗歌在英语世界的传播——20世纪英语世界主要杜诗英译专集与英语专著解析[J]. 杜甫研究学刊，2012(03):89-94.

3　William Hung. *Tu Fu: China's Greatest Poet*[M]. Cambridge: Harvard University Press, 1952: 12-13.

4　Rajchman J. *Foucault's Art of Seeing*[J]. October,Vol. 44,(Spring,1988):88.

现。在这一阶段，本土译者开启向海外译介杜甫的实践，话语权力的重构为杜甫这一文化符号扩展海外影响力打下了坚实的基础。

20世纪50年代，中国学者在中华文化海外译介中的话语权进一步增强。就杜诗译介而言，洪业以传记体写就的《杜甫：中国最伟大的诗人》，对杜甫在世界文学中地位的确立具有决定性的作用。这本出版于1952年的杜甫传记之所以"被公认是英语世界中关于杜甫的最重要著述"，[1] 与洪业融汇中西的知识结构和对杜甫生平认真细致的校注有着密切关系。著名汉学家宇文所安对洪业的杜甫研究推崇备至："在生平方面，我通常采用一致的、证据充分的观点。较详细的传记可见洪业"，[2] 洪业这一本《杜甫：中国最伟大的诗人》也成为海外杜甫研究的经典著作，杜甫"中国最伟大的诗人"之评价随即成为西方世界对杜甫这一文化符号的共同印象。例如汉学家Davis受洪业影响，在其译介的《杜甫》(*Tu Fu*)中，称杜甫为"中国对后世影响最大的诗人"。[3] 美国学者大卫·麦克劳（David R. Mc-Craw）在其1992年所著的《杜甫南方悲歌》一书中呼吁："现在是杜甫成为世界最伟大诗人之一的时候了，我的译作就是一个开端。"[4]

杜甫在西方汉学界由"中国最伟大的诗人"进阶为"世界最伟大的诗人之一"，洪业的译介可谓居功至伟。从表征实践的视角审视洪业的杜甫译介，其高明之处在于，为世界提供了独一无二的诗人原型与精神信仰。正如洪业在其传记开篇就强调："中国八世纪的诗人杜甫，作为中国的维吉尔、贺拉斯、奥维德、莎士比亚、弥尔顿、彭

1　〔英〕洪业. 杜甫：中国最伟大的诗人[M]. 曾祥波，译. 上海古籍出版社，2020:396.

2　〔美〕宇文所安. 盛唐诗[M]. 贾晋华，译. 生活·读书·新知三联书店，2004:212.

3　A. R. Davis. Tu Fu[M]. New York: Twayne Publishers, 1971:1.

4　David R. McCraw. *Du Fu's Laments From The South*[M]. Honolul: University of Hawaii Press, 1992:1.

斯、华兹华斯、贝朗瑞、雨果及波德莱尔，被介绍给西方。为何一位
诗人会被比作如此众多、各不相似的诗人？简而言之，杜甫不能被视
为他们中的任何一位。杜甫是独一无二的。"[1]将杜甫与西方文明史中
大诗人与文学家并称，为杜甫跨文化传播进行了有效的接合，直接
以人类文学史中的巨人形象降落在异域文明之中。同时，洪业以"外
在形制"与"内在气质"概述杜甫形象的独特性，具体而言则是诗人
原型与精神信仰的巧妙糅合："当诗人杜甫追求诗艺最广阔的多样性
和最深层的真实性之际，杜甫个人则代表了最广大的同情和最高的伦
理准则。"[2]洪业准确地抓住了杜甫形象内的这两个人类文明中的核心
特质，以突破僵死语言传统的"诗人原型"催动西方世界对杜甫形象
的理解，以"理事情"交融的伦理精神丰满杜甫形象的血肉，在译介
的表征实践中创造了杜甫这一富有生命力的东方形象。而借由"诗人
原型"与"精神信仰"的旅行创设出的杜甫形象，又扩展了中西文明
间共享的意义空间，加深了西方学界对中华文化的理解。正是在洪
业译介的影响下，大卫·麦克劳才在杜甫与莎士比亚的对比中惊叹：
"杜甫的名气没有传播开，西方汉学家要负一定责任。"[3]诗人王红公
（Kenneth Rexroth）也从比较文学的视角出发，指出了杜甫这一独一无
二的诗人原型对自己创作的影响："我自己的诗歌无疑是受到了杜甫的
影响，我认为他是世界上最伟大的非史诗、非戏剧诗诗人。在某些方
面，他比莎士比亚或荷马更好，至少他更自然和亲切。"[4]著名汉学家
宇文所安（Stephen Owen）更是从世界文学史的角度对杜甫进行评价：

1 〔英〕洪业.杜甫：中国最伟大的诗人[M].曾祥波，译.上海古籍出版社，2020:2.
2 〔英〕洪业.杜甫：中国最伟大的诗人[M].曾祥波，译.上海古籍出版社，2020:2.
3 David R. McCraw. *Du Fu's Laments From The South*[M]. Honolul: University of Hawaii Press, 1992:1.
4 李特夫.20世纪英语世界主要汉诗选译本中的杜甫诗歌[J].杜甫研究学刊，2011:82.

"杜甫是最伟大的中国诗人，他的伟大基于1000多年来读者的一致公认，以及中国和西方文学标准的罕见巧合；在中国诗歌传统中，杜甫几乎超越了评判，因为正像莎士比亚在我们自己的传统中，他的文学成就本身已成为文学标准的历史构成的一个重要部分；杜甫的伟大特质在于超出了文学史的有限范围。"[1] 在以洪业为代表的一系列中西学者的表征实践下，杜甫逐步由中国走向世界，成为世界文学史上独具诗人原型与精神信仰的文化符号。

三　结构与主体的张力：
《杜甫》的影像表征与跨文化叙事

　　虽然杜甫早已被译介进入英语文化圈，但就媒介性质而言仅仅停留在书籍层面，其影响力也仅限于海外汉学的研究圈。此次英国广播公司选择以纪录片的形式将杜甫这一文化符号进行影像化呈现则为杜甫形象的进一步传播创造了契机。相比于印刷文本译介，纪录片《杜甫》在拥有更强大传播力的同时，影像的重构与再现策略也与之前的文本译介截然不同。近年来，英国广播公司的纪录片始终保持对中国密切的关注。虽然在英国广播公司的影像化呈现中，西方中心主义的色彩仍旧浓重，但不可否认的是，在涉及中国的题材选择上，英国广播公司也开始由视觉的奇观化呈现向更深层次的文化内核演进。探究英国广播公司如何在纪录片这一影像化的媒介形式下，完成对杜甫这一文化符号的表征与重构，有利于反观英语文化圈的"他者"视角。在这个过程中，既有不同文明间进行沟通之尝试，又有西方媒体惯有

1　〔美〕宇文所安. 盛唐诗[M]. 贾晋华，译. 生活·读书·新知三联书店，2004:209.

的他者化表征。

随着中国在世界范围内的影响力日益凸显，中西方的互动呈现出多元与复杂的特质。在这一情势下，"杜甫"成为不同话语交织的独特表达，一方面符合英国广播公司对于人类文明传播与教育的基本要求，同时也受制于其对中国的意识形态；另一方面，对于历史学教授、导演迈克尔·伍德而言，他又想找到沟通中西方文化的"密码"，使之能够被不同文化的观众接受，为纪录片的影像表达提供必要的空间。《杜甫》文本的背后，是一种试图接合异质文化意义的表征实践，这一实践在多元文化、异质历史和跨国资本之间，交织成建构主义的传播观。与新闻生产同理，在跨文化传播的语境中，对异质文化符号的挪用与译介，实质上也是建构意义的过程，是一次语境化的意指实践。因此，在文化研究的视野中，对纪录片表征策略的考察，除了传统的文本分析与受众分析外，更应重视纪录片在生产端的运作机制。其一，在国际传播中，文化符号如何被媒体选择进行跨文化的译介与表征？其二，被他国媒体纳入纪录片框架中的文化符号又是如何经过译介与归化向公众敞开？对意义生产的考察不仅涉及文化符号的表征策略，更与勾连不同社会语境与不同文化主体的传播实践有关。

因此，除了关注译介过程中不同文明语境所呈示的态度偏向，也不能忽视导演作为纪录片创作者所发挥的主体能动作用。伍德在拍摄《中华的故事》（*The Story of China*）时就认为，本片和英国广播公司所拍摄的其他中国题材的内容不同之处在于他们从来不讲述中国历史，他们选取其中的个别事件来讲述。可见，伍德作为译介中华文化的行动主体，已然意识到英国广播公司及其置身的文化结构背后存在的畸像与偏见。为此，伍德想向西方世界呈现一套完整而非局部的中国印象。伍德在访谈中也向笔者强调：想向世界观众展示中国文化和中华历史，最重要的是中国人的参与。换句话说，纪录片拍摄内容不是在大学校园里和教授一起探讨学术问题，而是拍摄普通的中国人，这既是英国公众对中国印象和想象的一部分，也是英国公众告诉我们的，对他们来说最重要的是中国普通人。由此，尽管受到英国广播公司框架的制约，伍德仍旧试图寻找沟通中西方观众的通路，对中华文化进行译介与表征：我认为拍摄纪录片很重要的一点就是要对中国有同理心，能够与中国共情。当你足够了解这个国家时，你自然就会站在它的角度，你就知道这些事物的意义。所幸的是，有赖于杜甫在中西文化之间存在着共有的意义框架，《杜甫》最终成为一部由英国广播公司与CCTV共同投资的纪录片，这也使《杜甫》文本背后的话语角力更为复杂。从纪录片中可以看出，伍德在影像与文本的呈现上尽力平衡异质文化的叙事框架，最终给观者呈现出的，是嫁接了中西文化的多元表征系统。但是，在纪录片《杜甫》中，异质文明话语的角力具体体现为文本与影像的矛盾。

一方面，在文本叙事的编排上，伍德执导的《杜甫》将重点放在了对人文地理的描摹与介绍，以影像化的方式对杜甫由诞生到去世所驻留过的重要城市进行回溯与重返，致力于为西方世界勾勒出一幅相对完整的中国风貌。伍德在重返的旅途中以空间营造出相应的叙事语境，形成接受美学意义上的"召唤结构"，引导观者与杜甫一起感受唐朝历史与杜甫人生，从而形成对中华文化的认识与体悟。为使英语文化圈的受众更好地沉浸到杜甫所处的历史与社会环境中，伍德还在串讲与旁白中以类比的形式对西方受众相对生疏的文化概念进行归化。"归化"（domesticating practices）原本是一个翻译学上的概念，强调的是在译介过程中，以本民族语言为中心，使文本尽可能符合本民族的表达习惯，为读者提供最接近自身文明内涵的译文。就《杜甫》纪录片而言，具体的归化策略体现在对中国文化、文学形象与历史史实的科普之上。例如通过设立异质文化间的参照，加深西方受众对相关中国历史事件的理解：在形容安史之乱生灵涂炭的惨烈局面时，旁白将第一次世界大战设为这场灾祸的参照对象；在讲述长沙作为鲜受战乱波及的避难之所时，以"二战"时期北非的卡萨布兰卡作喻。只是在纪录片所呈示的框架中，既有对英国广播公司描摹中国图景的突破——以杜甫的经历为依托，将镜头深入到之前外媒鲜少接触的辽阔腹地，扩展了西方世界对中国形象的意义建构；又微妙地掺杂了一套基于西方中心主义的现代性话语。

另一方面，对中国的城市化进程施以污名化的评价，已然成为英国广播公司对中国惯有的报道框架。伍德在访谈中也表示：我认为英国广播公司有一条自己的解释框架，他们称之为中国框架，是以一种批判的态度。在这套中国框架中，迅猛发展的中国成为怀有"原罪"的客体，在迅猛的城市化进程中丧失了自然的"本真"。其实，伍德也没能摆脱这一框架的影响，而成为矛盾的叙述者。在影片开头，伴随重庆夜景的航拍镜头，伍德介绍了中国经济的高速发展与传统文化的逐渐失语。现代化的城市空间由此发生了意义的转向，霓虹灯闪烁的夜景被编制进另一套反生态主义的叙事框架中，而这套叙事逻辑正如唐原所述："由于创作者本身特有的艺术观念和文化、政治立场，以及影像媒介在选择现实场景方面的功能，英国广播公司纪录片所传达的空间认知体验又是一种掺杂多种想象的对'他者'空间的理解和阐释。"[1]除城市景观之外，英国广播公司对人物的呈现也依然遵从着原有的建构范式，存在奇观化与猎奇化的倾向。《杜甫》开头介绍长安城的繁华时，影像上呈现的是西安百姓在大雁塔前跳广场舞的画面。广场舞已经成为西方凝视中国时必不可少的影像符号，被贴上"中国式"的标

---

1 唐元."他者"视野下对中国空间想象的嬗变——以英国广播公司中国题材纪录片（2008—2018）为例[J].合肥学院学报：综合版,2019(4):67.

签在描述中国的纪录片中轮番出现。广场舞的奇观化来自不同文化因价值偏好不同产生的隔阂与误读，并在大密度的信息传播中成为文明的刻板印象。而英国广播公司对广场舞的奇观化观看，不仅顺应了既有的西方中心主义色彩的意义结构，也巩固了这一他者化的表征传统。

而任何一套表征系统运作的背后，都离不开耦合生产端、接收端与权力关系的"意义结构"（structure of meaning）。意义结构所致力维护的，是"在特定历史观念语境中围绕传播对象或广义的社会主体所确立的一系列假设前提"。[1] 由此复观伍德尝试革新以往中国框架的表征实践，更能够体会主体作为接合异质文化桥梁所付出的艰难尝试。但在致力于维护现有文化结构与社会共识的新闻媒体中，过于出格的表述不仅不符合西方媒体惯有的报道框架，更会冒犯经由媒体再生产的"意义结构"。在纪录片《杜甫》中，尽管英国广播公司往常的"冒犯性"误读被尽力抹去，但他者的色彩依旧是牵涉文本表述的隐秘部分。在伍德介绍西安与长沙时，镜头中的历史建筑（大雁塔、古城墙）与远处的摩登大厦形成了颇具张力的空间图景，物质、符号、社会历史与权力关系在这一图景下构成了层叠累进的多义空间，这也成为全片在多元且矛盾的文本表征中最为形象的隐喻。

四　跨文化对话的"理、事、情"：建构视角下的国际传播与意义互通

通过上文对杜甫译介史与跨媒介文本表征的分析与考察，不难发

1　黄典林. 媒介社会学的文化研究路径：以斯图亚特·霍尔为例[J]. 国际新闻界，2018(06)：68-87.

现西方世界在对杜甫这一文化符号进行表征实践过程中，并不是对杜甫及其背后的中华文化进行客观全面地再现，而是与所处时代的符码结构、社会语境、国际政治经济秩序紧密地耦合，在不同的情势之下延展出不同的意义结构与解读空间。并且，作为表征施行者的译介主体也在跨文化传播过程中发挥了不可忽视的作用，作为能动主体的译者通过自身的意指实践完成了符号意义的游牧式接合。

具体就《杜甫》纪录片而言，尽管作为影片主创的伍德已然意识到自己所供职的英国广播公司存在一套根深蒂固的"中国框架"，但囿于文化语境与社会体制的局限，伍德在《杜甫》中所采取的叙事与表征策略，体现的是"平衡"与"突围"的微妙共存。所谓平衡，强调的是在纪录片的文本与影像层面，多重不甚兼容的话语体系相互咬合。作为创作主体的伍德试图平衡既有框架与异质叙事间的冲突，最后呈现为风平浪静却又暗流涌动的整体语境。而突围所强调的是在叙事或是画面的局部，伍德完成了对既有结构的突破，展现了基于中国框架的相关纪录片所遮蔽的事实、叙事或情感。尽管《杜甫》纪录片的突围是局部的，但也阐明了作为行动者的主体，并不是只能顺应既有的社会共识与文化结构，也可以在话语场中积极进行意义的扩张与革新，以期推动为更广泛的共同体认同。特别是在国际传播与跨文化传播的语境下，对异质文化的表征不应只是传统印象的巩固与重复，而是立足于双方共有的意义域，以多样化的表征手段建构起更为深刻的文明感知。

在这里，我们可以从清代著名文学理论家叶燮提出的"理、事、情"三要素中寻求桥接异质文化的中国视角和理论取径。在叶燮看来，理、事、情三者在周而复始的运作与交织中穷尽了万千物事的形态，也成为沟通与交流的基础。"曰理、曰事、曰情三语，大二乾坤以之定位，日月以之运行，以至一草一木一飞一走，三者缺一，则不成物。"（叶燮《原诗》）在跨文化传播中，亦须做到以理通人、以事晓人、以情动人，在交流中浸润人本主义的价值取向，寻求兼具超越性与对话性的事物作为对外传播的具体依托，同时将共通的精神性与情感性因素注入跨文化传播实践中。杜甫之所以能成为桥接东西方语境的文化符号，"在于其传世诗歌的形式之美，还在于他具备打动西方观众的那种超越时空和语言的能在不同文化中流转的'共通性'内容，即对个体生命疾苦的关注——是生命受困之时的坚韧和达观，是在自然和天地中感受到的沉郁和壮阔之美"。[1] 作为译介者的伍德正是抓住了杜甫这一文化符号中共通的理、事、情，让杜甫与更深层次的中华文化得以获得跨语境的理解与互通：伟大的诗人能在不同文化间产生共鸣，他诗歌中的人类心灵世界，在英语文化中同样非常强烈，如《自京赴奉先县咏怀五百字》和《兵车行》等。

结　语

随着中国综合实力与文化软实力的提升，西方媒体习惯的"中国框架"不仅无助于促进东西方文化间的理解互动，更会塑造文明间有关他者的敌意。特别是在国际传播中，媒介内容背后的意识形态因素越来越成为警惕与批判的对象。英国广播公司有关中国抗疫的纪录片就因"黑白滤镜"问题遭到了国内网友的抵制，甚至以"迷因"（meme）的形式进行解构与戏谑。当传播者在审视和批判西方媒体在表意实践中产生的"畸像"及"畸像"背后的意识形态因素时，也应思考如何在国际传播中搭起更为稳固的共生意义域。在此意义上，内

1　王鑫. 寻找沟通中西方观众的"理、事、情"[N]. 中国青年报，2020-06-08(002).

观中国传统文化中蕴含"理、事、情"的文化符号就显得十分重要，在文化符号的表意实践中达成超越性与对话性的统一，方能促进中华文化进一步走出去。

下　编

他山之石：对话与建构

全球化与中国: 概念、历史与时代

——对英国社会学家马丁·阿尔布劳教授的访谈

马丁·阿尔布劳（Martin Albrow），英国社会科学院院士，从事社会学职业生涯长达半个多世纪。曾担任英国社会学协会主席，英国《社会学》期刊主编，《国际社会学》创刊主编。阿尔布劳教授曾任威尔士大学（卡迪夫）社会学理论讲座教授，以及慕尼黑大学、英国伦敦政治经济学院、纽约州立大学石溪分校、北京外国语大学客座教授。他因其在全球化方面的开创性工作而享誉国际。代表作有：《马克斯·韦伯的社会理论建构》（1990）、《全球化、知识与社会》（1990）、《全球时代：国家与超现代社会》（1996）、《全球化时代的社会和文化变迁》（2014）、《中国在人类命运共同体中的角色：迈向全球领导力理论》（2018）等。

一　理论与现实：全球化的概念、内涵与语境

王鑫（以下简称"王"）：尊敬的阿尔布劳教授，非常感谢您接受

我的采访。在全球化的语境之下，中国无论是在经济领域还是在国际政治格局中都发挥着重要的作用。中国也格外注重国家形象和在国际事务中的作用。您作为全球化概念的首倡者之一，我想更多地了解您对全球化问题的思考，同时在全球化的背景之下，中国应如何扮演好自己的角色。我的主要研究内容还涉及全球视野下的中国的国际形象建设以及中国如何向世界讲述自己，因此，我也会就这个方面的问题进行提问。可以吗？

阿尔布劳（以下简称"阿"）：非常乐意。

王：我们知道，全球化是解释当今世界各种经验和问题的有力的概念之一。作为社会学家，您关注和思考全球化问题的原因是什么？您如何看待今天全球化的语境及其与您提出这个概念时的共同性和差异性？

阿：王教授，你的问题听起来很有趣。在回答这个问题之前，先让我纠正一下一些人的误解，我并非全球化概念的发明者。而且，现在已经很难知道是谁首先使用了"全球化"这个词，它的最初出现可能是在20世纪60年代末。1970年，一位美国政治学家用"全球化"这个词来指代世界基本上将成为一个整体的事实，所以这个词是在一个非常宽泛的意义上被使用的。一段时间以来，世界作为统一体的完整性在日益增加。美国有一位叫罗兰·罗伯逊的教授曾写过全球化方面的学术论文。但我是第一个把"全球化"这个词写进书名的人——《全球化、知识与社会》，这是我主编的一本书，当时书中收录了来自世界各地的社会学者撰写的论文。在1990年世界社会学大会上，我把它发给了与会的大概4000名代表，这可能是全球化概念得以在学术界广泛传播的一个契机。在这个意义上也可以说，这是全球化作为一个概念的开始，而我则是重塑这个概念的主要参与者，但并非发明者。20世纪90年代，全球化概念开始被美国的一些演说家在谈论世界金融体系和自由市场经济的扩展方面广泛使用。当时，全球化主要是由美国人向世界展示的，且在一定程度上与国际传播的概念紧密相连。90年代末，互联网的出现和普及使世界变得越来越小。当然还有卫星通信等技术的变革性发展，所有这些都推动了社会的快速前进。因此，人们大谈全球化是一个相互联系的世界。除此之外，我更倾向于将经济全球化与其他形式的全球化区别开来。我知道中国的领导人在很多场合谈论经济全球化，而不仅仅是泛指全球化，这是非常好的做法，因为全球化这个概念与中国人更喜欢用的"互联互通"结合得更为紧密。因此，从某种意义上说，我们正在回到20世纪70年代全球化的最初含义，即世界成为一个整体。

王：谢谢您让我了解了全球化概念的来龙去脉。2001年，您的著作《全球时代：超越现代性之外的国家和社会》在中国出版，很多学者从中获得思考的灵感。十多年过去了，如果反思自己对全球化问题的理解，您认为是否有需要修正的地方，或者有值得更加深入思考的方面？如果现在您再次定义全球化概念，您会如何定义？

阿：我想如果我现在谈论全球化，它的意义就是我在1996年首次用英语出版的《全球时代：超越现代性之外的国家和社会》一书中所写的那样。但我在那本书中说的是，全球化有几种含义以及这些含义也在发生转变。我们谈到了其中一种全球化，即世界的联通性增强，每个人都可以与其他人进行交流；当然还有经济全球化，即经济关系的发展和自由市场等。这些含义都是不同的。我还试图提出，全球化的概念应该与全球化本身区分开来。事实上，我在《全球时代：超越现代性之外的国家和社会》一书中主张，全球意识早在全球化概念出现之前就出现了，而且这种全球意识在第二次世界大战后变得非常突出，是因为世界正受到威胁，不仅仅是政治上受到的威胁，实际上核战争的威胁尤其突出。我小时候看过1945年美国在日本广岛和长崎投下原子弹的照片，那时我8岁，我还记得看到巨大的蘑菇云。当时人们总是在谈论全球正处于危险之中。现在，全球化问题再次变得非常突出，特别是在思考力充沛的马歇尔·麦克卢汉（Marshall McLuhan）的作品中，他发明了一个词，我敢肯定你们都知道，这个词就是"地球村"。

王：如果从一个历史的角度看，全球化演进的过程中，世界格局的变化与您的理论预设是否保持相对的一致？您认为您的解释框架在如何建立更好的全球社会的可操作性方面，有哪些具体体现？

阿：地球村的概念出现在全球化之前，所以当我们思考全球性问题时，它并不等同于全球化，就像人都是属于家庭的，这个家庭有时受到内部因素的威胁，有时也受到外界的威胁。正如我之前所说的核问题，你可能会认为它与国家之间的纷争有关，但是从20世纪70年代开始，人们就逐渐认识到人类有能力毁灭他们赖以生存的星球这一事实。因此全球性问题与全球化截然不同。所以对我来说，全球时代的定义是对全球威胁的认知，以及人类必须共同努力解决全球性问题的事实。因此，我所做的工作主要是关于世界如何能够共同解决全球性问题，而全球化本身有时是答案的一部分，有时是问题的一部分。我刚才回答的问题跟上一个问题很好地结合了，因为全球化本身并不特别重要，特别是如果你认为全球化有联通性。假设我说世界变得越来越紧密，那是什么样的世界？我们不知道这意味着我们的生活会变得更好还是更糟，我们的争吵到底会更多还是更少，我们吃得更多了还是更少了，我们所投下的炸弹会变多还是变少……仅仅靠说世界的联系日益紧密是回答不了这些问题的，我们要说的是我们将如何利用这些行为，行为的目的是什么，以及行为的决定因素是什么。对我来说，唯一好的目的就是解决世界正在面临的问题，首先是气候变化的威胁，其次是核威胁。我的答案是，全球化本身解决不了这些问题，全球化是世界各国团结起来、共同商定解决办法的方式。

二　全球化、反全球化与后疫情时代：
全球化时代的社会变迁与共通

王：全球化问题的提出是一个历史的过程，不同国家在全球化不同阶段扮演的角色或发挥的作用是不同的，对全球化的立场和态度也不尽相同，或迎或拒，您如何看待这种差异？

阿：这些不同需要从国家利益的角度来审视，可以肯定的是，那些认为自己可以从全球化中获益的国家将促进全球化的发展。因此，在20世纪90年代，美国人认为他们是全球化的赢家，因为他们向世界开放他们的商品以及资本，他们将推进全球化作为解决世界问题的方案，同时他们私下里认为这对他们是有利的。因此，各国应对全球化的方式将取决于它们是否认为这符合它们的利益。我认为中国在全球化方面一直很聪明，判断的标准当然也是看是否对其有利：当对中国有利时，中国当然会认为经济全球化是一件好事——我肯定中国近年来从中受益匪浅。但我想说，几年前我曾为《中国日报》写过一篇文章，我说全球化不一定符合每一个国家的利益。例如，全球化可以产生巨大的财富差异，现在这种情况就在英国发生。可以说，全球化对今天英国社会的分裂负有很大的责任：一方面是一些人巨额财富的增加，另一方面是国家在其他方面的衰败。因此，总体而言，全球化对英国可能是不利的。

王：就像工业革命，英国曾经是其最大的受益者，全球化同样会给一些国家带来机会，也会让一些国家失去机会，因此，反全球化是另一股潮流。在全球化向纵深发展的过程中，您认为反全球化对全球化在哪些方面的冲击最显著，也是全球化概念最为脆弱的地方？您认为反全球化的逻辑基础是什么？在不断变化的全球秩序下，是否构成对全球化有力的"反动"？

阿： 反全球化，很多人也都在提出这个问题。它在20世纪90年代开始出现，当时更多的是一种对美国的抵制，直接反对美国自由贸易政策的行为，在一定程度上也反对美国的文化扩张。它最初在法国表现得比较强烈，但很快就与所谓的西方反资本主义运动融合在一起。1999年美国西雅图爆发了针对世界贸易组织的反全球化抗议，示威者反对自由贸易思想，即美国的新自由主义思想，并且认为自由贸易正在损害其他国家传统工业和农业的利益。特别是在法国，人们认为全球化是对法国文化、法国农业的一种冲击，还发生了法国人袭击麦当劳餐厅的事件。因此，反全球化运动的发展方式与西方普遍的反资本主义意识和民族主义意识相融合。反资本主义运动和民族主义运动是反全球化运动的两个方面。现在，当一些国家对自由贸易区征收关税时，它们认为这样做对自身有利。这种做法在某种程度上符合反全球化分子的要求。所以，你可以把反全球化运动想象成反自由贸易运动。然而不久之后，甚至反全球化者也意识到他们在某种意义上促进了全球化，因为他们正把全世界组织起来。这是一个世界范围的运动，也是一个全球性的运动，明白吗？所以他们提出不能只反对全球化，而是要改变全球化，让全球化对国家有益，而不是伤害国家，这就是反全球化的改变。

事实上，我有一个小的观点，当然也是我的感受，许多研究西方的中国学者可能会认为西方是一个统一体，但实际上西方不是一个统一体，而且从来不是，它总是充满了各种各样的冲突。你要知道，美国是由那些当年离开欧洲的人建立的，因为他们与欧洲的政权有冲突，所以美国是由那些反对欧洲的人组成的。所以想到西方的时候，要注意到西方的内部冲突。一直以来，西方就不仅有一种声音，它有很多种声音。关于全球化和反全球化，在西方就有那么多种不同的声音，对中国来说，意识到这一点非常重要。我认为中国的聪明人会明白，有时候，你需要和西方的一部分人合作；其他时候，与西方的另一部分人合作走向变革。

王：由于新冠肺炎疫情，全球处在被锁住的状态。整个世界发生了重大的变化，这种变化可能对近40年来的世界格局产生重大影响。您认为后疫情时代，全球化会不会恢复到此前的形态？如果存在一个后全球化时代，您认为这个时代会有什么特征呢？

阿：当然，疫情在全球范围内的影响是巨大的。就经济全球化而言，货物贸易和跨国旅行都受到了明显冲击。但我对疫情是否会阻止各国之间的资本流动持怀疑态度，我甚至认为可能会增加资本流动，因为各国的目标是更加自给自足，投资者会对供应链的中断做出反应，技术转让将继续进行，网络技术将在全球范围内进步。事实上，疫情给世界各地人们的工作生活方式带来了冲击。我们看到室外工作的范围显著扩大，城市中心正在发生变化，并且疫情也大大加速了互联网和新信息技术带来的变化。矛盾的是，各个国家将更加积极地为保障本国公民的利益来控制这种变化趋势，同时又会在舆论的驱使下，加强同其他国家和机构的合作来共同处理全球问题。

王：您有一本《全球化时代的社会和文化变迁》的著作，论及全球化时代的文化问题。您认为在全球化时代，不同国家、不同地域和不同文化之间的人们，能够构成有效沟通和交流的基础是什么？您很推崇费孝通先生提出的"各美其美，美人之美，美美与共，天下大同"，其实"天下大同"的前提是要能够做到"美人之美"和"美美与共"，实际上就是尊重差异，尊重世界的多样化构成。无论是美国文化在全球的大行其道，还是文化上的欧洲中心主义，都让"美美与共"成为一种近乎乌托邦的设想。您怎么看待这个问题？

阿：所以说到你所讲的和谐问题，我认为中国人的和谐观是和合。中国人的和谐观是当今世界所需要的理念，尤其是欧美国家，因为和谐即为不同观点、不同价值观的调和。西方常讲价值观，中国更是无时无刻不在讲价值观。但尤为重要的是，价值观本身会相互冲突。因此，必须有一个更高的价值观来调和它们，这就是和谐的价值观，它可以把不同的价值观结合在一起。中国的12个社会主义核心价值观——24个字——就像我最近在一次采访中说的一样，是非常引人注目的。里面没有"合作"这个词，原因是"合作"本身并不是一个真正的价值。如果你想让世界继续运转下去，你就不得不合作。和谐是将合作凝聚在一起的价值观。因此，我认为中国人正在努力为世界找到一条道路，让不同的人和不同的文化共处，尊重差异，而不是单一的世界文化。我想说的是，人们将意识到，随着世界的共同努力，新的价值观正在产生，不仅仅是和谐，不仅仅是多样性，例如，我认为，可持续性——地球的可持续性——是一个全世界都会认同的价值观，全世界都可以而且将一致同意这一点，这也是文化交流的一个原因。所以，无论人们在交流中有什么不同的文化背景，他们都会创造新的价值观，这是我认为最重要的。

三　全球化与中国：国家角色与国家形象

王：中国媒体上有关于您的报道，里面提到您说有点遗憾"没有早一点学中文"，请问您为什么会有这样的感慨？这是否意味着您重新审视中国在全球化时代的特殊性？您认为在全球化的时代，中国扮演了一个什么样的角色？

阿：这个问题简单一些，我可以不那么费力气回答（笑）。我很遗憾此前从来没有学过中文，直到最近几年，我才学了一点儿。但如果我在开始对中国感兴趣的时候就学习中文，那该多好。不能否认，中国给我带来了不同的思维方式，这与它的语言以及与之契合的书写和思维有很大关系。中国人与西方人的思维方式不同，使用的概念与西方的概念并不一一对应。因此，如果把"理"这个概念仅仅翻译成"法"是不够的，它比"法"要深远得多。这不仅仅是西方意义上的法律，它还涉及正确的行为方式，根据情况做事，以正确的方式做事。因为没有合适的词，因此在英语中它就被音译成Li。中国人的观念与西方的观念不相匹配，这是中国人对世界做出的最重要的贡献之一，因为人可以有认识和欣赏世界的不同方式，只有把它们联系起来，了解它们，才有可能建立一个合作的世界。那么，中国的作用是什么，特别是在全球化领域？我认为中国能把人们团结在和谐国家周围，最后我希望，中国能与全球，特别是能与美国政府就如何治理全球达成协议。

王：我注意到您第一次来到中国是在1987年，这是30多年前的事情了。您最近的专著《中国在人类命运共同体中的角色：走向全球领导理论》仍旧是关于中国的。您对中国的关注，是出于中国在全球化过程中的作用，还是有其他的机缘？您认为，在过去30多年时间里，中国在全球化进程中发生了怎样的变化？

阿：我是1987年第一次到中国的，当时我教的中国学生中有国家计划生育委员会的一些管理者。我来中国是为了了解中国的计划生育政策。我记得在1988年我还进行了另一次旅行，到中国的农村与中国的基层管理者交流。我能够观察到很多关于中国的事情，给我印象最深的事情之一是人们为了同一目的共同努力的那种目标感，那是在邓小平改革开放政策实施10年后。中国已经把目光投向了外面的世界，因此，我对我受到的礼遇和欢迎的程度印象深刻。我后来与中国的接触总是基于这样一个设定，即中国人民非常好客，并且总是很高兴见到我，这是很可爱的，现在也是如此。我参加了北京第二届"一带一路"国际论坛，那是一个非常精彩的活动，我在那里得到了很多有价值的信息。我认为，一个明显的改变是，中国在国际交流中变得更加自信。中国的改革开放使更多的中国人走出去，越来越多地融入世界，当然他们中很多人后来回到了自己的国家。所以中国人欢迎先进技术，他们一直致力于促进科技发展。我三四年前到中国时就被无接触支付方式惊讶到了，在这一点上中国比英国先进多了。所以，如果经常去中国（我经常去中国），给人深刻印象的显然就是这种改变。中国的主要任务是管理这种变化，不让事情的发展失控，因为如果只遵循技术至上原则是非常危险的，技术也可能破坏价值观，就像它能增进价值观一样。我认为中国的领导层非常清楚这样一个事实，即必须确保技术的发展符合中国的价值观和中国的发展，因为社会是第一位的，技术是在它之后的。

王：您提及的全球化包括五个维度：由全部人类活动造成的全球性的环境后果；由具有全球破坏性的武器导致的安全感的丧失；通信系统的全球性；全球性经济现象的涌现；全球主义的反省性——在有这种反省性的地方，人们和各种团体都以全球作为自己确定信仰的参照系。您认为，中国是如何在您提及的五个方面做好应对，使您得出了中国"走向全球领导"的这一结论？

阿：这很有趣，但是我甚至忘记了我在哪篇文章写了全球化的五个维度。但不管怎么说，这是很棒的事，我想到了全球化的不同层面。总的来说，我认为中国意识到了这些领域的每一个方面，并做出了反应。我觉得关键是中国确实把它们作为一个整体来看待，确实把全球问题和全球化的各个方面放在一起考虑，这是朝着全球领导地位迈进的第一个要求。必须从整体上认识全球，以及全球社会的结构；必须有一种全球社会的自觉；必须树立一种全球社会的意识，对国家在世界上的定位有所认知，对全球社会所需要的东西有所思考。而且我认为所有这些对中国来说比对其他国家更加重要。我的意思是，小国可能有这种认识，但是它们做不到那么多。比如立陶宛，那里只有300万人口，也许他们对这些问题的认识和中国人是一样的。但是，与14亿人相比，300万人能做些什么呢？你知道，这是中国应对挑战的力量，也是中国在这些领域适合发挥其全球领导力的基础。不过仅有人口规模是不够的，还必须有一个全球领导战略，这一点上我想我能提供一些帮助。我希望我接下来的写作能就全球领导能力提出建议。

王：很期待您的新作问世。实际上，世界各国对中国的"一带一路"倡议的评价还存在不同的声音，但是中国非常重视在全球化进程中展现一个负责任大国的形象。您如何看待这一问题？

阿：好吧，举个例子，我刚刚跟王义桅教授合作写了一篇关于"一带一路"所面临的挑战的文章。这是一次关于一系列问题的对话："一带一路"仅仅是一个增强实力的地缘政治战略吗？"一带一路"是否会给各国造成债务陷阱？"一带一路"是否会对环境造成破坏？等等。所有这些都有答案。比如说，债务陷阱问题，中国没有理由为谈判"一带一路"协议的国家制造债务陷阱，任何贷款人都没有理由为借款人设下债务陷阱。同时，我没有看到任何证据表明中国制造了引发债务陷阱的条件。有时，人们由于自己无法控制的原因而无法偿还他们的债务，这种情况的确时有发生。中国必须认识到，当你把钱借给别人时，总会产生一种风险，那就是他们无法偿还。我相信，如果在"一带一路"项目中发生这种事情，中国也会以尊重的态度对待，会表现出慷慨和理智。我没有任何理由认为，中国在基础设施建设方面的投资计划是在制造债务陷阱。很明显，在地缘政治战略上，"一带一路"增强了中国的实力。但我不认为这是以消极的方式增加的，也不认为这是零和博弈的问题。中国把它作为双赢战略，能够实现双方共赢。我甚至不认为如果中国能稳定世界局势，美国就一定会处于劣势。让中国更强大，同时又能使整个东南亚更加强大和稳定，这是一件好事。所以，对于所有关于"一带一路"的抱怨，我心中自有答案。而且，中国在全球治理方面的记录非常好。没有理由认为"一带一路"不会对世界和平做出贡献。我相信，如果你们愿意为了全世界的利益而利用全球化，这是一次真正的试验。

王：在全球化时代，中国离不开世界，世界也离不开中国，能否请您谈一谈在当前充满不确定性的世界中，中国应该如何塑造自身的大国形象，哪些方面是特别值得关注的？

阿：这里有两个方面。一方面是中国在交付项目方面有着非常好的记录，中国向全世界展示了，它是这样一个大国，即它可以为全世界做更多的事情，从而展现中国作为一个全球参与者的力量。这很重要。另一方面，中国有着与世界其他国家不同的独特文化和道德政治价值观体系，它向世界其他国家表明，不必和中国一样，每个国家可以从自己的文化立场来解决全球问题。中国的伟大之处在于它与西方如此不同，即使它采用的技术是西方的，它也开发属于世界的技术，但与之相关的价值观依然是中国人的价值观。这是一个很好的典范，即使我们在技术上沿着同样的方向前进，我们仍然可以保留自己的价值观，并为世界做出贡献。这是中国能给世界带来的巨大利益。

王：您认为在后疫情时代，全球需要一个怎样的中国？事实上，中国抗击疫情的成功，也遭遇一些负面的舆论。对中国的态度上，还是存在很多不太符合实际的评价，您如何看待这个问题呢？

阿：中国对疫情的有效抗击使人们更多地关注到中国的政府管理体系，并从某种程度上转移了人们对中国与世界其他国家文化交流的关注。中国的成功源于其独特的现代理论与古代文化同中国特色社会主义的结合，而这两者并没有得到世界其他国家的广泛理解，西方的回应仍然带有旧的冷战态度。世界正处在一个特别动荡的时刻。世界的稳定与发展将在很大程度上取决于包括中国在内的当前大国领导层的智慧。我们希望，与冲突相比，各国能从合作中获得更多好处。

王：非常感谢您接受我的访问。您对全球化概念的梳理和廓清，从历史、时代的语境下对全球化和反全球化问题的阐释，以及对中国如何在全球化中扮演自己的角色、树立自己的形象、解决自己和世界的问题给予的回答和提出的建议，给了我很多启发和思考的灵感。

阿：这是一次很开心的交流，希望对你有帮助。

全球化视域下"转文化"的概念、实践与生产

——对常向群教授的访谈

 常向群教授，社会学与社会人类学博士。全球中国学术院（Global China Institute）院长、全球中国比较研究会（China in Comparative Perspective Network Global）会长、全球中国智库主任、《中国比较研究》主编和环球世纪出版社（Global Century Press）总编；英国伦敦大学亚非学院教授级研究员、英国伦敦经济学院高级研究员、伦敦大学学院荣誉教授、威斯敏斯特大学客座教授。常向群教授是英国唯一一位受过中国和英国的社会学双重训练的社会学者，也是长期从事跨社会学、社会人类学和中国研究诸学科的英籍华人学者。她以生产全球性的公益事业和全球公共物品为学术和社会双重使命，致力于搭建中外沟通之桥梁，服务于全球社会。

一 "转文化"概念的提出与内涵

王鑫（以下简称"王"）：常教授您好，非常感谢您接受我的采

访，我在全球中国学术院的网站上看到了一句话，"创用'转文化'和社会创造概念促进公众对全球事务的理解并参与全球治理的公共对话"，我很想了解一下什么是"转文化"，如何用"转文化"的理念或者概念进行中华文化的海外输出？

常向群（以下简称"常"）："转文化"这个词的英文是"transculturality"。在跨文化研究中有几个词：crosscultural、intercultural、multicultural、transcultural，但是，这些英文概念翻译成中文都是"跨文化的"，这就像是"胡子眉毛一把抓"。其实，这些英文单词背后的理论都不太一样，用法也不同，比如，近年来，有大量的留学生和其他人员到英国来了，属于"crossculture"，跨过来了，会受到一些 cultureshock（文化冲击）。再如，近百年来，有一些华侨在英国开了很多中餐馆，所售菜品虽然会有一些本土化的调整和改变，但是仍旧保持中餐的独特性，就像意大利菜、法国菜、印度菜、土耳其菜一样，与英国主流文化形成了"multicultural"（多元文化共存的）状态。此外，还有大量的中资机构或企业，比如英国的常青图书公司 [CypressBookco.（UK）ltd.] 是中国外文局主管的中国国际图书贸易集团公司在英国的分公司，该公司从20世纪80年代成立以来，经营也有几十年的时间了，在英国本土化经营过程中形成了我们称之为"interculture"（际文化）的特色。这种"interculture"实际上是以自身文化为主体的一种外来文化，与当时的主流文化有了跨界部分，但没有更多的融合。

"转文化"是另一个概念，如我们全球中国学术院，可以说是一个"转文化"的产品（transcultural product），最简单的比喻就是中西合璧，即把中国的和西方的好东西糅在一起，产生一种更好的东西。中国人可以从中看到中国的元素，西方人可以从中看到西方的元素，双方都会有熟悉和亲切的感觉，既能看到自己文化的模样，又能看到不同文化的模样，因为这是一种更包容、更丰富的新的产品。再比如，在英国有很多混血儿，父母一方是英国人，一方是中国人，他们既有中国人的基因，也有英国人的基因，但是，他们既不是纯粹的英国人，也不是纯粹的中国人，而是兼有了这两种基因的一个新的"product"。这类的机构或人群经历了转文化的过程，产生的转文化"产品"有着具体的文化的载体和表征。转文化涉及方方面面，因为文化本身就包括了物质文化、制度文化和精神文化三个层面。

王：是不是经过重新的移植、嫁接、转换和生产，不同文化的受众都能接受和认同的产品形成了？

常：对。刚才我提到了餐饮。除了餐饮，还有建筑，比如我们刚刚看到的那座穆斯林风格的教堂，它的建筑既有哥特式的高高的尖顶，也有罗马建筑的穹顶。

王：2019年古驰（Gucci）发布的新款服装，把中国猪年的元素融入了设计，各种可爱的小猪非常让年轻人喜欢。而英国本土也有一只名叫佩奇（Peggy）的小猪。据BBC报道，中国有几百万的孩子喜欢这只粉红小猪。

常：对，通过手机及其各种应用程序，这些转文化产品很容易传播。有个很火的短视频《啥是佩奇》，展现出一只英国的粉红小猪掀起了中国乡村和城市的文化、代际等多方面的讨论。这只粉红小猪非常受中国孩子的喜爱，他们会用自己的画笔画出不同模样的佩奇。这种文化的输出和接受，是一个柔性的过程，是将文化产品转成了另一种文化可以接纳的内容。"转文化"的产品潜移默化地进入另外一种文化。

王：英国诗人艾略特说，文化就是"一个民族全部的生活方式，从出生到走进坟墓，从清晨到夜晚，甚至在睡梦之中"。与人发生关系的一切都是文化的组成部分，都有可能成为转文化的内容和产品。

常：正因为如此，我们正在参与把"转文化"这个概念锤炼成一个概念工具（conceptual tool），希望其成为对人类社会生活具有强大的解释力和分析力的概念。在20世纪七八十年代，我们讲"现代化"，虽然中国现在也在讲"现代化"，那涉及其他语境。但是到了20世纪80年代后期，在西方，"现代化"这个话语不够用了，国外的思想家就提出了"全球化"这样的概念。当"全球化"变成主流话语之后，出现了很多问题，后来又有人提出"在地全球化"和"反全球化"这样的话语。全球化的趋势不太容易逆转，但是"全球时代"可能会终结，就像福山讲的"历史的终结"一样。英国社会学家马丁·阿尔布劳（Martin Albrow），《全球时代》的作者，他把"全球化"这个概念首次用于他主编的一本书。他现在在写一本关于全球时代是否将终结的书，认为人类实际上已经处于数字时代（Digital Age），而分析数字时代各种现象最好的工具可能是"转文化"概念，所以我们在推动"转文化"话语向学术界和思想界主流话语发展。

王：从概念的提出，到概念本身蕴含的学术解释力和分析力，我看到了您作为社会学学者的思维方式、研究方法和对概念工具的倚重。其实，分析世界各地出现的各种各样的转文化现象和不同社会在社会变迁过程中遇到的问题，仅仅描述和解释远远不够，需要有一个强有力的概念和理论作为分析的工具。

常：你的这种感觉非常好。一般来讲，做任何研究，有理论意识和历史感是非常重要的。比如你说到的让新闻传播学专业的学生去读历史书，例如关于香料的历史和文明变迁的书，学生们读完之后都可以做一些文化和文明的比较研究。无论是香料、茶叶还是谷物等，都会和一种文明发生关系。文明的比较比文化的比较更具有社会科学性（social scientific）。文化比较软，文明比较硬，更有可比性，这是历史感的表现。但是我们还需要有前瞻性。如果说20世纪七八十年代主要是现代化，90年代到21世纪以来是全球化时代，那么现在进入数字时代了，我们应该为人类社会的发展提供什么样的分析框架？我很看好"转文化"概念。我觉得费孝通先生的"各美其美，美人之美，美美与共，天下大同"（他也说过"和而不同"），这16个字具有方法论和工具性的意义。"各美其美"，任何一种文明和文化的存在都有其价值和美好之处，人们不能因为自己的文明和文化而否定他者。比如，我们喝的印度茶，印度语叫"chai"，比中国的茶（cha）多了一个"i"。有什么区别呢？也许就是印度茶里加入了一些东西，有一股类似咸香的味道，就是香料的味道。仅仅从中国的"cha"到印度的"chai"，也能够看到差异和相通的地方。我们经常讲"文化"，因为"文化"这个词是大家日常生活中能够感受得到的外在的形式，文明则是文化的内在价值。在全球化的历史进程中，外在的文化的多样性或曰文化间的差异在不断减少，这是一种转文化的过程，现阶段的人类文明则呈现出数字时代的特点。我们做研究的时候，会选择最大限度符合所有人需求的概念作为分析工具。如，我们曾经做过金砖国家新移民在英国、美国、日本和澳大利亚的比较研究，访谈了一些印度人、巴西人，我们的访谈和研究范围已经超出了华人这个群体。有意思的是，在这些人身上，你会发现大量中国人的感觉、观念和现象等等。我经常会感慨："我们这么熟悉的东西，怎么他们也有啊？"实际上，他们的文化可能一直有这些东西，但是我们不知道。尤其在数字时代，有了互联网后，不管生活在什么文化里，不同文化的建筑、时装、支付方式等都相通，因为这些都是转文化产品，"美美与共"了。既然大家都喜欢，这点像你们，那点像我们，这就拉近了不同文化中的人之间的距离。这样就好理解了，拿出一个概念，关键要看它是否具有分析力。费孝通先生的最后四个字"天下大同"，后来常用"和而不同"表述，比如中国的支付宝和国外的PayPal本质上都是付款方式，但不是说全世界只能用支付宝或PayPal。

王："和而不同"，出自周太史史伯提出的"和实生物，同则不继"（《国语·郑语》），不同文化应该和谐友好相处，彼此尊重。这其实是讲了多元文化的共生共荣，而不是一种文化被控制、被压迫，或者一种文化侵入和消灭另一种文化，多样性能保证文化之间的平衡状态。

常：对。研究概念工具的提炼也是同样的道理。20世纪80年代中期，北京知识界有一个"镰刀割不到镰刀把儿"的悖论，就是人们难以通过对自己社会的研究提炼出一种分析自己社会现象的概念工具。我的学术发展也经历了转文化实践。我在东北师范大学读社会学研究生的时候，导师丁克全教授是日本著名社会学家福武直在东京帝国大学的同学，丁先生是当时中国社会学的顶级学者之一，他特别强调做概念。后来我在北京工作时参加了中国社科院社会学研究所承担的国家社科重大项目"马克思主义社会学理论研究"，也在做对中国社会学研究提炼概念工具的尝试。1991年，我到英国来做访问学者，当时有一个项目在全球招聘研究人员，我被聘用了。我很好奇自己在几十位面试者中被录用的原因，王斯福（Stephan Feucht wang）教授告诉我，虽然我的英语不如他们说得好（许多应聘者是英语专业的），但是我有社会学的背景，我提到我们在中国研究自己的东西，锤炼不出概念工具，希望通过这个项目学会锤炼概念工具的本事，然后才能把中国好的研究推介到人类社会知识的殿堂里去。他说，这叫"conceptualization"（概念化），这也是他一直在做的研究和从事的事业。其实，在英国，也有一些中国人做社会学研究，但是由于他们大都没有在中国接受过社会学训练，也缺乏对中国社会的经验研究，因此难以与国内的社会学研究者充分对接和深入交流。我的优势在于从未中断与国内的学术交流，参与社会学以及跨学科的交流与合作。这样做既能保持学术活力，也能不断增加复杂的生活经验。我希望能在与国内外同人展开学术研究的转文化过程中，为人类的知识殿堂添加来自中国的学术和知识产品，这可能有多元文化并存的特点，也可能锤炼出能为其他文化背景的人共享的数字时代的概念工具。

二 "转文化"的接合与实践操作

王：我一直觉得您作为个案颇有黑格尔说的"这一个"的意思，就是典型的意思。而且，您在第五届全球中国对话论坛闭幕式上也提及，要进行转文化的学术交流和研究，以及不断将中国的文化进行转文化的加工，形成产品。您认为转文化这个概念，如何在操作层面上帮助中国更好地进行文化和价值观的输出呢？

常：这里我要说两点，第一，从历史上看，中华文化在国外从来都有崇高的地位。如在17、18世纪的时候，欧洲大陆和英国刮起了一阵"中国旋风"，很多贵族将能够欣赏甚至拥有中国的器物视为一件非常荣耀的事情。他们对中华文化的欣赏是有传统的，欣赏之后，会把中华文化融入自己的文化。比如，温莎城堡里有大量的英国制造的青花瓷展品，这些展品就是受中国瓷器的影响生产出来的转文化产品。第二，从现实中看，前几年，大英博物馆做了一个中国兵马俑的特展，我因为工作太忙直到展览快结束时才有时间去参观，但是已经无法订到票了，唯一的办法是在第二天博物馆开门前买限额的票入场。为此，我半夜来到大英博物馆排队，没想到那里已经有上百人在那里排队，他们大都躺在睡袋里，基本上全是英国人。跟他们聊天时，我发现他们主要是受到对另一种文化的好奇和欣赏的驱使。观看展览时，我体会到这个兵马俑的展览其实是一个转文化产品，因为西方人已经把他们的思维方式及对问题的理解，用他们的文化形式展示出来，即把中国的文化转换成了西方文化语境可理解的部分，在他们的文化语境中进行解读和阐释。这样的展览，也拓展了我这样的中国人对生与死及其轮回的理解。

王：您刚才说的例子特别好，因为很多研究者会认为英国人或者欧洲人可能理解不了我们的文化，文化存在"鸿沟"，但是您刚才讲到，其实一种文化中的人很容易以自己的方式去将另一种文化中的内容转化成自己可理解、可欣赏的内容，感受其中的美，这恰恰说明转文化的方式可以建立一种沟通的"情境"，来实现不同文化之间的有效沟通。但是很多学者的"学术想象"，至少在我看来，仍旧存在萨义德"东方主义"的忧虑。所以我想问的是，这种文化上的相通性，是什么原因使然？或者是人类有什么样的共同能力，使其能够超越诸多的障碍，实现对于"异域文化"的理解？

常：德国艺术史家格罗塞在《艺术的起源》一书中提到，达尔文有一次到智利南端的合恩角考察，在这座荒岛上，他看到正在受冻的翡及安土人，拿出一些红布给他们御寒，没想到，他们没有用这些红布做衣服，而是撕成布条，绑在身上或系在头发上，扭动起舞。这说明他们对于美的需求高于冷暖。可见无论是原始人还是现代人，中国人还是外国人，都有这种爱美的需求，"爱美之心，人皆有之"，这是人的一种共性，因此，人们看待很多外来的事物和文化，会从审美的角度看。我再举一个例子，我们出版的刊物《全球中国比较研究》，有中文和英文两个版本。最初的封面是伦敦政治经济学院设计办公室设计的，后来我们的美术顾问（在英国学设计的台湾人）看了之后，就在中国汉字的地方描了一下，因为封面上的英文和中文用了设计软件中最相近的两种字体排在一起，字体内在的审美很不协调。经过描线之后，这两种不同文字的组合就产生了美感，看起来非常和谐，不同文化背景的人的审美超越了技术和单一文化背景的局限。另外，我们的美编不认识汉字，却能把中文排版排得很美观。英文学术著作很少有汉字，通过他反复尝试，我们环球世纪出版社的英汉混排，从字体到批量的文字组合，都和谐美观。我们还在这方面制定了一些规则，我们出版的书和期刊从形式上看都是转文化产品吧。

王：我没想到您会从审美的角度回答这个问题。我讲过十年的美学，我在思考不同文化之间交流的可能性的时候，也会从审美的角度去思考。您提出的这样一个角度，在某种程度上增强了我对于解释这个问题的理论自信，比如我从孟子的"审美共通感"以及刘勰的"知音说"中找到可供借鉴的内容，同时也从康德的审美判断那里找到了理论支持。

常：您的这个反馈特别好。我还是想举一个例子，就是我的孩子小时候在野游时，被荨麻草刺了，老师告诉他用另外一种草（忘了名称）挤出汁水涂抹上，果然很快就好了。他们统称这些草药或草料"herb"，管中国的草药也叫"herb"。实际上，人类都是从自然中走出来的，经历了社会化的过程。人从自然中获得的生存智慧也具有相通性。不仅是欧洲，非洲、美洲都是如此，特别是关于植物之间"相生相克"的关系；不只是中国人发现了，世界不同文明中的人都有相通的发现。只不过，我们的中草药与中国人的思维方式和文化深刻地交织在一起，不仅形成了中医学的独特性，还有经典的药理和药典，其实这也体现了中国哲学所蕴含的身体和万物以及天地之间的关系。但是，许多中国人不太了解这些，以为草药就是我们独有的中草药。近年来，虽然欧盟出台的珍稀动植物和矿物等不能入药的法律法规影响了中药在英国的发展，但中医在英国仍是被接纳和认同的，如按摩和针灸等治疗方法，也与古希腊的医学存在相通性，二者都发现了一些穴位，英语叫"presure points"。我举这个例子是想说明，除了审美上的共通，不同文化在人与自然的关系上，具体来说就是人对自然的感受和感知方面，也存在许多相通性，能够感同身受的内容也有助于交流。

王：您说的这种感受，和孟子说"口之于味，有同耆焉，耳之于声，有同听焉，目之于色，有同美焉"，都是基于生理的相通而产生的感受的相通吗？

常：这是其中的一个方面，但是有视觉障碍和听觉障碍的人不依靠耳目也可以有共通的感受，我认为，除了生理方面，很多还是依靠心灵的感受，这些是超越人的器官而产生的相通。这是一个从审美到自然，再到心灵和精神的过程。我想正是因为这三点的原因，不同文化的人才可以超越语言、地域、政治的局限，欣赏、感受、尊重和崇敬人类的知识、科技、文化、艺术、信仰和智慧。所以，一旦只强调唯一性，而不尊重多样性，就会遭到很多质疑。如果要从中国经验研究中锤炼出一个概念，一方面，首先要有一个客观定位，这样就进可攻、退可守。另一方面，还需要有一个距离。这并不一定是一个有形的物理空间，但至少是在心灵上保持距离。这样才可能从在地经验研究中锤炼出概念工具来。

王：就是既要"入乎其内"，又要"出乎其外"。"入乎其内"是要对一种文化有深切的情感和生命体验，"出乎其外"是要跃出来，以审慎、理性和客观的态度看待这种文化。

常：这个意思，我在江村做田野调查时受到过费孝通先生的直接教诲。他说，我们首先要下来住几个月，深入调研，要"进得进"，更要"出得出"。他说得非常浅白，这其实也是一种方法论。要怎么"出来"，"出"到什么程度？从中国社会科学史来看，中国晚清以来几代社会学家都在"进进出出"。从严复说起，他在英国皇家海军学院读书的时候，读到斯宾塞的社会学的书，然后翻译并出版了此书，叫《群学》，社会和社会学的概念是后来从日本转过来的。

王：群众的"群"，我不知道是不是从《论语》的"兴、观、群、怨"而来，强调社会学的集体性和社会关系。我没有考证过，不是很确定。

常："兴观群怨"，是孔子对诗的社会作用的高度概括。我继续前面的话题。如果说严复是中国第一代学者，把国外的知识引进到中国，国内的人也如饥似渴地学习，这些都是"进"。第二代学者，如费孝通的导师吴文藻先生，他的"进"主要是做社会学和人类学的本土化工作，他的"出"包括将费孝通等人送出去深造，也通过他们把中国社会学和人类学的研究成果介绍出去。广义地说，费孝通也属于第二代学者，他以打造社会学和人类学的中国学派为己任。改革开放之后，社会学重建之初，有一些学者从哲学和其他学科转过来了，费孝通强调要强化学科（discipline）意识，研究者只有经过社会学学科的专门训练和学习，才能被称为社会学者。费孝通先生90岁以后，写了《试谈扩展社会学的传统界限》一文，认为社会学是一种具有"科学"和"人文"双重性格的学科，其人文性决定了社会学也应该研究一些关于"人""群体""社会""文化""历史"等的基本问题，还有与自然活动相关的人文活动、人的精神世界、人与人交流中的意会、与人的客观性对应的主观性问题，包括生物的"我"、社会的"我"、文化的"我"、表面的"我"、隐藏的"我"、说不清楚的"我"等，以及基于人心的世界观问题。经典的社会学都没有这些带有中国特色的领域，而中国有丰富的相关研究的资源，应该进行社会学的研究，也许这些将成为他想打造的社会学中国学派的贡献。第三代学人，就是郑杭生和陆学艺这一辈学者。他们认为，中国一直用西方社会学的概念、理论、方法来研究和解释社会问题和现象，现在到了从对中国的经验研究和实践中提炼自己的社会学概念的时代。他们在晚年都力推"社会建设"概念问题。到了第四代，即我们这一代学人，有两类，国内的学者在"进"的方面不断深化本土化；长期以来，我与相关学者在推"出"我们的研究成果，是在体验跨文化（crossculture）、际文化（interculture），或转文化（transculture）的过程。如果我们有转文化意识，从形式到内容，既不是全盘西化，也不是中国唯一，而是能够被中国人认同，又能被西方人喜欢，做出的转文化的产品，即全新的产品，从形式到内容都能被广泛地接受。总之，转文化概念是一个很有生命力的概念，这个概念能够看到"我"，也能够看到"你"，"你中有我，我中有你"，最终可以具象化为一个产品。"转文化"的概念具有理论范式的意义，也具有方法论的意义，既可以被用来解释文化传播"是什么"的问题，也能够较好地回答转文化产品生成的"何以能"的问题。不同的概念能够确定不同的问题域，所以，锤炼出概念工具是为解释问题和现象提供了"批判的武器"。

王：我有一种感觉，"转文化"这个概念强调的是一个动态过程的表述，而且除了转换、转化，还要再生、再构，其他概念更强调一种给定性。我觉得要特别和您沟通一下，因为一个有生命力的概念也会衍生很多实践，在这个意义上讲，"转文化"既是概念也是方法，还是实践，在具体的操作层面，您有建设性的想法和实现路径吗？

常：对，有这个层面的意思。但是"跨文化"和"际文化"也有动词在里面，也强调动态。就动态来讲，这三个概念都有，不同的是，"跨文化"主要是一种现象，"际文化"主要呈现的是一种形态，但是"转文化"会生成一种新的产品，即转文化生成性（transcultural generality）。这个概念最初是法国华人人类学家于硕提出的，后来在学术界得到一定程度上的认同，产生了一套相关的学术话语。特别是转文化与其他概念分开的时候，就会厘定自己的概念边界，同时在其内部又有新的话语构成。

王：我在2018年第11期的《国际传播》杂志中看到了一篇文章，是清华大学史安斌教授撰写的，关于从跨文化传播到转文化传播的文章，这是很新的一个提法。从内容来看，这篇文章倾向于研究如何用转文化的概念适应最新的国际传播形势，但是并未从语言学到社会学层面上梳理和总结这个概念。

常：转文化的概念是1947年古巴人类学家费尔南多·欧蒂斯（Fernando Ortiz）提出的，但在学术界一直是边缘话语，没有进入西方社会的主流话语。现在有一批文化研究专家、人类学家和社会学家，包括我本人在内，希望把这个边缘话语变成主流话语，最后使之成为能被普遍接受的话语概念和分析工具。

王：那就需要对这个概念做一个知识考古了。这个概念没有进入主流学术话语，是不是因为这个概念的提出具有一定的前瞻性，当时的社会语境、国际交流与合作、不同文化之间的传播还没有为它的生长、壮大和普及提供适当的土壤？

常：对，任何一个研究都有时间的影响面。一方面，概念本身的学术影响面的扩大需要一个过程；另一方面要看整个的外部环境是否能为概念的成长提供必要的现实依据。因此，能够成为主流话语的概念不仅需要学术建设，还少不了社会对它的需求。实际上，20世纪80年代以来，法国人很喜欢用这个概念。如，20世纪90年代，一些法国学者和专家与北京大学的乐黛云等学者一起做了一本《跨文化研究》（Transcultural Studies）期刊，当时，他们没有找到"transcultural"对应的汉语，将其翻译成了"跨文化"，与"cross-cultural"相混了，影响了概念本身的传播。瑞士汉学家胜雅律（Harovon Senger），是翻译《三十六计》的权威。他对翻译的方法论特别讲究。他说，翻译的过程中，如果给要翻译的语言在另一种语言中找一个现成的概念，等于找到一个"假肢"，人们借助"假肢"可以"走过去"，但是没有办法走向理解和认识问题的彼岸，所以译者有时需要造词，他认为把"谋略"翻译成"stratagem"丧失了一些内涵，他也不主张参照汉语拼音译为"moulue"，因为还要用其他的英文词进一步解释，所以造了一个英文词"superplanning"，懂点英文的人一看就知道"谋略"是一种不同于"stratagem"的"superplanning"。"transcultural"的翻译问题，也是导致整个概念没有很好传播和成长的一个因素。无论是学者翻译的内容还是翻译家翻译的内容，英译汉还是汉译英，有15%—20%存在翻译的"疙瘩"，这种没有翻译透彻的东西恰是学术研究关键和核心的内容。只有捕捉这些内容，进行透彻辨析，翻译准确，才有助于理解和深化学科的研究。由于一些英文词很难翻译，译者会做阐释（interpretation），阐释会带有译者的知识背景和理解偏好，可能令那些词丢掉原意，翻译家的阐释和学者的阐释是不一样的。因此，我们与语言学家合作，出版了《社科汉语研究》（*Journal of Chinese for Social Sciences*）期刊，探讨这些问题。我们请翻译家和学者共同对比较难的词汇进行翻译和校正，以确保我们的转文化"产品"能够准确地在不同文化之间传播。我们的转文化的产品是由作者、翻译、编辑、校对、美编和出版商等共同完成的，因此新产品出来之后，作者、翻译、编辑、美编等人都会从中找到自己表现的形式，因为这是他们共同的产品。

　　王：那现在"转文化"这个概念的翻译是您和您的团队做的吗？

　　常：这个工作我们这几年开始做了，起初我们将其翻译成"超文化"，大家都不太满意。后来，我们几个学者在一起讨论，认为这个词翻译成"转文化"稍微好一点，就把我们出版物中的"超文化"改成了"转文化"，不想产生歧义，因为按照一个新的理念来做产品，一定要做得准确。再后来，我们发现，中国传媒大学的一位老师在讲"转文化"。我们虽然并不认识，是一种"背靠背"的状态，但是都找到了这样的一个概念，这是好现象，因为你不能孤证，要找到旁证。正是这种"背靠背"的状态，说明我们在这个问题上有了学术共识。

三 转文化产品的生产、输出与传播

王：从转文化的概念，您特别提到了产品的问题。环球世纪出版社出版了一些系列丛书，如"中华概念""中华话语"等。这些书是转文化产品吗？出版情况如何？

常：以上系列丛书均出版了几本，其他系列的书也在出版中。出版系列丛书也是郑杭生先生建议的。关于中华概念（Chinese concepts），前面已经提到了，中国学者一直希望能够锤炼出概念工具，西方学者也是如此。为什么马林诺夫斯基会说费孝通先生的《江村经济》是社会人类学学科发展的一座里程碑，因为过去没有这方面的内容。英国人类学家莫里斯·弗里德曼（Maurice Fredman）于1962年发表了纪念马林诺夫斯基的演讲，题目是"社会人类学的中国时代"（A Chinese Phase in Social Anthropology）。他认为社会人类学要研究像中国这样历史悠久、人口众多的复杂的社会，通过这些研究提炼概念、工具和方法，以推动学科的发展。我们学的人类学其实是西方的人类学，但是西方从来不说自己的是西方的人类学，而认为那是世界的、全人类的。同时西方学者也意识到他们缺乏对中国这样的国家和地区的研究，他们很愿意把中国的东西做进去，无论是自己做还是和我们联手去做。人类的知识大厦里一定应该有来自中国的知识、概念、工具和方法。

中国学者最大的问题就是不善于精准地表达自己的学术成果（即费孝通说的"出得出"的"出"的问题）。如果我们做得很低端，西方学者会说不值得看；如果我们做得很好，却很难按照他们习惯的话语或形式表达出来，则难以使西方学者了解和正视我们的贡献，这是推介中国学术成果面临的一个很大的挑战。

近几十年来，中国学者出了很多好东西，中国进入了一个学术丰收的年代。我称这些好的成果为"珠宝"，中国学术的珠宝。一方面要打磨这些珠宝，让它们闪闪发光；另一方面要把它们按照不同的特点分类，在人类知识大厦中布置一个中国知识瑰宝的展厅，这是我们的学术使命的一部分。如果你只是一个厅的话，还只是与来自其他国家和地区研究的成果并存（co-existence），或者是"intercultural"（际文化），还没有到transcultural（转文化）的境界。

中国社会科学的"转文化"也可以说是中国社科的全球化。我们有一套丛书叫"中国社会科学全球化"，这不是说我们出版的内容是"转文化"著作，而是说我们出版的期刊和系列丛书从制作的形式上看是转文化产品。希望这些"Made in UK"的知识产品有助于推动中国社会科学向人类社会科学发展，最后通过这个转文化过程，全面更新西方社会科学教科书。怎么才能做到这一点呢？比如，安东尼·吉登斯（Anthony Giddens）的《社会学》出版了第九版，几年前增加了一点对中国的"关系"的研究。我提出书中的一些问题后，他说，你们不能指望把你们的书给我，就可能被用起来，而要把研究成果或锤炼出的概念精确表述出来，要有相关参考文献，便于我以后更新书稿时加进去。除了社会学，政治学、人类学、法学，包括传播学，等等，都可以这么做，一旦在这些学科中糅入中国社会科学的成果，在某种意义上，就是通过中国社会科学的转文化将其成果融入了人类的知识大厦。

中国的观念、概念、文化需要借助于出版物的载体走出去，走出去了还要落地，落地的目的是什么？要生根开花结果。如果这些西方社会科学教科书没有引用中国出版的书中的观点，一般来说不存在违反学术伦理和学术规范的问题。我们的出版社是英国的出版社，不存在落地的问题，我们就是从这里长出来的，我们的出版物直接进入大英图书馆的检索系统。不仅如此，我们还拿到了国际官方机构Crossref的数字对象标识符DOI的授权。我们出版的期刊里的每一篇文章、书里的每个章节，甚至会议文集中的每篇讲稿都带有DOI，我们可以通过Crossref和PILA（出版商国际链接协会）联合运营，进入全球的图书馆、在线期刊主机、链接服务提供商、二级数据库提供商、搜索引擎和文章查询工具提供商数字服务系统。如果西方教科书的作者不把我们的书列为有关中国的研究的参考文献，我们可以通过英国学术自由委员会质疑他们违反学术伦理和学术规范。我们打造了环球世纪出版社这个话语阵地，有了话语权，可以成为沟通中西方学术的桥梁。

王：通过刚才您的介绍，我对这些丛书从选题策划、出版意图、制作过程到发行传播，都有了一定的了解。我想进一步和您探讨的是，上述丛书名为"中华概念""中华话语"等，为什么没有使用"中国"的概念？

常：这个问题提得非常好。刚开始，我们用的是"中华"，后来改成了"中国"，现在又改回"中华"，因为"中华"从时空上来讲比"中国"的概念更深厚、更宽泛。从翻译的角度看，二者都翻译成"Chinese"，区分性不强。另外，在国际上来讲，这也会触及一些政治的问题，就让"中国"这个关键词变得有些敏感，似乎想凸显国家形象。我们现在侧重的是中国人和中华文明。这是思考出发点的不同。虽然在英语里都是同一个词，但是翻译成中文的时候，我们还是会考虑具体的语境，看看是翻译成"中华"合适还是"中国"合适。我们是把中国放在全球的视野之下，来审视中国经验、中国现象、中国问题、中国贡献等，中国任何一个问题都不是孤立的。例如，中国梦，不能翻译为"China's dream"，而要译为"Chinese dream"。全球中国学术院本身是一个转文化产品，其产品也都是转文化产品，既不是英国的，也不是中国的，而是"你中有我，我中有你"的。所以，遇到关键概念，我们会充分考虑语境，选择合适的翻译方式。

王：语境还是一个需要充分考虑的前提。"中华"是从时空上来讲更有历史性和空间感的概念，特别是强调中华文明和中华文化的时候。使用"中国"的概念更多是从国家、社会等方面考虑，比如国家形象等方面。您的"转文化"出版的思路，以及对中国概念、中国话语这些学术问题的关注，实际上是在一个更高的层面上实现了对中国知识和价值观的输出，不仅考虑输出什么的问题，还思考了如何在另一种文化中更好地实现输出的结果，这是极为难得的。

常：英国在自然科学和社会科学领域的研究都居于世界领先地位，除了重视理论概念的创新，也注重方法和工具的建设。兰卡斯特大学的社会语言学家看到了世界的迅速变化产生的诸多问题，获得了英国经济与社会研究委员会（ESRC）的巨额资助，成立了语料库社会科学研究中心（CASS）。我们第三届全球中国对话的主题是气候变化，邀请他们在专门的版块发表他们在语料库基础上研究气候变化的最新成果，这样我们就站在了最前沿的学术阵地上。借助于语料库社会科学研究模式，我们延伸到"语料库与中国社会科学"（CACSS）领域，还在他们的帮助下做了相关主题的工作坊，之后又创刊了《语料库与中国社科研究》（*Journal of Corpus Aproaches to Chinese Social Sciences*）期刊。社会科学语料库建设的价值在于，在数字时代，研究者很难在文献检索时穷尽关于某一研究对象的所有研究。但是，只要有人把检索到相关研究对象的电子文献做成专门用途的语料库，用Word Smith软件做最基本的分析，研究者立即就可以精准地把握该研究对象的研究状况。语料库不仅可以提供关键词，还可以提供语境化的内容以及语词之间的结构关系，研究者在此基础上再结合话语分析，使研究的局部不孤立于整体，比较容易形成独具特色的研究成果。这是一套成熟的分析方法，在大数据时代，它也是对社会学定量研究和定性研究的局限性的突破。虽然在国内社会科学界，研究语料库的人还不多，但是我们一直致力于推动语料库研究方法在社会科学领域的应用。

我涉入话语研究的领域，缘起于2006年参加兰卡斯特大学举办的"当代中国新话语学术会议"。我是从社会学的角度进入的，与这些语言学家有一些共识。话语分析的方法，无疑对社会学研究有很多帮助。我们的"中华话语丛书"也用到了语料库的方法。社会学话语研究做得最好的大概是北京大学的谢立中教授，他是中国社会学学会理论社会学专业委员会会长。他从社会学的角度做话语研究，发现近年来中国产生了很多新的话语，他也写了这方面的书，如《社会现实的话语建构——以"罗斯福新政"为例》《多元话语分析：社会分析模式的新尝试》。在把语料库和话语分析相结合并用于中国社会科学研究方面做得最好的是浙江工商大学的钱毓芳教授。近十余年来，她将语料库和话语分析应用于中国社会科学相关的教学与科研，取得了较为显著的成果，如《语料库与媒体话语：方法、理论与实践——基于低碳经济话语建构的研究》。他们二位是我们"中华话语丛书"的共同主编。我相信，语料库及其分析方法的应用将令中国社会科学的研究如虎添翼。

总之，我们无法帮助每位学者"说出他们的学术贡献"，但是可以为"输出他们的学术产品"提供平台，因为我们所有的出版物从形式上看都是转文化产品，比较容易被习惯于看西方出版物的读者接受。我们发行的对象主要是大学和研究机构，我希望这些书会成为教学参考书，通过这个路径传播与传世。

王： 贵社有没有和中国有关出版社建立语料库方面的关系，来丰富语料库的建设？

常： 这个问题我从两个角度来讲，一个是作者，一个是出版社。就作者来讲，不局限于中国人，我们做了一套"中国社会科学全球化丛书"，想把中国社会科学的东西推介出来。中国社会科学全球化的过程，是中西方学者互动的过程，这套丛书中有中国学者研究西方的著作，也有西方学者研究中国的著作。我们可以把我们出版社所有的丛书做成一套较大的语料库，也可以把其中一套丛书做成一套较小的语料库，甚至一本书也可以做一个有专门用途的微型语料库。比如，我们用马丁·阿尔布劳的《中国在人类命运共同体中的角色：走向全球领导力理论》一书做了一个语料库，与他自己做的索引进行了比较分析。他惊讶于用语料库快速分析出来的内容挺有意思的。

还有一位作者，贝茨（Bates），他曾经是英国国际发展部的部长，他的妻子是中国人。纪念"二战"胜利70周年的时候，贝茨从北京徒步到杭州，一路走一路看一路写博客。他接受过社会学训练，写作中带有社会学的视野和方法。他夫人将这些博客编成了一本书。我们将此书纳入"三只眼"转文化丛书，因为作者符合这套丛书要求作者满足的三个条件：第一，如果是中国人，必须有在国外生活的经验；第二，如果是外国人，必须有在中国生活的经验或者和中国人有非常多的交往经验（这就有了双重视野）；第三，是一个职业人，可以从专业角度审视不同的文化。人们通常说的"第三只眼"，实际上是"一只眼"在看。我们讲的"三只眼"是三只眼同时看，看出来的就是一个转文化的产品。"三只眼"看，一定是"你中有我，我中有你"的视角。比如，贝茨看到造船，就想起了英国的造船文化，介绍了当年英国靠船走向全世界成为"日不落帝国"的情况。同时，他又想到英国的造船工业，又以职业的角度，围绕中、韩等国的造船业讲了一些内容。如果想对此书做研究，也可以做一个有专门用途的语料库。

国内外有大量的语言教学语料库、报章媒体语料库，但还没有社会科学语料库。我们已经建了《费孝通全集》（20卷）、《马克思恩格斯全集》（48卷）这类的专门用途语料库。国内的中国知网、各大出版集团、马列编译局、外文局的当代中国研究院等都有大量的文献数据库，但它们不同于语料库，而这些电子文本都可以做成各式各样的语料库。语料库的威力在于分析大规模的电子文本。我特别希望能帮助中国社科研究引进语料库及研究方法，使这些软科学的研究成果硬起来。

王：您说的这个社会科学语料库既是一个学术命题，又可以成为一个社会生活的主题，既有知识性，又有趣味性；既有问题意识，又有知识普及的效果，而且它提供的不是单一的视角，而是兼具了"转文化"视角，容易给人留下深刻的印象。这也是"转文化"概念之下的一个具体产品。

常：陈立行教授写了《当代中国失去了什么？——基于比较视野》一书，他既有在日本生活的经验，又有在中国生活的经验，也符合"三只眼"丛书对作者的要求，这是面对大众的具有社会科普性质的读物。还有一位作者叫鸿冈（Paul Brook），父亲是英国人，母亲是加拿大人，他们在延安时期就到了中国。鸿冈生长在中国，讲一口流利的北京话，曾在BBC做中文主持人，他用中文写了一本书《文化鸿沟》。虽然我们出版的书基本都有中英文两个版本，但是这本书没有英文版，因为作者认为英文读者不一定对这类书感兴趣。此外，我们都认为，英汉双向翻译的过程非常重要，同样一句话，外国人使用了什么样的语境，怎么表述的；反过来，我们的编辑也会与作者一起核定中文的内容。同一个问题，如果双向的过程都做好了，就有了双向的视角，就比较准确和客观了。

王：我之前挺想问做这套丛书的初衷，您刚才的介绍让我已经得到了答案。作为一个旅居海外的华人，您一直致力于"转文化"传播，希望把中国的文化、学术发展以及学人的贡献，介绍到人类的知识殿堂中，在传播的过程中，也不断在学术和实践层面创新和转化传播的工具。我近几年来一直研究中华文化对外传播的问题，您的方法论以及"转文化"实践和"转文化"产品的生产，具有很大的启示性意义。就像您刚才说的，您从出国那天开始就带有使命，要把中国学术和社会实践中的概念、方法、经验、话语带到另一种文化中去，目的就是要让世界的知识和文化的殿堂中，真正有中国的位置、中国的气象。但这份工作是艰苦而长期的。钱穆在《国史新论》中批评民国时期的学人把西方的文化和文明拿过来，但是并没有进行艰苦卓绝的努力，进行深层次的转化，形成中国本土化的创新内容。今天看来，晚清乃至民国时期的知识分子已经努力进行文化的接续和转化了。

常：您刚才说了几个层面的问题，作为个体来讲，这种孤独的坚持和努力，如果背后没有很多人的支持是难以持续的。我在台前做一些事情，被你们看到了；在我的背后，有很多老一辈的国内外社会学和中国研究学者及志趣相投的人的支持。我作为您之前说到的黑格尔所说的"这一个"，是有典型性的，是历史选择了我，我的个人经验、学术经历以及后来的社会实践等，要让我在这里做好"转文化"的工作。如果能够真正将"转文化"的概念和实践贯彻到具体的学术研究中，我想对中国学者也会有启发。现在的话语中心仍然是在英语世界，中国学人过来学习，获得了前沿的理论成果，拿回去用，这也是很好的一方面，但要真正做好"转文化"，将这些理论、方法、工具与中国的具体经验、现象、问题结合起来，充分发挥作用，这是需要一个过程的，当然不仅是时间的问题，这个过程包括了研究态度、研究能力和研究目的等多方面内容。中国学者近几十年来所做的大量的本土化研究，也有"转文化"特色。

王： 我参加了第五届全球中国对话论坛，您最后的总结我听了。这20多年来，您一直在"孤独地努力"。很少有人具有您所拥有的经历和经验、学识和魄力，能把这件事情越做越好，把中国学者的思想、理论、观点和书籍进行"转文化"生产，推介到英语世界，并且进行双向的沟通和转化。这是一件特别不容易的事情，需要具体而细致的努力。

常： 坚持的意义在哪里呢？有"短线"和"长线"之分。"短线"的话，就是要做出一些看得见摸得着的成果，来激励我们继续前行。"长线"则是要把握历史感、创新和质量。当我看到中国第一代、第二代和第三代社会学家都离开后，他们的学术贡献并没有被很好地研究和继承，很多以他们名义做的研究更多的是研究者自己的兴趣，这是很遗憾的。我们这一代学者不能重复前辈的老路，要有创新精神，做出来的东西要有持久的生命力。我曾经作为国际社会学会学术委员会评出来的对学科突破和发展有贡献的15人之一接受过一个访谈。访谈内容发表在《实践社会科学：社会学家和他们的手艺》（*Practicing Social Science: Sociologistsand Their Craft*）一书中。我的研究成果不多，但是我有工匠精神，作品打磨得很好，做的东西有一定活力和生命力，才引起了学术界的关注，对学科和社会产生影响。我的这种工匠精神不仅体现在做自己的学问上，也尽量体现在为他人作嫁衣裳，即推介他人的研究成果上。

王： 第五届全球中国对话论坛有一个主题，"中国及中国比较学术研究海外出版与知识服务"，这个主题让我很有兴趣。中国生产了大量的学术论文，虽然良莠不齐，但是一些优质的学术成果并没有被介绍到世界知识领域。我很想知道这次会议为什么安排这样一个主题？您在这方面做了哪些实际的工作？海外学术出版的情况如何？

常： 我的学术研究比较客观，因为我的研究材料一直包含英文文献和中文文献。我想说的是，国内外的学者都很难挑战我的研究成果，因为我不但有工匠精神，还"两条腿走路"，兼顾中外研究成果，批判地继承学界成果。在这个过程中，国内学者的相关研究通过我的研究被带出来了，但这只是我个人的一点点努力。然而，国内许多学者看不到或看不懂英文文献，国外学者看不懂或看不到中文文献，因为国外出版社的参考文献基本上是英文的，中文的最多是拼音。我跨界参与学术会议和出版服务，在为中外学者打造一个平台，建立一些机制。书看多了，就会发现从形式到内容的很多局限，如国外的出版体例有局限，翻译方面有局限。局限性看多了，就知道如何有针对性地突破。几年前，我们与中国知网建立了联系。中国知网在海外推销学术电子产品，做得比较好，但是，近年来退订量增加了。因为学者不怎么用，学校就认为没必要继续订阅。知网发现我们这个平台比较好，希望我们成为知网在欧洲的学术代理，使更多的外国学者以及旅居国外的中国学者使用他们的内容。我们为知网提供了一系列平台，如伦敦国际书展、第五届全球中国对话论坛（我们选择了英国学术院这个人类最高的知识殿堂之一来办活动），我们还在伦敦大学亚非学院举办专项论坛，来展示中国知网的信息、使用知网资源做出的研究成果，并示范如何使用知网资源。活动和会议的反响比较好，更多的学者和专家认识到了知网资源的力量。总之，我们做的每一件事情、每一本书都有故事，召开的每一次会议也都有故事，做的每一个"转文化"产品也都有故事，这些故事加在一起就是丰富的历程，这种历程是非常有意思和价值的。

王： 这就像走一条未知的路，因为未知和不确定，人们才有探索的精神。好奇心驱动我们努力走下去，看到更多风景，收获惊喜。您能否介绍一下中国图书在英国出版传播的情况？

常：起码我会看到两个问题：一是从出版界看，如劳特利奇出版社、剑桥大学出版社，这些大出版社近年来出版了大量中国作者的书。中国有一个外译工程，有经费支持。但是，国外的出版人介绍，很多书质量和效果一般，主要是给国外研究中国提供素材，没有什么理论和思想。二是从我们的出版事业上看，如果有敏感内容，我们会采取一定的方法处理，把观点留住；如果有情绪性的表达我们在翻译时会改为和缓的词句；如果表述方法不同，我们的编辑会改写，并向作者求证是否表达了作者的原意。总之，我们的出版物是作者、译者、英文编辑、美术编辑等多方合作的产品。环球世纪出版社的存在价值就在于制作学术产品的先进理念，突破了国外其他出版社在技术和体例等方面的许多局限。我们多出一点书，就多一些价值，使外国人多了解和尊重中国。我们要想赢得尊重，必须通过作品（产品）说话。

王：您的努力就是要让外国人尊重中国的知识贡献，尊重中国学者的思想劳动，这是一份值得称赞的工作。这也要求作者做出更多的努力，适应两种文化背景的读者的阅读、思考习惯以及要求。

常：作者的视野越窄，其读者群便越窄；作者学问越精深，其读者群也越窄，这是两个意义上的窄。主要的问题是文章或书是写给谁看的。以前，国家汉语国际推广领导小组办公室有些汉语教材似乎是写给外国人看的，但是，有些书从教学方法论上就没搞懂读者的需求。做图书的海外出版一定要有胸襟，同时要真正考量不同文化语境下的阅读需求，对不同文化的阅读需求有真正的了解。我们的出版社和编辑有独特的视野和"转文化"技能。同样的书，纳入什么图书系列，为什么样的读者服务是有讲究的。一本书如果不符合学术规范或出版形式，包括封面、标题、版式、字体等，就很难被读者接受。如果方向和方法不对，出版者越尽心尽力，就走得越偏，甚至成了自己文化的"高级黑"。对于这些中国形象海外传播的问题，我有很多想法和经验，可以改变和提升中国的海外形象。

王：那我们可能要在下一次访谈时再深入交流中国形象的国际传播问题。非常感谢您的理论思考和实践经验，给我的研究很大启发。谢谢常教授！

孔子学院与中华文化海外传播的"五重意象"

——与德国纽伦堡—埃尔兰根
孔子学院中方院长李锷的对谈

李锷，北京外国语大学副教授，曾任英国伦敦孔子学院中方院长；现任德国纽伦堡—埃尔兰根孔子学院中方院长。

孔子学院作为中华文化海外传播和中国形象海外建构的一个重要"端口"，不仅成为媒体关注的焦点，还成为诸多研究和讨论的样本。通过对近五年孔子学院研究的分析，可以看出问题的讨论主要集中在传播（跨文化传播、国际传播、对外传播）、国家形象、公共外交、汉语教育等方面，以外部研究和二手资料为主，偏重于外部观察和"印象式"泛论，缺乏从孔子学院的内部考察，特别是通过孔子学院院长的自我反思深化对孔子学院跨文化传播功能和使命的理解。笔者通过与德国纽伦堡—埃尔兰根孔子学院现任中方院长李锷的深入交谈，进入孔子学院的内部，考察孔子学院海外文化传播的工作实践，并通过孔子学院院长个人微观经验和孔子学院宏大使命的反思，呈现孔子学院海外中华文化传播的不同样貌。

尽管"作为一种学术交流的媒介，交谈具有大量众所周知的缺陷"，[1] 但是也具有独特的"优秀之处"。比如，"在交谈中，有可能提出一些临时性的说法，从不同的角度对同一个问题做出分析，并且尝试以不同的方式使用同一个概念，而这些不同的方式可以作为桥梁，帮助我们更充分地理解它们在使用意图和含义方面的复杂性和彼此差异"，或者"在对象领域或者对对象的研究工作之间建立起快捷、有效且具有启发性的和谐关联、类比乃至对比的关系"；最重要的一点是，"对话可以使读者感知作者何以达致他的立场的心智历程"，这是一种"邀请"和"引导"。[2] 正是通过交谈与反思，拓展了对孔子学院的角色功能的理解以及不同文化土壤中的孔子学院在地发展的模式与思路，对跨文化传播的宏大叙事如何扎根于具体的工作中有了进一步的思路廓清。特别是对孔子学院的内部建设与外部形象构建的深入探究，关联起个人经验与历史宏大叙事，旨在挖掘中华文化海外传播的功能，彰显孔子学院如何在海外中华文化传播中体现自身的功能和责任。通过对谈，总结出"花树""土壤""桥梁""煦风""河流"五个意象，喻指孔子学院中华文化海外传播的五个功能，也借此呈现孔子学院如何在海外中华文化传播过程中扮演好自己的角色，在"异域文化"或者"他者视域"之下，更好地发挥孔子学院跨文化传播载体的功能。

---

1 〔法〕皮埃尔·布尔迪厄，〔美〕华康德. 反思社会学导引[M]. 李猛，李康译. 商务印书馆，2015:5.

2 〔法〕皮埃尔·布尔迪厄，〔美〕华康德. 反思社会学导引[M]. 李猛，李康译. 商务印书馆，2015:5.

一 项目与"花树":孔子学院
海外中华文化传播的本色和"气质"

王鑫（以下简称"王"）：院长您好，据我所知您已在英国和德国担任了近8年的孔子学院中方院长，有很多经验和体会。您是如何理解孔子学院的？特别是在"异域文化"或者"他者视域"之下，孔子学院又是如何实现自身的功能的？

李锷（以下简称"李"）：孔子学院以中华文化海外传播的重要载体被熟知，但是，孔子学院究竟是一个机构、组织还是一个项目，还存在着诸多的理解。正所谓"师出有名"，如何理解孔子学院，成为其在"异域文化"中如何实现在地化的重要问题。一般认为孔子学院是一个机构，但在其具体实施过程中，我更愿意把它当作一个"项目"，而不是一个机构，或不是传统观念上的学院。孔子学院通常是中外合作双方在具备合作条件的基础上，双方秉持共同的愿景和诉求，也就是说，外方有了解中国的语言、文字、文化的需要和合作的意愿，当然也包括对中国的政治、经济、社会等方面有了解需求，这才有可能建立合作。其中虽有一系列的申请和程序性的要求，但关键要考虑两个因素：一是合作的基础，二是合作的需求。找到合作的相关性和基础，才有可能进一步的合作。比如成立于2006年的伦敦孔子学院是早期建立的孔子学院之一，外方合作大学伦敦大学亚非学院有较好的合作基础和意愿，它很早就有中文教学和中国研究，是英国乃至整个欧洲，做中国研究和中文教学最前沿的。当然，每个孔子学院建立的"机缘"不同，现在有很多孔子学院，从最初的语言推广和文化传播，延展到突出特色，比如商务孔院、中医孔院、舞蹈艺术孔院等。这是在合作实践中，把孔子学院作为一个个合作项目来执行，根据合作者的不同优势和需求，发展和创新出了各种各样的文化交流形态，虽然都冠以"孔子学院"这样一个统一的名称。

王：孔子学院被人们赋予了很多种想象，比如中华文化海外传播的"阵地"。您将孔子学院理解为一个项目，是否可以解释为任何宏大的叙事最终都要落实到具体的操作环节，您把它称之为"项目"，更有助于实践层面的操作，而不是对其意义的"降格"？

李：是的。跨文化传播使用"输出""推广"等话语方式，显得生硬且强势，容易给对方造成单向灌输的感觉，甚至有"入侵性"。不能否认这其中意识形态的差异，随着国家关系的变化以及国际事件的卷入，孔子学院有时候会被评价为"好"，有时候则成了被"攻击"的对象。因此，孔子学院发展过程中，强化意识形态的差异，容易使孔子学院的话题政治化。如果在具体执行过程中，把孔子学院理解为一个"项目"，实事求是、生动、客观地呈现我们的语言、文化和生活，坦诚相见会更容易打开工作的思路，找到与外界沟通的契合点。不同文化地域中的人，都有自己对于真善美的理解，虽然有一些差异，但还是具有普遍的共通点，找到双方共通的"理、事、情"至关重要。一个人或者一件事，只要摒弃偏见与恶意，真诚地用心呈现出来，就能够被看见、被理解，甚至会被喜欢和接纳。"和而不同、尊重差异"始终是跨文化沟通中的重要内容，不需要刻意"拔高"，带着外国人包包饺子、剪剪纸、绣个花，只要符合当地的需求，就是好的文化传播。饮食是最接地气的文化，剪纸和绣花是传统民间工艺，文化传播的"物质性"是跨文化沟通的重要议题。虽然价值观之间的碰撞容易产生分歧，但是对于"目之于色，口之于味，听之于耳"的内容总是有相通性的，会超越文化渊源和传统而形成直接的共通感。由于伦敦已经有很多接触普及中国文化的机会，伦敦孔子学院就结合自身优势侧重于学术的合作交流。我们做了一个"中国学研究"论坛，定期邀请国内访问学者做讲座，从专业和学术的视角去呈现中国的历史、文化、社会、政治、经济、文学、艺术等，给中英学者提供了互相交流和沟通的平台，让走近的每一个人受益，不仅是外国朋友，也让中国学者、学生受益。我们把它理解成让合作双方互惠互利的具体项目，踏踏实实地做，慢慢取得了不错的效果。

王：的确，"润物无声"、潜移默化能够更好地发挥作用。相反，大张旗鼓、阵势十足总会给人一种"被侵犯"的感觉。孔子学院这些年也在不断地调整自己的归属和定位，更好地实现自身的功能和使命。孔子学院现在是营利性机构吗？

李：孔子学院是非营利性的。由于合作方式的不同，以及所在国法律规定的不同，一部分孔子学院属于外方合作机构的一个组成部分，另一部分孔子学院是独立的协会、基金会等形式。无论何种形式，完全依靠外部资金支持都不是长久之计，自给自足将是孔子学院可持续发展的一个方向。伦敦孔子学院的大部分中文教学项目都是收费的、有价值的东西，不需要白送，按照契约精神来，反而更简单，也会减少一些人刻意去揣测孔子学院行为的"目的"和"动因"。

王：孔子学院无论在哪个国家，都存在与不同文化的碰撞，坚持自己的姿态和风骨，同时让两种文化有机结合和转化，尤为重要。孔子学院像一株开花的树，要有独立性，有自己的风骨，同时又要有美的色彩和形态。

李：比喻很好。我们就要做一株开花的树。不但要有独立性、自主性、成长性，更要有柔美的形态、绚丽的姿态和美丽的颜色，要吸引人，也要让人尊重。孔子学院要想做到这一点，真正成为"自己"，就需要在当地扎根，必须汲取当地的水、养分、空气和阳光；但是，为了避免"淮南为橘，淮北成枳"，需要合作单位的大力支持，尤其外方院长的支持。比如纽伦堡—埃尔兰根孔子学院，现任外方院长是大学汉学系的研究员，在当地有非常好的社会资源，在这种情况下，把握好与外方院长的合作，协助其发挥优势，才能聚成一股合力，更好地展示孔子学院的魅力，在更大范围内呈现中华文化。但是，伦敦孔子学院就不一样，中方院长需要不断地拓展社交圈，寻找有可能的合作对象，一起讨论我们有什么资源，我们想做什么，我们能合作做什么，在交流中发掘合作可能性。因此，孔子学院的这株"花树"，能够长多高，开出什么样的花，除了自身的基因与努力，还要受所处环境以及合作者很大的影响。

二 人力资源与"土壤"：
孔子学院海外中华文化传播的抓手和根基

王：全球一共有500多家孔子学院，这也是一株株中国文化之"树"在世界范围内的生长。孔子学院院长作为"掌舵者"，无论是中方院长，还是外方院长都在一定程度上决定了这株"花树"的模样，以及它的长势，有多强的生命力。是这样吗？

李：是这样的，因此要重新审视孔子学院院长的价值。以前孔子学院特别重视教师的因素，后来逐步认识到院长是孔子学院发展的核心。院长要有大局观，知道在不断变换的环境里，孔子学院应该怎么调整，怎么发展，还要协调各种关系。不仅要应对外方合作机构可能发生的变化，还要实时关注国际形势的变化。孔子学院的发展受制于各种不确定的因素，因此，中外两方院长在其中起到了非常重要的作用，他们的思维、格局、视野以及执行力等都会影响孔子学院的发展。外方院长一般由外方合作院校任命。中方院长是在国内各个高校选拔，兼顾学术素养和行政能力等。但是2—4年的任期使得中方院长不可能进行长期的职业规划，限制了工作的热情和工作理念的承续性，很难真正让中方院长把孔子学院当成一个终身的事业来对待。中方院长的职业化和专业化的问题近年来逐步受到重视，但是要从人员储备、职业保障和支持等各方面真正得到解决（所在院校的编制问题、人事归属问题、学术职称问题、家属问题等）有难度。孔子学院的可持续发展，中方院长的专业化是不容忽视的。每个孔子学院的特点都不一样，经验的可复制性和效仿的成功率不大。比如我在伦敦做了四年中方院长，再到德国去做，感觉伦敦的经验没有太多可以直接用于德国的，因为两个孔子学院的风格、工作重点和特色完全不一样，我要在新的环境开展新的工作。所以，作为孔子学院中方院长，首先要有"空杯"心态，每个孔子学院都是不一样的，不是说我想怎么样做，而是要看看所处的那块土地适合做什么，无论此前经验如何，都要因地制宜。但是，积累的经验是会给新工作带来很大帮助的，这个经验是一种感性的东西，是敏感度和判断力，而不是简单的"拿来主义"和单纯的复制。还有另外一个问题就是教师的本土化问题。2—4年的任期导致教师流动性强，容易造成教学的不稳定，也难以形成持久的职业忠诚和稳定的教学质量，"走马灯"一样的教师队伍，也不能使孔子学院的教学理念一以贯之。教师如果把孔子学院当成一个事业来做的话，他们会发挥主观能动性去工作和思考，去成就这个事业。从操作层面上来看，教师本土化也有诸多的困难，需要更有智慧的设计和全局的统筹。

王：您的回答至少有两层意思，一是人力资源对孔子学院非常重要，院长是"掌舵者"，教师是"活水"，对于孔子学院来讲是非常重要的基础，这也决定了孔子学院能够在多大程度上释放文化沟通和传播的活力；二是孔子学院"在地化"的问题，孔子学院的"模样"与当地政治、经济、文化等实际情况息息相关，也就是说什么样的土壤，就能够长出什么样的植物来。

李：是的。每个孔子学院所处地域的不同决定了其发展的不同，比如说在亚洲、非洲、欧洲、美洲，每个孔子学院的发展方式都是不一样的，即使同处一个城市的孔子学院也不一样，在伦敦有6所孔子学院，大家的特色和做法也各不相同。把全球孔子学院当成一个项目，这个项目里面有许多不同的小项目，然后具体落实到如何做这个项目的问题上。当然它需要有一个总则，但是落实到每个具体的孔子学院，情况就不一样了，需要灵活。比如说现在有各种各样的特色孔子学院，专门做中文教学的，侧重职业教育的，在非洲等发展中国家，非常需要这样的孔子学院，专门为当地提供职业培训。并不是拿着同样的种子种到当地文化"土壤"中都能长出一样的果实，有的符合期待、有的让人失望、有的甚至不能开花结果。这就需要首先去认识土壤，根据土壤的特点，再去调整种植的方式方法。不同的地方要做不一样的考量，所以国内提供的各类合作项目不一定适合所有孔子学院，中外两方要仔细调研，选择适合自己的，一个重要的经验就是客观和实事求是。事先和合作方沟通以下问题：想做什么，想怎么做，各方能够提供什么，想收获什么，评估收益以及合作的可能性。这是必要的平等姿态，我在孔子学院工作实践中一直坚持文化交流的双向性和平等性。

三　"桥梁"：孔子学院海外
中华文化传播互通与平等的姿态

王：孔子学院强调平等性和互通性，不是一方走进来，而是双方共同在这座桥上"来来往往"，各自看看对方的风景，不是异域文化的"入侵"，而是礼貌地"敲门"，然后坐下来交谈。如果按照项目来操作，更符合双方的利益，同时保持了双方的对等性。

李：虽然"桥梁"这个意象被多次使用，但是仍需赋予它更多的新意。我在做孔子学院工作时，第一个坚持就是客观；第二个坚持就是平等；第三个坚持就是感知。文化沟通是人与人的交往，无论是和外方的合作，还是和来参加活动的人的沟通，都是人际交流。面对面交流有利于真切地感知和感受彼此。以真诚的态度去交流会更容易一些。如果对方是抱着挑刺儿的想法，甚至是找事儿的态度，也不用怕，坦诚地展示我们在做的事。面对质疑和提问，我们客观地作答，让双方在公开透明的平台上了解并感知对方，实现平等交流。

王：现在，国内有一些对孔子学院批评的声音，孔子学院所在地的一些媒体机构，也会对孔子学院有一些负面的报道。您如何看待这些报道？

李：我的确经常听到一些国内的批评的声音，当然也有外媒的。让我感到惊讶的是，国内有相当一部分民众并不了解孔子学院。新华社、央视有孔子学院的相关报道，但引起的关注很有限。我认为孔子学院存在的意义是我们主动走向世界，让世界了解并理解中国，为国家发展营造和平友好的国际环境，这样主动"走出去"的做法收益大于投入。"走出去"的同时也培养了一批了解中国的外国人和一批有海外工作经验的具有国际视野的中国人。我还是真诚地希望国内媒体能够对我们做的事情有更系统的报道，让国内民众真正了解孔子学院，有利于孔子学院今后的发展。意识形态的不同导致外界对中国有一种固化的印象，他们对中国仅有的认识大体来源于有限的书籍和当地媒体报道。但是，面对面交流和远远地看是不一样的。人总是在相互认识之后，才能了解彼此，进而实现理解。中国发展这么快，经济体量这么大，对世界的影响很直接，也会使一些国家产生"威慑感"或者"恐怖感"。在这种情况下，怎样认识中国？怎么让外界看到中国文化中没有那么多攻击性？一个巨人来了，不是想要吃掉你，而是想和你做朋友。孔子学院主动走出去，就是把这个巨人介绍给世界，让大家了解中国，改变对中国片面刻板的印象。从人类整个发展的历程来说，由于语言、文化的不同，产生了误解和隔阂。这些误解、隔阂是可以通过交流来消融的。孔子学院就是搭建桥梁和平台让大家来交流。比如很多外国人觉得中国人吃饭不用公筷，不卫生。但是当他们了解了中国的人际关系以后，也许会理解这是一种表达亲密无间的、"不见外"的人际交往方式。很多文化的差异都是可以解释和交流的，怕的就是不交流。从整个大文化即人类的文化来说，情理是共通的，能通过交流达成互相理解。这就像是一个新事物，在发展过程中它不可避免地要经历这些。中国在当今世界又是比较特别的，比如"一带一路"倡议，一直会被揣测其动因，无论中国怎么讲述都会被人诟病。面对这样的现实，我们的工作可以从能够在"理、事、情"方面相通的内容开始，理性、客观地表达自我，真诚地寻求合作，慢慢打开交流之门。

王：文化的传播也受到国家综合实力的影响，我们与欧美发达国家交流，也与非洲一些发展中国家合作。在工作中，您也会遇到一些文化上的冲突，或者不能调和的一些地方，您是怎么处理的？

李：我们在工作中不可避免会遇到文化上的冲突，不过大家合作的目标是一致的，所以双方都会努力通过沟通去解决。我喜欢老子讲的"治大国若烹小鲜"，文化与文化之间的交流就像人与人相处一样，持守一种平等的态度是最关键的。无论是"高高在上"，还是"迎合"，都不是交流的好开端。比如有人质疑说孔子学院就会包个饺子什么的，没有体现出"文化使者"的"尊贵大气"，让中华文化不那么"高大上"。我们中外合作者就会一起认真对待这个质疑。我们都认为饮食文化确属中华文化的高妙之处，孙中山先生曾说，中国近代文明进化，事事都落人后，就是饮食文化，其他国家不如中国，食物之多，烹饪之精良，不是欧美能比的。可见，中餐也是中华物质和非物质文化有机融合的杰出体现。交流需要由最简单的形式开始，从一杯茶、一杯咖啡开始会更自然，而不是从孔子和亚里士多德说起，毕竟能够说起孔子和亚里士多德需要深厚的文化素养，这类人不占社会人口的大多数。西方的文化也是这样，为什么在英国酒吧文化这么流行，就是人在那种环境里可以放松下来，更容易交流沟通。所以我们不排斥包饺子这类简单通俗的活动，但是要看所处的环境适不适合做。在伦敦已经有历史悠久的中国城和很多中国文化机构，长期从事普及型的中国文化推介。伦敦孔子学院就没有必要做重复的活动，而是发挥自身的学术优势，提供高质量的学术活动，来补充和丰富中国文化的推介内容与方式。文化交流无论在什么样的环境，首先要坚持客观的原则，然后有平等的心态，不颐指气使也不妄自菲薄。作为交流的实践者，事先可能有"三六九等"的心理预设，这是不可避免的，但是要学会用后天的学习和教养去做一个平衡。人在不同成长环境中都会形成一些固有的观念，需要在成长的过程中不断地意识到这种认识的片面性和自身的局限，慢慢形成包容接纳的心态。

四 "煦风"：孔子学院海外
中华文化传播的"温润"之态

王：我在曼城游学的时候，很多同学是从欧洲大陆过来的。我送给他们中国传统文化书签，并把他们的名字翻译成中文写下来。当他们发现自己的名字以另外一种文字写出来，特别开心和惊异。

李：的确，文化的交流要从一个个小的特别生活化的点入手，然后一点一点地再往上走，价值观是被携带在日常生活当中的。通过日常生活让别人了解自己，是最自然有效的潜移默化的方式。不必追求认同，至少让他人了解，这是消除隔阂与偏见的重要步骤。刻意强调自我价值观的认同而显得着急和焦虑，这恰是文化不自信的体现，越不自信，越急于得到认可，就是像生活中的一些人，心里越是自卑，行为越体现出强硬，因为他知道自己的弱点在哪里，就拼命地想拿优点来盖住它。这样做，会适得其反吧，做真实的自己，才是最坦然和自信的。

王：中国文化的海外传播，应该像"煦风"一样，温暖的、舒服的、让人心生愉悦的，也是让人放松的，而不是一种警惕的、恐惧的。中国文化刮起的不是中国旋风，不是席卷世界的飓风，而是和煦的春风。希望不同文化的人们感受到一种温和。"温和"也是中国传统文化的典型特征，强调天人合一，人与自然和谐共处，而不是物我二分的关系。因此，搁置差异，寻找共通，始终是跨文化交流的基础。

李：我希望孔子学院在中华文化走向世界的过程中能够像和煦的风一样。西方很多的媒体报道总让人感觉到对中国的"敌视"，"中国威胁论""中国崩溃论"等各种论调也经常被讨论。在这种情况下，对外交流工作的方式就显得更为重要。孔子学院不是来"侵入"，也不是来"索取"，虽然不能即刻破除固有的刻板印象，但是也让外界多了一个走近中国的窗口。有的孔子学院在借助当地媒体进行宣传报道方面做得还不够。要想解决这个问题，还得依赖孔子学院的灵魂——中外双方院长，特别是外方院长。选择社交能力强、理解中华文化、能够有效整合当地资源进行公关和协调的外方院长尤其重要，能对当地媒体"不友好"的报道进行反诘，并摆出客观事实供大众思考和辨别，展示了开放和包容的态度，有助于建立孔子学院良好的形象。遇到批评要用良好的开放的心态去面对，也很重要。不要试图遮掩任何东西，问题是遮掩不住的。遇到问题，主动面对面交流，心平气和地把问题拿出来讨论。

王：孔子学院其实也像中国和世界关系的晴雨表，它会成为一些国际关系问题的表征。世界虽然会刮起各种形态的风，但是保持温暖和煦，就能吹进人的心里，吹融隔阂的坚冰。

李：所以做文化交流工作，要有一颗稳定的平常心，不能说事态变化了，心情就起伏了，自己都稳不住，自乱了阵脚，怎么能做好工作？一个发展的事物在行进过程中就像河流一样，会不停地碰到阻碍，河流依然要以自己的轨迹前行。我们要学着像河流那样去顺应外部环境的变化。

五 "河流"：孔子学院海外
中华文化传播的初衷和流向

王：很多研究者提到孔子学院和国家形象建设的关系问题。但是外部观察者居多，您作为具体执行的个体，以及内部反观者，站在您的位置，您如何理解二者之间的关系呢？

李：任何事情落到实处都是以小见大。做事情，不是扛大旗、喊口号，文化交流是"随风潜入夜，润物细无声"的事情。文化就像河流一样，自有它的规律和流向，它所流过的每个地方，都会有泥土、青草、树木以及各种生命得到给养和滋润。但是这个过程是润物无声的，也只有润物无声、潜移默化，才能实现它真正的价值。文化和价值观的交流，可以提出概念和口号，但是对于实际操作的人来讲，要把宣传的概念和口号弱化到无，踏踏实实地做事情，用事实来体现理念。生硬的理念和宣传，空洞无味，会适得其反。一些研究文章，大而化之地去谈孔子学院和国家形象体现、软实力呈现的问题，过于理论化的提法很难在实践中生搬硬套得到实现。实际工作中，每个孔子学院的员工都代表中国，我们的言行举止、为人处事、个人修养代表中国，这些都构成了中国在世界眼中的形象。我们每个人做好自己，做好孔子学院工作，就是在展现中华文化，传递中国的价值观。

王：每一个孔子学院的人，或者说，每一个中国人都在建设中国形象。我们再延伸一下，提高国民素质，让每一个走向世界的人都能体现中国风度和中国气质，这可能才是根本。

李：回到最初对于孔子学院的理解上来看这个问题，孔子学院是一个"项目"，与其赋予它很高的历史使命，不如就按照一个"项目"的形态来对待它，要找到国家利益和项目自身利益的契合点，这样才能弱化国际关系中对孔子学院的政治关注度，尽量规避它成为政治关系博弈的抓手，否则孔子学院总会在国际关系的风雨中颠簸。要打造这个项目的持续性和连贯性，从文化层面上找到与当地文化勾连的部分，适应当地的需求。一条河流需要不断地流淌，哪怕只是细水，只要长流就好，只有这样才能有不断滋养的能力。汹涌而来或者时断时续，都不能充分实现它的真正价值。最核心的是要有稳定和高素质的一批人来坚持做这件事。辩证地看，孔子学院是对外的一个项目，也是对内的。不能只是单向地看，不要只想为对方付出了什么，而是要看彼此之间有怎样的互惠。人类的文化因为语言的不同、地域的不同，在表达形式上、在呈现形式上会有区别，但人们是可以通过交流实现共情和理解的。只要有共通的东西存在，就会有交流的渴望。比如音乐只要是好听的，不管是来自哪个民族、哪个国家，都会让听的人有一种愉悦的感觉，因而对它产生一种认同感。直接超越语言去感受，这比语言的学习和传播更为直观和迅速。美是人类的共同情感，不一定非要懂语言，才能感受到。如果这么理解，我们就可以做很多

251

事情，特别是思考怎么能够让更多的人来感受美的东西，无论是中国的，还是西方的。我们需要抱着开放的、更为别人着想的态度去做事。所以，孔子学院应该是一个综合交流的多元化平台，而不仅是语言学习的学校。

王：这为孔子学院跨文化传播从审美上找到了一个可能。其实，西方很多思想家都在谈"共通性"的问题，比如德国哲学家康德的"审美共通感"，我觉得这可能也会成为孔子学院以后工作的一个切入点。

李：对，艺术可以跨越语言和文化的界限，实现人与人之间的交流。我们在纽伦堡—埃尔兰根孔子学院设立艺术空间，以及做其他的艺术活动，对于孔子学院在当地的融入和交流特别有效。纽伦堡—埃尔兰根孔子学院是全球第一所拥有独立运营艺术空间的孔子学院。当时我们想通过艺术不断寻找两个国家文化的共通点。艺术空间每三个月换一个展出。之前有个展出，叫"跨界"，中德艺术家共同参与其中。有一个德国艺术家的作品，是收集了老教堂废弃木椅子的木材，在上面刻了《芥子园画谱》的局部，用这个作品体现古今中外的一种碰撞和跨越时空的对话，把不同的文化元素糅合在一起，又都保持着各自的模样，不同文化的人都会在其中找到自己文化的亲切和熟悉感。还有"柯勒惠支在中国：地下变主流"的活动，以及"走出沙龙——中国20世纪视觉文化展"，我们都在现有资源的基础上，找到纽伦堡—埃尔兰根孔子学院在文化和审美方面的特色，在文化和艺术的层面上做好交流工作。

王：此前提到了孔子学院的几个意象，花树、土壤、桥梁、煦风与河流，我们真诚地希望孔子学院能够用这样的一些面孔，不仅有自己文化的气质、风度和个性，也能够在不同文化的土壤中汲取营养，长出不同的模样，同时在文化传播和交流的过程中，是温和且友善的，在它生长和流淌过的地方，中华文明的基因能够留下痕迹。李院长，非常开心能和您交流。

李：谢谢您为孔子学院找到了这么好的几个意象。从宏观上来说，这个事情是很有意义的，特别是在中国复兴之路上，个人能够有机会去做一些事情，也是一种幸运。从微观上来讲，我也在不断探索和反思自己的工作，探索如何在具体的工作中突破瓶颈和困境，把孔子学院的工作做得更好。

向世界讲述真诚、有趣、共通的故事

——对 LionTV 导演、制片人比尔·洛克的访谈

比尔·洛克（Bill Locke），英国 LionTV 联合创始人、导演、制片人，以及纪实专题类节目总监。拍摄了《中国新年》《中国学校》《紫禁城的秘密》等七部中国题材纪录片。

一　寻找不同文化中"共通"和"共鸣"的故事

王鑫（以下简称"王"）：您在2016年拍摄的作品《中国新年》，中国观众非常喜欢，网友也给予了很高的评价。很多评论都提到了这部纪录片不仅感动了数万中国观众，也让中国观众看到了外国人讲述中国故事新"面孔"，即真诚客观地呈现中国，而不是总夹杂着叙述的"成见"。您怎么看这样的评价？您认为这部片子得到观众认可的原因是什么？

比尔（以下简称"比"）：你刚谈到的在2016年上映的《中国新

年》纪录片，在某种程度上是我在2006年、2007年和2008年制作的系列的最终成果。我为BBC和开放大学制作了一个名为《中国学校》的纪录片，从中大受启发。通过制作这个节目，我得以看见中国的生活，后来这部2008年上映的纪录片使我萌生出试着制作一个关于中国普通生活节目的念头，我们看到了家庭生活在中国人生活中的重要性，所以我们想拍一部有趣的纪录片，一部真正显示了大多数——未必是全部，但至少是多数中国人的生活的纪录片，这就是为什么我们想到了中国新年，因为中国新年既壮观又充满吸引力。它规模巨大，堪称全球庆典之冠，这是我们吸引全球观众的卖点，也使我们有机会深入到中国家庭生活的许多具体事例中：例如美食、外来务工者的返乡压力等，我们真的希望能由表及里地了解它们。我们还参加一些特别的活动，比如哈尔滨的冰雪节。这些就是我们做这个项目的动机。虽然这并不是一部反映中国所有阶层家庭生活的影片。

这部纪录片并不关涉中国政治，这与节目本身无关。虽然我认为中国政治很值得人们研究，但这并不是这个节目要做的。我们想拍一部有趣的、令人愉快的，直接表现中国生活的电影。我喜欢去中国，喜欢中国人的陪伴，因此我想在节目中反映这一点。我认为这部纪录片在中英两国，尤其是中国获得很大成功的原因在于中国观众对BBC能拍出这样的纪录片而略感惊讶。但我们只想拍家庭生活。

王：事实上，您的《中国学校》在中国观众和网友中也有很多的讨论。您认为作为一个异域文化的讲述者，能够得到中国本土观众的关注，包括认同，对于讲述者而言，有哪些方面是需要考虑和重视的？

比：做《中国学校》这个项目时，我们需要大量的资助，所以我们选取了2007年、2008年这个时间节点，并且展示了它与奥运会之间的密切关联，其实我们只是借了奥运会的东风而已。这套节目是我做的四个系列的一部分。在非洲的乌干达，我制作了《非洲学校》，我还拍了《印度学校》和《叙利亚学校》。当我们制作这四个系列的时候，我们总是只取一个地区拍摄，我们没有试图概述整个国家，我们只是"啪"地选了一个地方，就这里了。所以在非洲，我们去了乌干达的小镇；在印度，我们去了普奈；在中国，（我想）当时很多西方制片人都在拍中国城市的负面问题，例如污染之类非常惹人关注的主题。我尊重他们的创作思路，但是我想拍一个闻所未闻的地方，一个折射出世间百态的"万花筒"，安徽在中国当时并不是很出名，甚至发展得不算最好，但我想展示那里的生活，因为在我看来，我们能拍到所有的问题……形形色色的中国人汇聚于此。所以我们选了安徽，我们得知休宁县有很多教育资源，我们可以拍慈善学校里的贫困生，我们可以拍家庭条件非常一般的中学生，我们也可以拍雄心勃勃的寒门子弟，因为教育在于大众，而不在学校。所以我想了解中国社会的典型事例，这样我们可以见证他们如何以大城市人才后备军的身份涌入人海，人们想去北京、上海，尤其是北京。很多孩子因为父母身在芜湖而成为祖父母身边的留守儿童。从这个角度来说，我们也想看看非洲、印度在面对类似问题的时候是什么样的。我想反映孩子们的前景：他们有光明的未来吗？他们能够成功过上繁荣的生活，实现他们的梦想吗？哪些孩子可以，哪些又不能？所以我想探索一下这个问题。我们做了5集5小时，非常成功且扣人心弦，制作的过程简直是享受，我们乐此不疲。大家都很好，在一个只有30万或40万人的小城市的感觉也很棒，因为我们真的觉得我们可以了解这座城市，如果是一座大城市就很难了解，也不容易被人知道。我们总是很喜欢在小城镇做我们的节目。对中国人来说它很小，我们能感觉到这一点，我们在城市里很出名，所以这真的是一种很愉快的感受，我想为我们展现了不常见的中国的另一面而击掌叫好。这就是普通生活，普通生活带来的挑战，普通生活带来的压力。我经常展示这个系列，在我去中国参加会议时，我就放了这个系列的开头，总是受到好评。因为一切（都是有共鸣的），从校长谈论（考试）压力开始，现在你必须考好，考出成绩，每个观众都感同身受。

王：我在LionTV您的个人主页上，看到几十部作品，包括7部中国题材的纪录片，其中5部是和历史、建筑等方面有关。虽然和您比较喜欢历史、科学、建筑学、艺术等题材有关，您觉得您的纪录片的创作过程中，受政治因素影响大吗？

比：我认为对英国以及国际节目而言，正确了解中国政治真的很重要。但这不是我的专业领域，我也不拍关于英国政治的电影。虽然我对政治很感兴趣，但我并不是这方面的专业制片人。我认为拍社会方面的纪录片时，能反映政治的一些方面，或者你说的那种"软政治"，比如《中国学校》里的成绩压力、中国的教育体制带来的压力等，我们也拍了军训。我们展示了中国生活和政治的各个方面，不过我们并没有深究它的政治问题。我会拍到政治如何影响人们的日常生活、这些学生如何军训以及他们是如何接受教育的。你可以在日常层面上了解到更多，所以我倾向于从社会入手，而不是通过直接采访。

王：您的纪录片题材不仅来自中国，还来自其他不同的国家和地区。作为导演，您认为跨文化沟通或者让作品超越地域、语言、民族和文化的限制，有没有共通的"内容"可以实现不同观众之间的共鸣？如果有的话，您认为这些内容是什么？

比：是的，我完全同意，在跨文化交流中存在着共通的"内容"，当然，在学校系列中，我们也不断叩问不同国家的相同话题，比如父母对孩子成功的期许带来的压力，男、女朋友，学生是否喜欢学校的一些政策例如择优录取之类，我们会发现非常有趣的东西。我们也关注大型社会事件如新年或某些国家的国庆节，以及这些如何影响人们对子女的物化和他们的家庭被物质裹挟，所以在不同国家中那些不同的方式看起来很引人入胜。经常有制片人说，"看，中国人过年的方式，就像圣诞节一样。"我们回到家中，给大家带礼物，我们可能会喝醉、会开心、会有一些小打小闹。某种意义上你知道家庭庆典就是这样的，它们在中国是这样，在英国是这样，在美国也是这样。那种情况下，我们有相似又不同的记忆，我们认识到的异中有同。所以我认为有很多共同语言，我真的很喜欢探索这些部分。

二 致力于向不同文化中的观众讲述有趣的普通人的故事

王：有观众认为，很多国外纪录片在呈现中国题材的时候，总会有一些"奇观化"的内容，一方面可能是因为文化差异带来的文化冲击（culture shock），另一方面可能是因为文化优越感。我很想知道您的历史观和文化观，在我看来这决定了您想讲述什么、表现什么以及取舍什么。

比：所以这很困难，不是吗？当你在另一个国家拍摄电影时，你经常被异国情调所吸引。游客不也是在寻找异国情调的东西吗？他们不会总去看起来平平无奇的地方，他们寻找异国情调，这些吸引着我们。但我经常觉得，我在这方面提不起兴趣，我的意思是，正如我说的，我对日常生活更感兴趣，我喜欢那些已知的。你在日常生活中几乎找不到奇观。但我故意避免那种按图索骥，靠着旅游攻略寻找异国情调的情况。你知道，他们会在这里拍一点不一样的，那里拍一个仪式庆典。我觉得这种旅行片有点无聊。人们旅行的时候总是做一些没什么意思的事情，后来我发现我想都想得出来，所以我不去拘泥于这些，中国的日常生活就已经很特别了，你何必猎奇呢？你知道，我们都很特别，某种意义上中国人来这里也会觉得这里的日常生活有点不一样，但我不认为那个就叫异国情调，这样就没意思了。我们都知道，很多中国人把汉文化社会与中国混为一谈，不是吗？他们只看到了占主导地位的社会群体，有时中国人会惊讶一些少数文化群体的存在，问题是别人拍了不等于我拍了。有很多的电视节目是讲国外奇闻异事的，我从中发现了中国的奇特婚俗，它很有新闻价值，但很难建立趣味性。我对普通的中式婚礼更加感兴趣。我不仅想拍关于汉族人的纪录片，还想拍蒙古族的婚礼仪式。是的，这就是人们喜欢的，不，准确点说这是我喜欢的。说得好理解一点，你想想中国关于英国的纪录片是不是也经常讲到皇室生活之类的，是吧？这不是我在英国的普通生活，我也不是皇室的一员，但人们会展示，我想我尊重这一点。你想想中国拍英美文化的节目，他们也不会展示普通人的生活，不是吗？他们还是会去展示一些异域文化。但是有人拍西藏的日常生活，那也是很好的。但这也不是上海人的生活，甚至不是普通上海人的生活。就像孙书云，她拍了《西藏一年》，那个系列很不错，展示了西藏的生活，如果一个上海人看见了也没有必要觉得这与之有直接关联，但我同意你的说法。

王：很多学者研究纪录片在国际传播中对国家形象的影响。您认为您所拍摄的纪录片对中国形象是一个怎样的塑造和影响？也许您主观上并无这个意图。

比：我所有的努力都是为了向世界其他地方发出我的声音。我并不是为了中国拍纪录片，我很高兴我的纪录片在中国很受欢迎，但我的受众是世界人民，所以我通常只是说这就是中国大多数人的样子，就这样。你知道，我这只是尝试，我不知道如今我是否改变了人们对中国的看法。很难衡量电视节目的影响，很难。我知道英国有200万人看了我们的《中国新年》，很少有人看《中国学校》，因为是在别的频道播的，我知道这些系列纪录片会在世界各地播出，但我很难说有多少人的看法改变了。我跟江苏卫视合拍了另一个系列，叫作《你所不知道的中国》，在BBC世界新闻上播出，非常成功，而且在世界各地不止一次的上映。我不知道最近有什么影响，而且由于广播电视的本质，这并没有造成多少社会方面的影响，而主要是关于技术的。其实我希望我的纪录片能让人们重新思考中国农村的生活面貌，我希望它们展示了中国人、印度人、叙利亚人的人性。我们拍《叙利亚学校》的时候我的感受非常强烈，可怕的内战开始了，我希望观众能够看到大多数叙利亚人只是普通民众，他们不想被卷入战争。这是我的初心，但我很难判断是否实现了。我的电影没有政治目的，就像我解释的那样，我的目的就是展示中国老百姓的生活，酸甜苦辣，所有这一切。我尽可能客观，非常尽力，但难免会有春秋笔法，所以我不想告诉观众该怎么想，我只是试着摆事实。我当然会有想法，人人都会有想法。这不是我能控制的，我是人，我当然要告诉你我怎么想，但我不想告诉你，你应该怎么想。

王：用影像的方式进行跨文化传播，您很好地照顾到了中西方观众观看的差异性和共同性。您如何做到了这一点？或者，您有哪些心得？

比：嗯，正如我说的，我喜欢中国人的陪伴，我想再去一次中国，我喜欢那里的食物，我喜欢在中国做的事情，那些很有趣，我鼓励我的团队去享受，因为我一直认为一个快乐的团队才能拍出快乐的片子。所以，很直接地，我参与、尝试，我觉得很多人在中国拍的影片非常不可信，我想告诉人们去那里享受它。不过如此，我没有什么了不得的诀窍，去享受它，你会发现共同的……抱以人文关怀，你将得见众生。

三 纪录片就是要真诚、真实地探索和发现

王：您认为英国民众对中国的印象和想象主要来自哪些方面？您如何想象和评价中国，您拍摄了这些纪录片之后，您对中国的印象、理解以及评价发生变化了吗？或者没什么变化？

比：嗯，我长大成人那会儿，不是说现在，现在我都58岁了，但当我刚长大的时候，我们眼里的中国是那么封闭。我一直有一本关于亚洲的书，我还记得，尼克松总统访华上了新闻。2003年我第一次去中国，即使那会儿，英国人去中国也很少见。那两年去中国拍纪录片，我觉得我的第一部电影很不寻常。我认为现在印象已经改变了，我们如今看到了中国的许多方面。就像我说的，当我年轻的时候，我对中国一无所知，但是现在已经知道很多了。我们没有看到很多中国素材，我们看的都是西方拍的节目，没有看到多少中国人制作的节目。我认为这对中国来说是一个很大的挑战。中国应该开始向世界其他地方描绘自己。我觉得中国意识到了这有一定的难度，因为很多纪录片风格很说教，但是我看到了一些小变化。我拍片子不告诉人们该怎么想，我真的很努力地不告诉观众该怎么想。我认为这是我和他们很大的区别。中国必须开始接受，让观众独立思考，信任观众是一大挑战，做到自信并且相信观众是很困难，但这是迈向影片去除说教的一大步，是走出原来的舒适圈、迈向成熟的一大步。就像我说过的，我认为这只是其中的一部分。我们不会关注问题，我们正在广泛寻找探索中国社会的方式，像《中国新年》里那样。而其他纪录片寻找特定的问题，比如政治问题或环境问题，关注少数群体等，所有这些只是不同类型的影片，就像我说的，不挑食是很重要的。我认为中国纪录片经常试图告诉你怎么想，问题在于中国人已经变了，中国的纪录片还停留在宣传阶段。你需要让影片开始变得更加复杂。比如，我试

图拍一部关于中国历史的纪录片，我发现中国人对一部分历史避而不谈。因为不好说，可能是800年前或400年前，的确很久远，然而，中国导演需要开始探索这些主题，而不是远离主题。我认为你们需要开始探索这些，而不是一直告诉我们，长城不壮观吗？中国要把自己描绘成一个开放的、探索性的社会。这是挑战，巨大的挑战，是要改变观念的，中国有非常有趣的事情、有美妙的音乐，这样的竞争、探索，向世界展示惊喜，惊喜带来开放。这是挑战，艰难的挑战，但是值得。我们喜欢的东西，我们真正喜欢的是些稍纵即逝的东西。英国和美国观众喜欢权威，所以如果只是介绍紫禁城的结构和建造过程，虽然有趣，但只是工程手册。我们不是直接去那儿讲它的结构，而是设计实验告诉观众，它能抗震，一边实验一边给观众讲实验的事情。所以我们喜欢故事，通过讲故事，我们也会探索其他的事情，但我们不会只拍它的原理，这很幼稚，有些人会那么拍，但我认为叙事真的很重要，这是我们都想做的事情。中国奇妙的叙事，几个世纪以来杰出的中国历史学家，都在讲述、叙事，我认为你能理解这些。

王： 您认为您拍摄的中国题材的纪录片，是想告诉观众中华文化、历史、建筑的故事，还是想告诉观众为什么中国会有这样的文化、历史、建筑和艺术等？由于中国问题有其特殊的历史和文化语境，您在呈现的过程中，遇到了哪些困难？您很好地解决了吗？

比： 呈现中国历史和建筑的困难在于，西方观众根本不了解中国历史，在我拍中国历史上的建筑的纪录片时，我意识到我对中国历史知之甚少。我认识中国的长城、兵马俑、紫禁城，但我不知道怎么把它们整合在一起，哪个排在前面并从此处入手，这一点很有趣。我做的第一部有关中国的纪录片是拍中国第一位皇帝——秦始皇，我也因此了解到他如何统一六国，修建长城、将长城连在一起，如何创造了兵马俑以及他如何做了这一切。他们告诉我们这是一种关于他的叙事，我们也获悉了他们对长城和兵马俑——这一赤陶艺术品的探测，这真有意思。接着我拍了一部通过故宫反映明朝的纪录片，不过拍得很困难，史料浩如烟海，但你面对观众时，要讲得深入浅出，这并不容易。你最好是从故宫、兵马俑、长城入手，这些都是举世闻名的标志，如果用它们作为锚点辅助讲解，可以进行更广泛的探索。这很难，因为尽管中国的历史对观众来说很神秘，但你必须别出心裁吸引观众。我做的中国历史类的节目观众缘都不错，总可以找到新的主人公，因为观众想了解更多中国历史，然后得其门而入，我不确定他们在中国是否这么成功，因为对中国观众来说显然早就是老生常谈了。

王："了解历史是理解中国的关键"，相对于中国的历史文化来说，西方国家对中国的政治体制与经济发展有着很多误解，您是如何看待这种现象的？

比：我觉得不幸的是，对于感兴趣的西方观众来说，很难把上下五千年的历史一股脑儿给他们讲完，因此你需要截取其中的一段，我会去做一千年、两千年前的中国历史。很难在西方找到电视台能资助我做完所有的部分，而且一旦有中国资金注入，国外制片方就会担心这是宣传，这就是问题所在。记得有本书，名字有点忘了，好像叫《成为中国》，我想做一个"成为中国"的系列，因为这个确实很有意思。影片要以教育、文化方面的故事为主导，这些问题都摆出来了，真是有意思。

王：我采访您的目的除了想更加充分地了解中华的故事纪录片的拍摄情况，还想实现我研究的目的——就是怎么向世界讲好中华故事，用什么样的话语方式来讲述，能超越意识形态和政治体制的局限，既不强势也不自卑。您觉得中国导演拍摄的哪种题材的纪录片会在英国更受欢迎，或者用什么样的叙事方式和话语方式来讲述，更受欢迎。同时，您认为目前中国向海外输出的纪录片，从叙事上或者内容上以及表现形式上，还存在哪些问题？

比：要尽量避免宣传，这一点并不容易，观众能分辨出你的内容是不是宣传，这一点是我经常强调的重中之重。而且我在中国制作纪录片的体会最深刻的挑战就是拍出真实感。《中国学校》这部作品是我的得意之作，因为它原汁原味地反映了安徽的生活，而且我在《中国新年》中做出了尝试，因为我认为这是北京、西北、在某种程度上也是香港家庭生活的真实写照。我一一列举了这些项目，因为它们在我心目中是真实的，我可以实实在在地对人们说，这就是中国大多数人的生活。描述要真、要诚，这是我一贯要回到的落脚点，就是要拍出真实感，因为观众能看出来，他们一看出来假，他们就懒得看了。因此拍假的东西就是浪费时间，这是一大挑战。我眼下在做一个与元代相关的项目，它引人入胜，我乐在其中。我还要在中国做另一个项目，不过具体的还要保密，是有关中国历史……

王：谢谢您回答了我这么多的问题，非常真诚。

比：希望对你的研究有帮助。

让意义在观众的世界生根发芽

——对书云导演的访谈

电视制作公司EOS FILMS创意
总监、旅行家、作家，毕业于北京大
学英语系和牛津大学历史系，专注于
高端人文和自然历史纪录片的制作，
并成功地推出了一系列在世界主流
媒体影响巨大的国际联合制作，包括
《西藏一年》(BBC)、《国家公园：野
生动物王国》(CCTV4/ BBC STUDIO)、《来自喜马拉雅的天河》(CCTV 10/
ORF/ ARTE/ ZDF)、《1421年：中国发现了世界》(PBS)、《上海交响曲》(凤
凰卫视 / SVT) 等作品。三部游记《万里无云》《长征》和《西藏一年》记录
了作者从中国到印度追寻玄奘的精神之旅、重走长征路的历史之旅以及西藏
一年的信仰之旅。目前正在制作世界首部生肖动物纪录电影系列。

一　"做事实性的陈述"

王鑫（以下简称"王"）：书云导演您好，非常感谢您接受我的访谈。之前您看到我的访谈提纲，您说可以按照自己的理解，做一个漫谈。我特别期待，相比于规定的路径，这种自由选择行进的道路，或许会有更大的惊喜。在国内，《西藏一年》的叙述是按照季节来划分，那么在海外播出的结构，会不会跟国内的版本有区别？

书云（以下简称"书"）：没有改，这个结构一点都没有改，因为我们当时就按四季来做，这个是一开始就决定的，因为你在一个地方扎下来一年，唯一讲述故事的方法就是按照自己时间的跨度，而且在西藏的文化语境中，人的生活也是按照季节来走的，因为那边一年只有一个季度能够去种东西，冬天又那么冷，他们就无事可做，于是就去朝圣，去做一些家里的事情，抑或是修修房子、拜拜佛。但是春天一来，他们就又忙碌起来，而秋收之前又不需要操心了，阳光正好，他就该去享受生活，所以他们的节奏非常明显。因此，海外的版本和国内版本的节奏是一致的。

王：但是标题是不一样的，海外版本的标题是《三个僧侣的故事》之类，国内则直接用了地点和时间。

书：是，因为我们最终跟拍了八个人，每一个人，每一个季节，我们都拍。最初是九个，三个是寺庙的，三个是乡村的，三个是城镇的。乡村部分最后有一名歌手跟拍失败了，乡村部分剩下乡村法师和村里的妇女主任。但是城镇部分三个人都跟下来了，他们三个人分别是：拉三轮的，包工头，还有饭店的老板。寺庙里跟拍的是最小的僧人、老僧人，还有一个中年僧人。我们有两个组，一个是基本上跟城市，镇子里，另一个跟着村子里。那个寺院是在镇子里，所以这是一个组。这些人一年四季的大事件都会录下来，有的人故事虽然好，但是时间有限，所以就看谁的故事在这个季节里最完整。比如《三个僧人的故事》在我们中文的版本当中，就叫"夏末"。因为这里不仅讲述这三个僧人的事情，还有其他人的事情，所以我觉得只提三个僧人反倒不太全面了，但是外国人就会问夏季发生了什么事情，所以我觉得在某种意义上，中国人还是比较诗意的。

王：还是和我们的文化有关。

书：所以我们在BBC海外版的春、夏两段标题中提炼了里面最主要的故事。但是这个故事我觉得本身并没有画龙点睛的效果。第二集秋收的主题是西藏的夫妻关系，但其实还有一个找不到工人的包工头的故事，那个故事很好，但是没有进入到标题里，因为夫妻关系更吸引人但内容上其实还是季节发生的事情。我们的剪辑其实也不可能变化太大，否则就会被认为是表里不一。所以这两版中最大的变化只有两处，第一是海外的版本节奏更快。如果是给现在的年轻人看，我可能编的时候就会再快一点点。当时英国广播公司说他们要节奏，但是我觉得这个节奏其实相对于西藏人的生活来说，它有点太快了，因为西藏人生活本身就是缓慢的。

王：您在《西藏一年》中采用多线交叉式的叙事结构，情节错落有致，可否简单介绍下您对该纪录片故事的组织安排与创作构思？

书：举个例子，我们俩在这里吃饭，假如你女儿来了，她一会儿跑这儿一会儿跑那儿，一会儿跑到楼上看看花，一会儿跑到楼下看看网球场。那么在这个过程中，其实我们的谈话可以跟她交互。在这场戏里，我们可以说她在做作业是一次交互；她到外面去阳台上看周围的银行又是一次交互；然后她说我很无聊，我想到下面去看，她到楼下去网球场拿着网球挥拍去，这是第三次交互。这三次交互剪辑，与其说讲的是她的故事，不如说讲的是你的故事，是在讲你女儿在你的影响之下，成长为一个怎样的小孩，她是用来衬托你的，这样的剪辑的话，就会对你的采访速度有一个提高。观众不能只听你说，否则会厌烦。但是穿插了这样的交互以后，大家就可以从中看出你的教育方式，以及你作为母亲作为人的特点。这种交互剪辑对片子影响很大。

但是交互交叉的时候，在很大的程度上，既是人为的也是同时进行的，但是它也并不代表两个事情是同时发生的。我觉得这个节奏在某种意义上，对于中国观众来说有点快，所以我们就减少了交叉编辑。

王：《西藏一年》中，我印象很深的是那个小孩，他因为心脏的问题，嘴唇发紫，看起来危在旦夕，十分紧张，同时另一边是过生日在念经。就那一部分镜头和叙事的使用，让我感觉到一面是这种世俗的生老病死，而另一面内心又要有一个信仰，要去祈祷。

书：这场生病戏，在英国的版本里有三次交叉剪辑，但是在中国这个版本里只有两次，交叉剪辑少了之后节奏自然就慢下来了。因为你会长时间关注场景中小孩的状态和母亲的焦灼。这种感情不是激动或紧张，而是紧张之后的痛苦，所以我觉得最重要的是让情感慢慢舒展开来，特别是大家对西藏还比较陌生。这种缓慢的展开我想并无不妥，可以让大家接受更多信息。这个是中英版本最大的一个不同，这个不同并不是政治带来的，而是由于中外观众不同的喜好和收视习惯。另外一个变化就是我们的解说词在英国广播公司的版本里有一些额外的解释。我们（国家）对寺庙的管理还是很严格的，但是我们没有过多的评价，它只有13分钟的解说，讲了地点、人物和要做的事情。

王：就只是一个事实性的叙述。

书：是的，没有褒贬，不做价值的判断，这样的话大家自己就得出结论了，所以也是这部片子没有特别大的争议的一个原因。但是这并不代表没有观点，其实人物的选择和问题的设置已经蕴含了你所要传达的东西，例如选中人物的性格有活跃的、传统的、反抗的……只是你不知道他们的故事将如何在一年中具体展开，只知道要在这一年中完成这个作品以及每个季节大概要发生的事情。例如你知道他没有工作，冬天要去打工，但是打工的时候跟人打架、挨了打是无法预知的。不过人物的倾向性是可以把握的，比如说这个角色代表了新的藏民的精明，以及能够把握时机的特质。

王：我们发现《西藏一年》中的拍摄对象都比较典型且具有代表性意义，当时是如何选择这些拍摄对象的？

书：我们选择了寺庙、妇女主任还有乡村医生，能够代表宗教、政府和社会。比如寺庙，汇聚了老中青几代人，这本身就是矛盾，这是可想而知的。你知道他们会有挣扎，但是你并不清楚他们会怎样挣扎。作为了解西藏社会的一个窗口，其实这些人选得都很好。譬如妇女主任就代表了党和政府的角色，至于乡村医生和乡村法师，因为乡村医生要治5000多名病人，所以通过她就能知道5000多名病人的情况。乡村法师也是如此，寺庙更是，旅馆亦然。所以要尽可能去展示，对这个社会有影响，或者是对这个社会有所把握的人。所以就跟现在选秀一样，选对了角色之后，故事才会开始。

二　时间磨出的"人性"模样

王：我自以为好像很熟悉西藏，但实际上西藏给我的可能就是布达拉宫、藏族人脸上的高原红，或者秃鹫在蓝天上翱翔这些意象，看完这个片子之后，我发现我竟然这么不熟悉西藏。

书：其实很多影片都体现了你刚刚所说的问题，央视曾做了好几个大系列，例如2018年的《中国西藏》，还有庆祝西藏自治区成立60周年的《天路》都是如此。哪怕藏族人很开放，哪怕政府大力支持、投资多、人物好、故事也好，但是摄制组最多只待上两三天，两三天的内容不是剧情，只是事情，一个事情形不成50分钟片子的，它只可以作为一个高潮。24小时里拍的东西，跟12个月拍的东西是没办法比较的，因为没有时间，就无法沉淀出故事。就像串项链一样，要有珠子，还要把珠子穿起来。你看《西藏一年》里边的少年僧人，有一个镜头，就是他们抓那些狗，后来他又去抱着一条狗，如果你不长时间跟拍的话，你肯定发现不了的，他虽然是一个僧人，穿着僧袍，但是他内心里面还是对那件事耿耿于怀，我印象很深的是老僧人带他去朝圣时，他一天到晚心都不在路上。

王：那位年老的僧人，和那个小孩的父亲说了很多，比如这个孩子不行，他喜欢看电视等等，我一下就体会到无论是普通人还是僧人，在传统和现代之间都存在着冲突。所以在一年当中，会看到很多让你非常难忘的瞬间。

书：对，我确实觉得在每一个人身上都有这样的时刻，你看片子中那个打工的，之前他家里出了很多事情，打工又被打了，他也不放弃，再去给人当向导，最后又找了一个也不嫌他穷的人，没结婚，对方就怀孕了，如果没有长期跟拍，会错过许多类似的瞬间。所以《西藏一年》的独特性就在这里，你花的时间都会展现出来，而且对于我们来讲，因为我们是跟藏学中心合作的，藏学中心保存着五六十年代黑白的片子，或者早年那些新闻素材。其实对中国边疆的少数民族最大的一次普查，就是在20世纪50年代，解放军进驻那些地方的时候，都给记录下来了，这是当时的远见常识。后来就没再去记录什么新东西。现在的变化就这么大，他们的文化其实就跟中国传统文化一样，消失得很快。其实我们当时是为了把它给记载下来，把变化的文化给记载下来，将来等50年再回头说，这就跟我们看辛亥革命一样。我想因为有这个目的，所以当时记录得相对来说比较完整。当然你记录得完整，编片子的时候就很好编。

王：您在片子中是想呈现西藏是什么？还是如今的西藏为何会有现在的模样？

书：我觉得一个这么大的东西，对于我这样的人来讲，是什么，永远是不够的。因为对我们学历史的人而言，学历史是为了以史为鉴，我们了解过去是为了明天。我们记录它，看到这种像中国其他任何地方都有的现代和传统的一种冲突，虽然我们没有发言权，不能说他们应该怎么样、他们应该做什么样的选择。但是我觉得从选择的这些人物来讲，这些人物的努力，其实就回答了"为什么"这个问题。就是为什么大家对这个民族有这样强烈的兴趣？为什么觉得这个民族值得人们去了解？而且如果他们没有能够保护住自己的特色，那他跟我们就没有任何的差别，而且他又不能跟我们比。不能丢了自己的东西，也没有学到别人的东西。所以我觉得其实在某种程度上，很多的民族都在经历这样的巨变。那么能不能这样走下去？是不是对？其实我们在片中记录了很多，他们是什么；也记录了他们的思索：我们为什么是这个样子？我们应该不应该是这样子？但是我们给出的答案是什么呢？之所以这个片子能够被海外媒体和观念接受，就是因为我们其实并没有更多地做出限定，只是去引导更多人思考这些问题。

王：作为创作者，你们没有给出唯一的答案，只是呈现每一个人的思考和他们对未来的选择，然后给更多人一个开放的答案。

书：对，但是这个不等于说你不思考，比如我们的下一部片子，西藏三部曲，其中一部是《喜马拉雅的天梯》。

王：我知道清华大学的梁君健老师也参与其中。

书：对，那个是我们一起做的，这个问题在片子里有了清晰的答案。西藏的小伙子找到了自己的差别竞争力。就是他能忍受高原的环境，所以他能保持传统，同时也能够超越传统、尊重传统，还能够找到谋生的路。影片也刷新了人们对西藏的了解，我之所以选择跟梁君健、雷老师一块去做这个东西，就是因为我觉得这就是西藏的美，它必须要保持它自己的特性，否则的话它真的什么都不是。当时因为作品体量没有那么大，个人的主观性就更强。

三 对故事中的人的尊重高于一切

王：我觉得在这部片子当中，好像也在完成一个祛魅，我们所看到的，不是教科书里或者官方描述的西藏，而是真正的通过它进入到西藏人的生活里面。

书：这点我们是做到了。

王：当时我很惊讶地看到一妻多夫的传统在我们认为很文明的社会里面依旧存在，她是怎样去适应这个传统，跟兄弟三人一起生活，同时保持一种和解的方式，还是挺让人觉得不可思议的。

书：对，那个时候你就会发现，你没有办法去评判他，也没有办法去想象他。因为那里自然力量太强大了，冬天真的就什么都没有了。在那样一个交通不发达、各种资源匮乏的地方，一个人在春天没办法兼顾种地和放牧，没有牛羊，就没有酥油、没有肉，就没有牛羊毛御寒，也没有牛粪取暖，一个人根本没办法生存。

王：在自然的强大力量之下，人其实还是很渺小的，生存可能是最重要的，而我们，没有办法向他们谈论所谓的现代文明的生活方式。我们只是告诉他们有那样的一种生活方式。

书：对，我觉得这是不同于我们的另外的一种价值体系，这种价值体系是由其生存的环境所决定的。所以我觉得没有权利去评判。如果他们对这种传统持负面的态度，我也要如实反映。例如影片中老三跟丈夫的关系特别亲密，这个也体现得很清楚。

王：他也许觉得她很尊敬他。

书：没错，要找到不同以往的视角，而且藏族的伦理道德与我们的不同。所以我觉得这个东西，呈现是什么，它就是什么样子。其实不应该有太多的评价，在藏民的下一代中，也有不愿意遵从这种价值观的。你看在我的书中，两个在陕西的西藏民院上学的小孩，他们接受了现代文明的生活方式。他可以独立生活，去烘干机厂工作，不需要种地、养牦牛，所以就可以理解，为什么他不喜欢传统的婚姻方式。

王：片子里呈现了一个新娘出嫁时痛哭，对她来讲，未来的生活是极度不确定的。其实我边看边写了一些小的想法，例如传统和现代的冲突，世俗和信仰之间的交错等，我觉得这个片子里有很多可写的东西。

书：因为他们生活发生了变化，这种婚姻的方式就不再合适了，所以我们不需要做出伦理的评价，他们自己会主动选择判断。

王：您当时做这样的一个选题，是因为您有比较强的西藏情结，还是说经过了比较长时间的调研确定的？

书：我一直是很喜欢西藏的，还是有情结，因为我觉得这里人杰地灵，而且人极端的善良。在一个美丽又极端恶劣的自然环境下，这里的人的生活状态，还是很迷人的。他们能够用自己独特的人生的哲理来面对这样一个现实，我觉得这个现实是一种善，是一种与人为善，与天为善，与所有的东西为善，去接受，这个不是什么不好的东西。

王：您刚才说的与他人、与自然、与天地为善，我想它是一个可以实现跨文化沟通的途径，可能在不同的文化语境之下，您用镜头语言呈现出的西藏的状态会更容易被理解，这是不是这部片子在不同的语言文化中都能够得到认同的一个很重要的原因呢？

书：其实现在的藏学它面临一个很大的挑战，佛教很了不起，无论是印度传到中国，本土化为中国的禅宗，还是禅宗传到西藏变成现在西方很欢迎的喇嘛教，每一代人都找出不同的方式。回到我们的影片，西方的观众其实在某种程度上对于藏传佛教有一些比较基本的了解。这部片子只不过是展示乡村法师、寺庙僧侣和乡村的医生等。藏族人其实是比较包容的，哪怕他不认同你，他也不会去真正干涉你。

所以我觉得在这个意义上这些影片里的人物确实非常典型地代表了藏族人的价值观和信仰。因为他们形象很鲜活，所以然观众觉得他们虽然像电视剧中的人物，但是也有真实感。

王：所以大家都能够找到自己安身立命的所在。

书：或者是说各方都能找到平衡的点，这也是这部影片受欢迎的原因。

王：这个平衡点是你们努力找到的，还是水到渠成的？真实真诚地呈现他们面对自然的状态或他们的信仰所要呈现的原生状态，才获得这样的效果，还是有意识地去凸显一些东西？

书：我们没有着意去凸显任何的东西，原生态的东西就很感人。无论是他们的希望、疼痛还是无奈，它都会真诚地表现在你的面前，我觉得这种真诚其实是感动我们的很重要的一个有共情的东西。所以在这个方面，我觉得就回到选择我们的人物上。在选择人物时并没有特定地规别要表现什么，而是要明确：第一，他是一个很有性格的人；第二，他是一个跟社会广泛接触的人；第三，他是一个很愿意表达的人，因为有的人他可能想得很多，但不愿意去说。

王：那您觉得老僧人也会很接纳你们对他的拍摄，然后去呈现吗？

书：我觉得老僧人当时他没有接受，他可能是希望我们作品能够帮他改正一下，因为他知道自己不行了。所以他希望我们能够帮助他说服一下小僧人。他并没有讲自己的事情，我们也没有问得特别多。

王：他主要是看未来要怎么办。

书：对，他走了之后藏传佛教的未来怎么办，所以他一再地强调，但是他的方法无论如何是不能被这小僧人接受的，毕竟不能操之过急。这位老僧人最后也明白，他的努力是没有效果的。

王：他带着一个小僧人去朝圣，在冰湖上跟小孩说了一段话，他说有四种东西很重要，那段其实是要到一定的年龄才能理解。他说得非常好，不仅人要和自然有一种平衡，其实无论是什么样的信仰，我们都需要达到这种平衡，但是那个孩子是没有办法理解的，孩子只是对最新的技术这种眼花缭乱的东西感兴趣。

书：我觉得他也没能找到适当的办法去说服这个小孩。所以最终还是要回到人物。其实在西藏找到美景很容易，难的是，让人打开心扉，在各种情况下面对真实的你。这样说来我们总体是比较幸运的。我记得当时我们最大的问题就是一年里要拍9个人，每个人的经历都非常丰富，其实这样很累，所以到最后我们一直在鼓励工作人员坚持下去。我们合作的单位也不是所有成员都认同这个项目，因为环境艰苦，物资匮乏，两三倍的工资都请不来人。但是完成这件事对合作单位来说又很重要，在这种情况下，我们就要绞尽脑汁留住工作人员，让他们开心，感到他们的工作是有意义的。我觉得这个挑战还是很大的。

王：对，这也是我想问的，您在实施的过程中遇到了什么样的的问题。

书：当时我们确实觉得很困难，我们本来并没有安排藏族的工作人员占那么大的比例，但是内地的工作人员几乎没有人愿意长期去，但是只有长期拍摄才能产生感情，才能有连贯性。如果不停换人，就没有办法保证这种拍摄的连贯性，至少在情感上他是断裂的。

还有很多方面问题，因为带一个团队其实挺不容易的，有的工作人员会因为艰苦中途放弃，前面的素材也前功尽弃了。所以这确实是很大的挑战。这个挑战不只存在于我们团队，我们的拍摄人员也是如此，毕竟拍摄经费有限。所以如何维系这种关系非常的微妙。我估计一半人都说过不拍了，我们就等，在等的过程中跟他们去交流、交心。藏族的节庆也很多，各种各样的佛诞节、民间节日。所以节日到来的时候，我们摄制组会买很多的东西，向每一个人，每家去问候，他们就很感动。所以当时真的很不容易，尤其是对我而言，要获得别人的认同，才能继续拍摄任务。

王：要让智慧和管理保证你的情怀能够最终实现。因为很少有纪录片像这样，虽然规模不是特别庞大，但是要投入一年的时间，如果没有扎实深厚的信念很难坚持下去。

书：选择的江孜县也比较困难，因为影片呈现出来的拍摄环境是比较艰苦的。但是它比较有特点，镇子很有特色，寺庙也很好，第一，它的寺庙在西藏是除了拉萨三大寺之外比较知名的。第二，镇上的寺庙也很有名，是藏传佛教，就是格鲁派（黄教）的六大寺庙之一。不过那其实不是我的选择。我记得当时是讨论选址时，想到从牛津大学毕业之后，我第一次去西藏去的就是江孜，它是在从拉萨往西，去日喀则的路上。镇子上当时在庆祝丰收，到处洋溢着欢乐，场面给了我很大的震撼。在和藏学中心的领导和同事们讨论的时候，我就提到这个地方给我的印象特别深，而且它也是农区，不算很大，能保留比较纯粹的藏族特色。这也得到了他们的认同具体的拍摄，不能依赖别人，不过，我觉得这个过程也是一种修炼，坚持不下来的时候就退一步。我记得当时有一件特别生气的事，我们有一个西藏社科院藏族文学部的同事。这个人总是喝醉，只喜欢享受生活，工作对他来说是一种负担。他过一段时间就要回拉萨，但是回去之后再回来就很难请。所以怎么把他请回来？就又哄又"骗"。毕竟拉萨可以享受的东西比较多，对他们来说江孜就很乏味。但是也只有你付出才会有收获。

四　在审视精品中追寻创作的轨迹

王：就创作而言，作为一个旁观者，只能看到有什么样的评价，或者受众如何反馈，以及片子的内容、表述方式、审美风格等，而内部的具体运作，其实我们从外部是看不到的。

　　书：如果从创作的角度来说，我觉得审美风格之类的并不是主要的研究问题，审美带有很大的主观性。这体现的是导演本身或者是公司的，比如《中国学校》《中国人要来了》风格就比较一致。所以你会看到它拍历史类的纪录片会有一套风格，拍现实类的又会有一套风格。在这15年里（2000—2015），它整个的制作取向没有变、整个的风格和取向实际上是相同的，所以它能保持一贯性。观众出于新鲜和兴趣的角度去看中国发生的事情，而不是因为影片本身的质量和口碑，这些因素不是没有帮助，但是帮助不大。你可以看《云之南》作者爱格兰德，他真的很了不起，做了三个中国系列，每个都不一样，有他个人的风格，而且这位导演确实非常有创造力。这个作品就跟Lion TV一样，它的公司是有风格的，研究这种在较大的体系之下的作品，才能够说明是谁在左右这种比较有影响的宣传中国的片子。你刚才说到观众的喜好，但是这个东西实际上与我们的想象相去甚远，在这个意义上来讲，它绝对不是观众主导的，而是导演，在某种程度上所谓的创作者主导也不是随便某一个导演主导的，而是一个对中国相对比较关注，对中国具备一定的系统性理解的人在做，那么这些人对世界或者英国人关于中国的看法的影响就比较大。以迈克尔·伍德为例，因为他观众基础很好，50岁以上的观众都很认同他。大家又都觉得他这人很好，很热情，你可以看到他在镜头前总是表现得对任何东西都充满了激情，像小孩一样。这样的表现就会感染观众。他进入中国比较晚，进入之后开始做关于邓小平的纪录片，这部纪录片属于PBS（美国公共电视台）的一个系列《改变历史的人物》，其中选择的人物都是罗斯福这样的。这部片子在美国影响很大。鉴于此，我认为他应该是站在中立的角度。在某种意义上，他采取了既能让中国接受，也带有自己本色的方式。在我看来，爱格兰德还会再做关于中国的纪录片，他已经做了三个规模比较大的中国系列了，在西方都颇有影响，我甚至可以说是他改变了西方人对中国的印象。如果他继续做有关中国的系列，你应该先去看完他之前的三部作品，再去采访他拍摄这些纪录片的过程中发生的改变，包括他对中国看法的改变以及英国人对中国看法的改变，他是如何影响受众的和下一部作品的选材。我想，此时你会看出他的轨迹，以及他是如何带动英国的观众一步步了解中国的。

王：我非常认同只有通过一段时间的考察，你才能够看出来它整个的变化轨迹；要将对个体作品的考察置于系列中，才能看到个体与整体的关系。

书：一般对导演而言，如果他对中国并不是特别了解，他就会说每一个故事本身都有它的道理，我这样拍也是做了一件很好的事情。2000—2015年里拍摄的这些纪录片，从整体来讲，对中国的呈现还是比较客观的，实事求是地说，对中国人还是非常友好的。《中国新年》《中国学校》《中国人要来了》，我认为其中就反映出一种友好的态度。从这一点来说，有的时候单篇的作品，其实在某种意义上是最容易采用一种批判性的叙述方式的。

王：因为对于单篇作品的导演来说，他们可能要追求冲击力，或是引起受众的关注。我们通常会觉得批判性的叙述总会比温和的更容易让人振奋。

书：你看现在腾讯的很多作品就特别受人欢迎，但是做这样的作品是需要时间和信任的。对于一个外国的制片人和导演来说，在中国这种语境下去做是不具备先天条件的，所以它一方面做出来的作品少，另一方面负面作品的比例也大，因为对于导演而言，他们可以找到很多这样的现象，从而脱离机构的控制，不受其限制。当然即使是放松限制，也会存在两个问题：第一，毕竟中国如今在发展中依旧有诸多不足，还是会有人去反映；第二，虽说真正的中国人是很了不起的，他们那么坚韧，那么勇敢，那么任劳任怨，那么想方设法地去解决一切生活中的问题，其实他们写就了许多佳话，这也可以做成一部优秀的作品，但想反映出来这些，就需要政府的帮助，这个帮助目前我想政府没有办法提供，所以很难出单篇。但是相对于单篇作品来说，剧集做起来就容易多了。因为首先剧集影响大，其次公司不是为了一夜成名，而是要长远发展。那么在长线的情况下，就会要求质量和负责。所以国内网友也将伍德拍完的《中国的故事》戏称为"BBCCTV"。每个人侧重点不一样，伍德可能更加注重历史，他要在现实中找到历史的DNA，再去探究它的转变，而且他本身就是一个比较乐观的人。所以他的作品不是以揭短为主的，在这个意义上来讲，他的片子比较容易被人接受，这个确实是性格使然。毕竟作为主持人，乐观的特质也很重要，做一个自己都不感兴趣的东西，很难感染他人，而在我看来，伍德他不是特别专业的，因为他还不是一个纯粹的学者。

王：我觉得伍德能够很好地将学术底蕴融入其中。这种历史观，也会贯彻在他的拍片过程当中，因为我也问过他类似的问题。我本该在先读完您的书再去看您的片子，但是还是没有来得及去读。

书：也不见得非要遵循这个顺序，因为书本身也是写在纪录片杀青之后的，先有的也不是书，而是这个项目。我们的项目时间跨度很大，过程中自然就有很多的思考，有很多无法拍摄的镜头之外的东西，比如一个乡村法师母亲去世了。在这种你不能拍摄的情况下，可以写。书弥补了很多的观察，所以这个书跟片子往往是相辅相成的，但是因为我们的制作周期比较长，所以有这个时间，一般的情况下，你不会有充足的时间去兼顾到制作和写作。

五 寻找与世界沟通的桥梁

王：我其实事先整理了很多问题，虽然我们没有按照问题的顺序一一问答，但是您刚才所有的讲述其实都是我的问题当中所期望听到的。这里还有一个问题，因为我毕竟要做中华文化对外传播的，之前也聊到，其实我们也希望能够输出一些纪录片进入到英语文化语境之下，能够让更多的人建立起对中国更加友好积极的印象。但是很多纪录片输出得并不理想，我想知道他们讲故事的方式是否存在一些问题。

书：我觉得不是，其实我觉得我们中国的同事们真的很了不起，非常了不起！其实我们做媒体的，尤其做纪录片的，都知道什么是一个好故事，只不过我们讲述的方法会有所不同。所以不是他们不够优秀，他们在拍《西藏一年》时贡献很大。我们作为传播者，永远需要清楚你想传播的是什么，永远要努力，就像中国的愚公移山或希腊的普罗米修斯，或者是西西弗斯一遍遍推石头，推着推着就滚下来了。但是不能说我不推了，不推你根本连这个可能都没有。所以我们做完《喜马拉雅天梯》之后，又做了一个《喜马拉雅的天河》，是央视、德国国家电视台、法国国家电视台还有奥地利国家电视台，四个国家联合制作的。我们拍摄雅鲁藏布江，它流过西藏，流过印度，流过孟加拉。一条江，三条生命，三个轮回。我们在以另外一种方法，向世人展示西藏，展示他们对动物的态度，展示这片土地的独特之美。

王：实际上要让我们这些创作者有更多的智慧。

书：所以我们就做了这个纯野生动物的片子。当然做野生动物它也是有挑战的，这个挑战跟人比起来，还是能够去克服的。我觉得我们还是要做出来别人没有办法做到的东西。国家目前在尝试建立国家公园，把有关键自然资源的地区做成十个国家公园，我们就要把宣传承担起来，虽然我们常说地大物博，其实中国地确实大，物并没有我们说的那么博，所谓人口众多，现在人口已经出现危机了。咱们教科书上的话，如今都在变成老生常谈，我觉得中国人对此是有所觉醒的，只不过可能没有人去呼唤他们。我们要保护这些，因为再不保护，祖先留下的东西就真的给断了根了。就跟文化一样，文化或许大家有不同的理解，但是自然之物是有目共睹的。所以国家公园的创立就非常好，它是面对挑战的很积极的应对。在这个过程中就可以去呼唤对动物的爱，反对在共同的土地上无休止地掠夺。我们计划做三个国际版，展示中国政府、民间组织的努力，以及思考现有的问题。

王：片子比较大是吧？

书：对，要做两年，所以这也是一个话题，野生动物是全世界人都喜欢的。但是我们野生动物的话题就带有中国的时代性，我们这个时代在昌盛了30年之后，付出的代价现在要修复，这是时代的责任。国外的合作团队也很喜欢，他们很喜欢看中国，也喜欢去从未去过的地方。但是你要说明这些地方已经变得特别稀少，所以它才要成为国家公园。我们希望有更多地方能够效仿。所以在介绍美丽的中国的同时，把我们现在面临的挑战是如何把中国政府的努力传给世人。

王：把这样的一种理念变成一种镜头语言和讲故事的方式，也是比较困难的。

书：还好，我们团队出了一个，因为毕竟国内对十个国家公园了解也不多，国外的人就更不知道了。在这个情况之下，我们出的东西如果能得到好评，就说明它其实能够达成共识。

王：还是要在夹缝中找到可以走通的那条路，然后和世界沟通起来。

书：政府也有同样的意愿，其实国家公园的设立本身就是一件好事情。而且国家有这么多资源，但是国际上拍摄野生动物已经达到了一个高峰。所以如何在这个基础上前进一步，是有挑战的。但是这种挑战，在双方有信任合作比较好的情况之下，还是能够完成的，而且能够去创新的。

王：您有没有创作者所保持的一以贯之的创作理念？您认为其中最主要的是什么？

书：我觉得我可能不具有很大的典型性，因为毕竟人是社会动物，我从来没有为糊口去做东西，所以可能对我来讲，我的选择就比较自由，我只做我喜欢的事情，这个就会成为一个良性的循环，因为做你喜欢做的东西，你就会做得更好，别人可能觉得很苦，你没有觉得很苦，你就坚持下去了。我觉得在我整个的作品中，西藏系列是一个我很喜欢的部分，《喜马拉雅的天梯》做了两年，《喜马拉雅天河》做了两年半，加上《西藏一年》其实拍了16个月，前后制作将近三年，再加上书，用了十年完成了西藏三部曲。另外一方面，因为我毕竟是在两个文化之间，对中外文化的交流非常感兴趣。所以我沿着玄奘的路走了18个月，写了《万里无云》。这是佛教方面的。后来我们沿着马可·波罗的路走了18个月，做了一个《马可·波罗当代启示录》。我们走过郑和下西洋的路，这个系列也比较幸运了，是美国PBS支持的，我们又走了18个月。拍中外交流的三条里程碑式的路，又花了我十年，因为每一个大概都是18个月的制作期，这个是中美交流方面的。因为我是做历史的，所以我认为信仰也比较重要。而我写的书其实在某种意义上，它也体现一种信仰，《长征》是我们共产主义的信仰，《万里无云》是佛教的信仰，《西藏一年》其实是对佛教更深刻的一种理解。拍纪录片和后来行路、写书还是有区别的。所以这三本书，《西藏一年》《长征》《万里无云》都很重要。这一路走来我做得不多，因为我每一个事情花的时间都比较长，当然自己也比较享受这个过程，所以并没有急于求成，给自己规定一个时间。当然如果我们自己能够控制的话，周期还是控制一下比较好。接下来做的话，如果时机成熟，我觉得还有一个关于西藏的大型项目。另外还有一个中外交流的项目，我想再走一趟路，这个也是一件事情。现在我的重点当然还是在文化交流方面，其实我总希望是用最好的东西，最好的团队，最好的方式，推动消弭两个国家之间思想上的隔阂。我认为这是在目前体制之下我们能做的。因为它是一个特别大的问题，这不光是中国的，已经是整个世界共同面临的问题了，因为发展的速度太快了。我觉得我们接下来要做的，又是十年。对我们来说，做纪录片也是一种幸运，能切实地接触不同的人，而且这些人真的非常了不起。你想中国过去这几十乃至上百年面临的艰难和挣扎，其实作为我们一个记录人来讲，他们的故事真的很了不起，非常了不起。所以每一个项目对我们来说其实都是一个很好的学习机会。

王：感谢书云导演接受我的访谈，您对纪录片的创作以及在创作中遇到和解决的若干问题，包括对社会、性别、信仰以及文化等诸多问题的思考也给了我很多的启发，特别是对于中国纪录片或者其他文化产品的制作和生产，如何更好地适应异文化语境。非常感谢！

书：我也非常开心与你的交流，如果在访谈其他导演方面需要帮助，我也很乐意帮忙。

交流、互动与反思：
国际视角下的个人经验与中国故事

——对戴雨果教授的访谈

戴雨果（Hugo de Burgh），曾任英国威斯敏斯特大学媒体、艺术与设计学院教授，现任伦敦中国传媒中心主任（CMC）。曾在苏格兰电视台、英国BBC和第四频道担任记者、制作人及主播。戴雨果教授一直在为推进中外媒体经验交流而工作。

一 "兴趣、爱好与工作"：
与中国建立跨文化交流的机缘

王鑫（以下简称"王"）：戴教授您好，非常感谢您接受我的采访。维基百科上有对您与中国结缘故事的介绍，据说您的梦想是"长大后也在树下看书"，并说您"儿童时，通读了荷兰人高罗佩写的全套《狄仁杰》，从此开始对中华文化感兴趣。"您认为中国最吸引您的是哪一方面？

戴雨果（以下简称"戴"）：我认为中国最吸引我的是，我见证了她一步步成为繁荣富强的现代化强国的过程，并且同时还能保持自己的文化独特性，而不是成为英美文化的复制品。这是我最感兴趣的方面。

王：您在威斯敏斯特大学负责的中国传媒中心（CMC），已经有14年了。这期间，CMC接纳了大批的中国访问学者以及中国媒体的从业人员，也在跨文化交流方面扮演了重要的角色。我想知道，CMC创办的初衷是什么？

戴：中国传媒中心（CMC）的初衷只是研究中国媒体，从一开始我们就认识到了解中国媒体最好的方式就是开展合作，于是我们进行了多次的访问交流。先是到国务院新闻办、国家广播电影电视总局，再到湖南广播电视台、浙江广播电视集团等等。同样，我希望到英国来访问的中国朋友能够收获良多，我相信他们已经认识到了解英国以及英国媒体是很有趣的，并对他们的生活产生了积极影响。我自己也受益匪浅，因为如果没有CMC，我绝不会遇到这么多有趣的中国人，他们的身份也各不相同，包括官员、记者、学生、制片人等，在与这些访客交流的过程中，我的同事们，电视台的制片人和记者，甚至包括一些政界人士也得以了解更多关于中国的真实情况。我对我们这些年来取得的成就很满意。我们这里有几百位访问学者，也有很多硕士生和少数博士生，以及两位客座教授，很快有一位新的客座教授要加入。我相信这对他们来说也是宝贵的经历，当然，我的同事访问中国时也有同样的想法。我认为对我来说非常重要的是，英国人能够认识到中英两国之间有很多可以互相交流学习的内容。

王：您如何评价CMC在中英学术、文化和媒体交流与合作方面的意义？

戴：中英贸易委员会主席曾对我说，他认为CMC近15年来致力于组织国际交流会议，这是非常难得的，而且我跟英国文化协会主席（也就是国家汉办主席）交谈时，他也表达了类似的观点。因此，我相信英国的一部分公共人物知道我们所做的贡献。尽管这很难用数字来评估，但我知道，我们在中国学习到了很多，我们在英国，包括英国媒体和英国政界也很有名气。我认为通过一点一点的努力，这将会极大地改善我们两国之间的关系。

王：如果从一个历史的角度看，您个人在中英文化交流，特别是传媒领域的交流同样扮演了重要的角色，您认为呢？

戴：我认为我的经历于我而言是非常有价值的，许多人有机会去中国，也有机会在英国结识一些中国朋友。其中一些人在上海或北京这样的一线城市与会讲英语的中国人开展合作，但我很幸运，我遇到了一些在某种意义上代表了真正的中国的中国人，他们对外国了解不多，和国外也没有过多的交流，例如来自武汉、山东、青海、宁夏、山西等地的朋友，通过这些交流与实地考察，我可以很清晰地了解并思考中国社会的运作方式和管理方式，这些是我坐在家里的书桌前永远想不到的。

王：您从早年在爱丁堡大学教授东亚历史，后来在苏格兰电视台工作，又到BBC 4担任记者和主播，同时还有十年媒体总裁的经验。您的这条职业线，体现了从学者到记者，又从记者返回学者的过程，这是一个很有特色的职业往返路程。您能勾勒一下这种职业"变线"的机缘和心路历程吗？

戴：我在爱丁堡大学历史系教过一段时间的书，但我对那段经历不太满意，不是对工作不满意，而是因为我想要做更多的事情，这就是为什么我很开心能够成为一名记者。记者这份职业能够深入到实际生活中，过了几年后，我不仅是一名记者，还成了电视制作人兼主持人。之后我觉得有必要思考一下我一直在做的事情，试着去理解社会价值的意义。所以我去了伦敦大学金匠学院做MFA艺术硕士，是我很感兴趣的媒体理论，因此我接受了这份工作重新回到学术界。重新回到大学做老师是我人生非常满意的一段经历，我觉得在实践的同时也要从学术理论的角度去理解你在做什么，这是很有价值的，并且很有启发性。而且事实上，我在威斯敏斯特大学也有同样的经历，因为在那里，我既要做研究和写文章，也负责组织项目等一些实践工作，在这个过程中也认识了一些来自媒体行业的朋友，我喜欢将实践与理论结合起来。

王：中国当下也有一个很重要的现象，就是记者开始进入大学从教。所以，我很想了解，在您身上体现的学界和业界的双重线索，是如何做到比较顺畅的过渡？

戴：实际上，我的经历与你刚说的这个现象十分相似，实际上中国官员也是遵循这样一种方式，他们通常每两三年去进修学习一次。通过获得新知识，进而对工作产生思考并努力改进，只有这样才可以获得提升。从某种意义上说，当我回顾自己的经历和职业生涯时，我想这就是我所做的，我进行了一些实践，然后我做了更多的一些研究，再然后我做了一些更高水平的实践，之后我又进行了思考，循环往复，所以我推荐这种方式。我相信在西方很多人也会这样做，但并不像在中国那样系统化，中国官员在学习和实践方面遵循一套系统的方式，我认为这是非常合理的，因为你一直在积累过去的经验。

二　去刻板化中的中国国家形象建设

王：您的纪录片和书《你所不了解的西方故事》，是向中国人讲述西方的故事；而您的最新专著《新兴世界秩序中的中国媒体》，是从一个西方研究者的视角研究和观察中国媒体。在中西方的观察、叙述和研究的视角转换过程中，您有哪些体会？

戴：我认为中国是一个社群主义社会，人们在考虑自己和个人需求之前，首先考虑的是家庭成员、集体和国家。在英美文化传统中，英国和美国是非常个人主义的社会。这两种方式各有利弊，我认为我们应该学习中国人对待父母和家庭的方式，学习他们把自己作为社会和集体的一分子的这种责任与担当感。就像中国教育也开始学习西方注重培养个体的创造力一样，这是一个互相学习的过程。

王：您关注中国发展有几十年的时间了，您觉得英国民众对中国的印象发生了哪些变化？

戴：我认为中国形象自20世纪80年代以来已经发生了很大的变化，但有时外国人还是喜欢用之前的形象来攻击中国。从民意调查中你可以看出，人们非常尊敬中国以及中国这些年来取得的成就，这既包括年轻人，也包括老年人。在新中国成立70周年的庆祝晚会上，我听到我们的前任大使谈到中国，他表达了英国民众对中国改革开放30多年来所取得的巨大成就的钦佩之情，而且，如果你看一下民意调查，你会发现许多英国年轻人也因为这些成就而非常尊重中国。所以不仅是政界人士，普通公众也非常尊重中国。

王：您如何评价中国国家形象的海外宣传？

戴：我认为，一个国家决定本国应有的形象，仅仅依靠政府进行海外宣传是很难实现的。这是因为国家形象，或者说是软实力，是由许多方面组合而成的，政府行为只是其中一部分。举例来说，美国是通过好莱坞电影、高科技文化以及远近闻名的美国大学等许多积极方面塑造出来的。所以，一个国家仅仅靠政府行为来改变自己的形象是很难的。对中国来说，重要的一点在于他们应该更多地与普通民众交流，通过观看中国电影和电视剧，阅读中国小说，人们能够更加了解中华文化，拉近普通民众与中国的距离，这将会极大地改变中国在西方的形象。相比于中国对西方的了解程度，西方对中国的了解相对较少，许多中国年轻人对我们的社会了解很多，为什么？因为他们通过看英美电影、电视节目、听流行音乐这些方式加深了了解。中国政府需要让更多的西方人听中国音乐，读中国诗歌，看中国电视，那么我相信中国的国家形象会得到极大的改善。但这只是一部分，从长远来看，人与人之间、艺术与艺术之间、文化与文化之间交流才是真正重要的。如果要给中国政府提一些建议，我会大力提倡外国电视和电影制作人以西方人理解的方式拍摄中国题材类型的电影和节目。不同国家的人的表达方式是不同的，有时候西方人是很难理解中国的叙事表达方式的。但如果是西方导演制作的中国题材类型的节目，那影响和效果是完全不同的。我最近写了一个剧本，是关于中英两国在"二战"期间共同抗日的故事。我认为这是一个很好的方式，可以提醒年轻一代，我们以前是盟友，当我们面对敌人时，中英两国有很多共同之处。

王：从您的角度，您如何评价中国建立的国际形象？从您的经验来看，这个国际形象是否符合中国意图构建的大国形象？如果不是，您认为问题在哪里？

戴：我认为中国的国际形象还不成熟，或者说现在还不是很清晰，人们对中国的评价褒贬不一。总体上，中国被许多国家，特别是西方大国以外的国家，视为重要的合作伙伴。这对中国来说很重要。这些国家很赞同中国是一个在国际上有着重要地位以及伟大成就的国家。相比而言，我认为西方对中国的评价并不是十分重要。英国多年来致力于改变自身的国家形象，因为在20世纪90年代以前，英国是一个相当落后的国家，但是从90年代开始，我们迅速发展了高科技和创意产业，伦敦逐渐成为世界创意和科技中心，并在金融服务和其他领域占据领先地位，我认为英国成功地改变了世界对它的看法。我有时认为中国人很矛盾，一方面他们很自信，但另一方面，他们又缺乏自信。许多年以来中国的知识分子和政治家告诉人们，要摆脱中国的旧传统，学习西方的新思想，这是很可悲的，因此很多中国人认为西方的总是优于自己的。但同时他们也认同另一个观念，那就是中国拥有最伟大、最悠久的人类文明，他们为此感到自豪。因此，一方面，他们会因为中国人的身份而烦恼；另一方面，他们也为此感到骄傲——他们会前后摇摆。英国人和中国人在这方面很相似，有些英国人认为我们失去了往昔的朝气，因为我们不再是曾经的帝国，经济也呈现出衰败的态势。但与此同时，他们又说到我们创造了现代世界，所以我们应该感到骄傲。在这一点上，英国人和中国人很相似。

三 西方文化与意识形态下的中国题材纪录片生产

王：您在BBC工作过，您如何评价BBC？

戴：我认为对BBC的评价褒贬不一。人们戏称英国有三大政党，保守党、工党和BBC，这一定程度上说明了BBC有非常强烈的政治态度。虽然它认为自身不带有任何立场和偏见，但实际上却在隐形传播自身的意识形态。BBC制作的广播和电视节目质量很高，而且无论是时事新闻还是自然纪录片，节目质量往往比大多数欧洲国家都要高很多。在这一点上我对BBC很钦佩，但同时我认为它也应该受到批评和指责。

王：据我了解，您有很多纪录片导演的朋友，他们拍摄了中国题材纪录片。您也看过一些，您如何评价这些纪录片里的中国？

戴：这些纪录片的质量是参差不齐的。我觉得有的纪录片制作人在拍摄过程中是带有自身立场和偏见的，但通常那些由像孙书云这样优秀的制片人拍摄的纪录片是客观且公正的。这些年来英国的纪录片制作人拍摄了许多关于中国的优秀纪录片，并且大部分是积极且客观的。

王：西方导演拍摄的中国题材的纪录片，和一些在国外播放的中国媒体拍摄的纪录片，一个是他者的眼光，一个是自我的陈述。您认为是否存在一种"叙述间性"，这种"叙述间性"是否会对中国形象的构建和阐释产生"对冲"？您觉得这种结果会带来怎样的影响呢？（按："叙述间性"，是我提出的一个概念，用以解释不同叙述主体对于同一个叙述对象讲述过程中的差异、互动、反诘，也包括冲突和调整。）

戴：著名纪录片制作人迈克尔·伍德对中国有他自己的态度与想法，而拍摄《全景》的制片人对中国则持有另一种看法。英国媒体的优点之一就是你总能发现不同的观点。你可能会发现有人对中国持否定态度，但你肯定会发现也有人是持肯定态度的，所以你只需要试着去理解并接受英国人做事的方式。我拍摄纪录片时，我的目标市场基本就是英国，所以这个问题对我困扰不大。我总是拍纪录片给英国人看。

王：如果不考虑意识形态的差异造成的理解误差，仅从话语和叙事的技巧上，您认为中国媒体在讲述中国故事的时候存在哪些问题？

戴：我认为中国媒体在报道上没有太大的问题。中国的电视剧很精彩，比如最近正在上映的《都挺好》。中国的电视剧质量很高，但中国导演的创作和叙事方式和西方不同，就像意大利的叙事方式和英美也不一样。因此，如果中国制片人和导演想要获得其他国家民众的喜爱与支持，那么他们就必须了解这个国家的文化。这就是为什么我说，如果你想拍摄一部在英美国家上映的中国电影，那么邀请这两个国家的导演来拍摄是非常明智的选择。同理，如果我们想要拍摄一部中国观众喜爱的纪录片，那么邀请中国导演和中国演员来参与拍摄是可行的。

王：我在书店看过一些西方学者研究中国问题的专著，也参加过一些学术报告会。在西方的学术视野和大众视野中，中国似乎一直作为一个"奇邦"而存在，您认为对中国的"奇观化"叙事，是西方的一个传统吗？

戴：是的，在我们最初了解中国时，中国被看作是一个具有异国情调且非常与众不同的国家，因此有些人一直把中国看作是一个"奇邦"的存在。但我认为现在人们会有不同的观点。如果他们受教育程度高的话，他们就会知道中国只是一个具有不同的社会制度、文化背景和历史的国家，但中国人与西方人在很多方面具有相通之处。

王：有人评价您是一个实用主义者，也有人说您是一位"亲中国者"，您怎么看这些评价？

戴：如果说我是"亲中国者"，那是因为我拒绝接受英国知识分子和政客中很常见的幼稚无知的言论。中国比他们想象的要丰富多元。所以我不会接受这些狭隘的观念。举一个例子，作为一名英国人，在我的一生中，我很幸运在土耳其度过了非常重要的一段时间，在此期间学会了一些土耳其语，并结交了土耳其朋友。之后我去意大利生活了一段时间，学会了一口流利的意大利语，对意大利文化，特别是南部文化有了深刻的了解。我还在苏格兰生活过一段时间，苏格兰认为自己与英格兰有很大不同。然后我现在和中国人一起工作了很多年。所以我喜欢体验不同的文化，作为一个英国人，我从其他文化中学到了很多东西，就像我了解了玛雅文化中的不足和优点。我所做的不是为任何人宣传，但我确实希望人们能实事求是地看待中国，我希望中英两国能够成为盟友，开展合作交流，因为很多方面中国和英国是可以进行互补的。

王：非常感谢您接受我的访谈。这幅"润物无声"的书法作品送给您，希望在跨文化的交流与合作中能够春风化雨，润物无声。

戴：非常感谢，"run wu wu sheng"（中文发音），真好！

参考文献

———

· 中文著作

〔英〕爱德华·泰勒:《原始文化：神话、哲学、宗教、语言、艺术和习俗发展之研究》，连树声译，广西师范大学出版社，2005年。

北京大学外国哲学教研室编:《古希腊罗马哲学》，生活·读书·新知三联书店，1957年。

北京大学哲学系美学教研室编:《西方美学家论美和美感》，商务印书馆，1980年。

〔英〕彼得·阿迪:《移动性》，戴特奇译，北京师范大学出版社，2020年。

〔英〕彼得·弗兰科潘:《丝绸之路：一部全新的世界史》，邵旭东等译，浙江大学出版社，2016年。

〔美〕彼得斯:《交流的无奈：传播思想史》，何道宽译，华夏出版社，2003年。

〔法〕布尔迪厄、〔美〕华康德:《反思社会学导引》，李猛等译，商务印书馆，2015年。

陈望衡:《中国古典美学史》，湖南教育出版社，1998年。

程虹:《美国自然文学三十讲（增订版）》，外语教育与研究出版社，2018年。

方勇译注:《庄子》，中华书局，2010年。

〔法〕费尔南·布罗代尔:《文明史纲》，肖昶等译，广西师范大学出版社，2003年。

〔法〕费尔南·布罗代尔:《文明史：人类五千年文明的传承与交流》，常绍民等译，中信出版社，2017年。

〔美〕菲文普·费南德兹-阿梅斯托:《食物的历史》，韩良忆译，左岸文化，2012年。

〔德〕弗里德里希·席勒:《审美教育书简》，冯至等译，上海人民出版社，2003年。

〔英〕扶霞·邓洛普:《鱼翅与花椒》，何雨珈译，上海译文出版社，2018年。

辜鸿铭:《中国人的精神》，李晨曦译，译林出版社，2012年。

郭绍虞主编:《原诗 一瓢诗话 说诗晬语》，人民文学出版社，1979年。

〔加〕哈罗德·伊尼斯:《传播的偏向》，何道宽译，中国人民大学出版社，2003年。

〔美〕汉娜·阿伦特:《康德政治哲学讲稿》，曹明等译，上海人民出版社，2013年。

293

〔德〕汉斯·格奥尔特·伽达默尔:《真理与方法（上卷）：哲学诠释学的基本特征》，洪汉磊译，上海译文出版社，2004年。

〔德〕黑格尔:《精神现象学》，贺麟等译，商务印书馆，1979年。

〔德〕黑格尔:《美学（第一卷）》，朱光潜译，商务印书馆，1979年。

〔英〕洪业:《杜甫：中国最伟大的诗人》，曾祥波译，上海古籍出版社，2020年。

〔法〕吉尔·德勒兹:《康德与柏格森解读》，张宇凌等译，社会科学文献出版社，2002年。

〔法〕吉尔·德勒兹:《哲学与权力的谈判》，刘汉全译，译林出版社，2012年。

〔英〕吉米·哈利:《万物有灵且美》，种衍伦译，中国城市出版社，2010年。

〔英〕吉米·哈利:《万物刹那又永恒》，种衍伦译，九州出版社，2015年。

〔德〕康德:《判断力批判》，邓晓芒译，人民出版社，2002年。

〔美〕拉里·A.萨默瓦、理查德·E.波特、埃德温·R.麦克丹尼尔:《跨文化传播》，闵惠泉等译，中国人民大学出版社，2015年。

〔美〕L. S. 斯塔夫里阿诺斯:《全球通史：1500年以后的世界》，吴象婴、梁赤民译，上海社会科学院出版社，1999年。

〔美〕莱斯利·A.豪:《哈贝马斯》，陈志刚译，曹卫东校，中华书局，2014年。

〔美〕兰德尔·柯林斯:《互动仪式链》，林聚任、王鹏、宋丽译，商务印书馆，2012年。

〔英〕雷蒙德·威廉斯:《漫长的革命》，倪伟译，上海人民出版社，2013年。

李金铨:《传播纵横.历史脉络与全球视野》，社会科学文献出版社，2019年。

黎靖德:《朱子语类》，王星贤点校，中华书局，1986年。

李学勤:《十三经注疏·春秋左传正义》，北京大学出版社，1999年。

李泽厚:《美学四讲》，生活·读书·新知三联书店，1989年。

李泽厚:《人类学历史本体论》，天津社会科学出版社，2008年。

刘勰:《文心雕龙注》，范文澜注，人民文学出版社，1962年。

〔美〕罗伯特·N. 斯宾格勒三世:《沙漠与餐桌：食物在丝绸之路上起源》，陈阳译，唐莉校，社会科学文献出版社，2021年。

〔法〕卢梭:《爱弥儿（下卷）：论教育》，李平沤译，商务印书馆，1978年。

陆机:《陆机集》，金涛声校，中华书局，1982年。

吕德申:《钟嵘诗品校释》，北京大学出版社，1986年。

〔法〕莫里斯·哈布瓦赫:《论集体记忆》，毕然、郭金华译，上海人民出版社，2002年。

〔德〕弗里德里希·恩格斯:《路德维希·费尔巴哈和德国古典哲学的终结》，中共中央马克思、恩格斯、列宁、斯大林著作编译局译，人民出版社，1972年。

〔印〕纳扬·昌达:《大流动》，顾捷昕译，北京联合出版公司，2021年。

彭兆荣:《饮食人类学》,北京大学出版社,2013年。

钱穆:《双溪独语》,台湾学生书局,1981年。

钱穆:《人生十论》,生活·读书·新知三联书店,2009年。

〔美〕桥本明子:《漫长的战败——日本的文化创伤、记忆与认同》,李鹏程译,上海三联书店,2019年。

〔英〕R.G.柯林武德:《自然的观念》,吴国盛译,商务印书馆,2018年。

〔美〕赛珍珠:《大地》,王逢振、马传禧译,上海译文出版社,2002年。

〔英〕斯图尔特·霍尔:《表征:文化表象与意义实践》,徐亮、陆兴华译,商务印书馆,2003年。

〔英〕斯图尔特·霍尔:《表征:文化表象与意指实践》,徐亮、陆兴华译,商务印书馆,2013年。

孙文:《孙文学说》,阳明书屋,1988年。

王夫之:《古诗评选》,上海古籍出版社,2011年。

袁千正:《闻一多古典文学论著选集》,武汉大学出版社,1993年。

伍蠡甫:《现代西方文论选》,上海译文出版社,1983年。

〔英〕西蒙·巴伦-科恩:《恶的科学:论共情与残酷行为的起源》,高天羽译,广西师范大学出版社,2018年。

徐复观:《中国艺术精神》,商务印书馆,2010年。

许倬云:《中国文化的精神》,九州出版社,2018年。

叶朗:《美学原理》,北京大学出版社,2009年。

〔美〕尤金·N.安德森:《中国食物》,马孆、刘东译,刘东校,江苏人民出版社,2003年。

〔美〕约翰·杜威:《艺术即经验》,商务印书馆,2010年。

杨伯峻:《论语译注(典藏版)》,中华书局,2015年。

〔美〕宇文所安:《盛唐诗》,贾晋华译,生活·读书·新知三联书店,2004年。

张锦华:《传播批判理论:从解构到主体》,黎明文化事业公司,2010年。

张少康编:《中国历代文论精品》,时代文艺出版社,1995年。

张少康:《中国文学理论批评史》,北京大学出版社,2005年。

章太炎:《章太炎学术史论集》,傅杰编校,中国社会科学出版社,1997年。

赵轶峰主编:《当代中国的"人—自然"观》,东北师范大学出版社,2015年。

周黄正蜜:《康德共通感理论研究》,商务印书馆,2018年。

朱立元主编:《美学(修订版)》,高等教育出版社,2006年。

· 中文期刊

安德鲁·霍斯金斯、李红涛：《连结性转向之后的媒介、战争与记忆》，《探索与争鸣》
　　2015（7），第106-144页。

常江、王晓培：《龙的翅膀与爪牙.西方主流电视纪录片对"中国崛起"的形象建构》，
　　《现代传播》2015（4），第102-106页。

陈力丹：《"一带一路"下跨文化传播研究的几个面向》，《江西师范大学学报（哲学社
　　会科学版）》2016（1），第69-73页。

陈力丹：《论孔子的传播思想——读吴予敏〈无形的网络——从传播学角度看中国传统
　　文化〉》，《新闻与传播研究》1995（1），第8页。

冯寿农：《卢梭的自然观开拓了法国生态文学——再读〈论科学与艺术〉》，《法国研究》
　　2014（1），第64-69页。

冯学勤：《"新异化"的高级感性诊疗方案——论哈特穆特·罗萨共鸣理论的美育性
　　质》，《社会科学战线》2023（3），第173-182页。

官宏宇：《意想不到的使者——广东淘金客与中国音乐在新西兰的早期传播》，《星海音
　　乐学院学报》2013年（4），第17-21页。

郭贵春：《哈贝马斯的规范语用学》，《哲学研究》2001（5），第36-43页。

黄典林：《媒介社会学的文化研究路径.以斯图亚特·霍尔为例》，《国际新闻界》2018
　　（6），第68-87页。

李鲤：《超越表征.数字时代跨文化传播研究的新视野》，《当代传播》2020（6），第
　　62-65页。

李特夫：《20世纪英语世界主要汉诗选译本中的杜甫诗歌》，《杜甫研究学刊》2011
　　（4），第79-86页。

李特夫：《杜甫诗歌在英语世界的传播——20世纪英语世界主要杜诗英译专集与英语专
　　著解析》，《杜甫研究学刊》2012（3），第89-94页。

梁君健：《物质性与个体化.网络热播纪录片中传统文化的话语机制及当代转化》，《南
　　京社会科学》2019（11），第120-126页。

刘建平、张毓强：《以知识对话寻求共识.关于国际传播沟通理性的讨论》，《对外传播》
　　2020（11），第51-55页。

罗涛、魏乐博：《自然观念的西方流变及其中国文化根源》，《生态经济评论》，2014
　　（0），第3-18页。

刘芊玥：《"情动"理论的谱系》，《文艺理论研究》2018（6），第206页。

〔美〕克里福德·G. 克里斯琴斯、张洋:《多元主义与跨文化传播》,《跨文化传播研究》
　　2020 (1),第31-50页。

邵培仁、姚锦云:《传播受体论.庄子、慧能与王阳明的"接受主体性"》,《新闻与传播
　　研究》2014 (10),第5-23页。

单波:《跨文化传播的基本理论命题》,《华中师范大学学报 (人文社会科学版)》2011
　　(1),第103-113页。

单波、张腾方:《跨文化传播视野中的他者化难题》,《学术研究》2016 (6),第39-
　　45+73+2页。

单波:《跨文化传播的问题域》,《跨文化传播研究》2020 (1),第1-30页。

石涎蔚:《维柯"共通感"探微》,《西华师范大学学报 (哲学社会科学版)》2020 (1),
　　第84-90页。

唐元:《"他者"视野下对中国空间想象的嬗变——以英国广播公司中国题材纪录片
　　(2008—2018)为例》,《合肥学院学报 (综合版)》2019 (4),第63-67页。

王建会:《文化创伤操演与创伤话语建构》,《文艺理论研究》2017 (2),第155-161页。

王鑫:《"漂亮主义"——消费社会的审美变形》,《艺术广角》2007 (6),第11-15页。

王鑫:《从自我陈述到他者叙事:中国题材纪录片国际传播的困境与契机》,《现代传
　　播》2018 (8),第119-123页。

王鑫:《寻找沟通中西方文化的"理、事、情"》,《中国青年报》2020年6月8日。

王鑫:《物质性与流动性:对戴维·莫利传播研究议程扩展与范式转换的考察》,《国际
　　新闻界》2020 (9),第159-176页。

王鑫:《八大家穿越千年与我们对话》,《辽沈晚报》2020年12月22日。

王鑫:《中国传统美学助力跨文化传播》,《中国社会科学报》2021年4月20日。

肖珺:《互惠性理解的通路》,《跨文化传播研究》2022 (1),第5-10页。

尤西林:《审美共通感与现代社会》,《文艺研究》2008 (3),第5-12页。

· 外文著作

Alexander, Jeffrey. C. *Trauma: A Social Theory*. Cambridge: Polity Press, 2012.

Bynner, Witter. *The Jade Mountain: A Chinese Anthology of the T'ang Dynasty*, 618-906, *From
the Texts of Kiang Kang-Hu*. New York: Alfred A. Knopf, Inc, 1929.

Davis, A. R. *Tu Fu*. New York: Twayne Publishers, 1971.

Faules, Don F. & Alexander Dennis C. *Communication and social behavior: A symbolic interaction
Perspective*. Boston: Addison-Wesley Publishing Company, 1978.

Grieco, Margaret. & Urry, John (eds.). *Mobilities new perspectives on transport and society*. Ashgate Publishing Limited, 2011.

Herman, Judith Lewis. Trauma and Recovery: *The After math of Violence-from Domestic Abuse to Political Terror*. New York: Basic Books, 1992.

Hung, William. *Tu Fu: China's Greatest Poet*. Cambridge: Harvard University Press, 1952.

Margalit, Avishai. *The Ethics of Memory*. Cambridge, Massachusetts, London: Harvard University Press, 2002.

McCraw, David R. *Du Fu's Laments From The South*. Honolul: University of Hawaii Press, 1992.

Narine, Anil. *Eco-Trauma Cinema*. New York: Routledge, 2014.

· 外文期刊

Amorok, Tina. *The Eco-Trauma and Eco-Recovery of Being*, Shift: At the Frontiers of Consciousness, no.15 (June-August 2007),pp.28−31.

Erll, Astrid. *Regional Integration and (trans) Cultural Memory*, *Asia Europe Journal*, vol.8, (2010),pp.305−315.

Massumi, Brian. *The Autonomy of Affect, Cultural Critique*, no.31 (1995),pp.83−109.

MATTELART, Armand. & Didier, BIGO. *La Spirale: Entretien Avec Armand MATTELART. Cultures et Conflits*, no. 74 (2009), pp. 169−86.

Rajchman, J. *Foucault's Art of Seeing*, October, vol. 44, (Spring,1988),pp.89−117.

后　记

　　我是一个想法很多，做事枝蔓很多又很慢的人。所以，这本书从着手准备到出版，经历了大概5年的时间。

　　我安慰自己，这样也好，因为很多东西只有经历时间才能显现其中的味道，比如老酒、老友、老家。我也安慰自己，也是因为时间，自己慌乱的学术研究才能稳定扎实下来，并且对未来有了更多的确认，就像我鼓励学生，书要一本一本地读，树要一棵一棵地栽，经历时间，回头遥看，发现已然成林。

　　也正是因为慢速，才回归到思考的本质，可以更清晰地感受学理思考在不同脉络上的游移和确认。本书初稿完成的时间是2021年5月，后来陆续把书稿中的部分章节发表出来，在编辑和匿名审稿专家的意见中，文章也得以深入打磨。比如第一章和第二章的内容，早在2016年就有了思路，但那个时候，很多想法还是雏形，也比较粗糙，即便2021年写完的时候，仍有很多不足之处。到2023年在《江西社会科学》《世界社会科学》上发表，又过了两年，但是我已经明显地感到理论的脉络、历史的脉络、概念的脉络更加清晰流畅了。尽管"产程"如此漫长，这种在心中非常清楚和确定的感觉却给我一种额外的喜悦。有的时候，写作就像踏入未知之地，似乎有预见的方向，但是前行的路分岔很多，也许有的路并非顺畅甚至绕远，但是经过时间，才发现那些多走的路其实给了自己更丰富的可能性。比如第八章的内容本来是2021年夏天的一次学术会议上的发言，那个时候，还只是一个初稿。后来，我和书云老师沟通她

299

的纪录片《国家公园：野生动物王国》，她给我看了拍摄手记，以及她对英国工业革命之后人与自然、环境关系的理解，让我看到了不同文化中人与自然之间"疼痛"的相似，原本只是第八章的一个小节，后来因为这个灵感，以及对她的访谈，就写了第六章《痛感与共识：创伤共通感的跨文化传播理路与实践》。

在这部书稿修改完善期间，我兼顾了戴维·莫利教授《传播与流动：移民、手机与集装箱》一书的翻译工作，也正是在翻译过程中，不断得到新的思路和启发，对器物作为媒介以及对流动性的关注，也让研究得到了更多地打开。在校译齐林斯基教授访谈录《媒介思维的谱系》一书过程中，我对媒介也有了更为开阔的理解和更加明晰的研究的进路。除了理论上的启发，两次到英国学习，通过参与式观察、高端访谈以及到社区、学校、教堂、家庭的走访和交流，我深入了解英国民众和当地华人对中国、中国文化的认识和理解，也让我意识到，对跨文化传播或者国际传播的研究视角和方向的偏移，并不取决于我的主观调整，而是被一种力量牵引到这个路径上的。这并不是一次"丝滑"的转向，对自己研究"舒适圈"的偏离也要求我不断学习和探究，在自我确证和发掘中艰难行进，这也带给我更加开阔的研究视域和更为丰饶的理论土壤。

值得庆幸的是，这种研究的转向让我踏上更加辽阔之途。不仅激活了既有的哲学、文学、美学、艺术等学科的背景和知识体系，也在与传播学的"交光互影"中显现出这些学科的独特的面孔，令我在古今中外的理论对话中，为传播学理论和实践的丰富找寻到更多交互的可能。有的时候，还有一些很大的"确幸"，我特别感谢生命中的学术机缘，于我来讲这是一份不可多得的福气。我读书的时候遇到的每个熠熠生辉的老师，那些知识的传承、灵感的开启、经验的赋予和为学的风采，都让我深深铭记，并始终保持对世间万物的感受和好奇，他们点亮我、开启我、引导我，也提供思考的动力，可以把那些理论与生命有机融合。尤其感谢童庆炳、王向峰两位教授，虽然两位先生离我们远去，但是他们在我研究生学习阶段帮我打下的古代文论、中国古典美学和西方美学的基础，让我在做跨文化传播相关研究时，可以把中国传统文论的资源引入交流和对话中。本书第一章中的内容，理论脉络跨度很大，若没有两位老师上课时的讲解，是很难形成这种思路的。我仿佛也在用这样的一种方式回应老师们的指导和教诲。

无论是面对理论还是理论家，我都试图用我的生命感和世间感与他们进行对话，因为学术研究也是讲故事，还是格物，格天地万物，其致所知，是天地之理、世间之理、人生之理、生命之理。或许这样，研究和文章，就都是发本心之言，述心中所思，呈思辨之理，答内心所问。书稿中的一些写作灵感，有的是上课的时候突然而来，我会告诉学生，这一点是我备课没有想到的。读书、教书、写书，是我人生三个特别钟爱的幸福之事，它们彼此支撑、彼此赋予和照亮。

我要感谢为本书写序言的蒋原伦教授和单波教授，蒋原伦教授是我的授业恩师，他不仅鼓励和肯定我一步一步的前行，而且用他七旬之后不断生花的学术生命鼓励着我，就这样继续学习和写作下去。感谢单波教授对我研究内容和方向的鼓励和支持，在我有些犹疑的时刻，榜样学者的肯定和鼓励，给了我莫大的信心，他主编的《跨文化传播研究》杂志还发表了我的两篇文章，提示我研究和思考的一些细节。单波老师为本书所作的序言，更是一次学术对话，给予我进一步探究的可能。感谢《世界社会科学》《新闻记者》《江西社会科学》《新闻与传播评论》《文化研究》《辽宁大学学报》等期刊，陆续发表了其中的一些章节，感谢匿名审稿专家的意见和建议，让书稿得以进一步完善。

感谢李金铨教授对我赴英访学的帮助（李老师对我的帮助不止于此）。如果没有李老师，我的整个访学经历可能被改写，那后面的人生和学术的故事可能就是另一个版本，也未必会有这本书的完成。感谢访学时的合作导师戴雨果（Hugo de Burgh）教授帮我联系英国的纪录片导演，让我可以近距离了解英国传媒产业的发展以及英国导演拍摄的中国题材的纪录片，并接受我的访谈。在校对文稿时，我再次慨叹和庆幸整个奇妙的连接过程。戴雨果教授帮我联系了书云导演和迈克尔·伍德（Michael Wood）教授（导演），书云导演又帮我联系了比尔·洛克（Bill Locke）导演。如果不是时间有限，可能访谈还会有更多的展开，比如对爱格兰德（Agland）导演等。也谢谢书云导演和她的丈夫罗伯特（Robert Cassen，牛津大学经济学教授），邀请我和女儿去约克郡（Yorkshire）度假，让我感受到了《万物有灵且美》一书中的约克郡迷人的乡村景色，这对我完成本书第八章的内容启发颇多。感谢书云导演思考的力量和行动的力量，她们也在世界讲述中国的故事，传播中华文化。感谢马丁·阿尔布劳（Martin Albrow）教授、戴维·莫利（David Morley）教授、常向群教授、迈克尔·伍德（Michael Wood）教授（导演），书云导演，比尔·洛克（Bill Locke）导演，以及伦敦孔子学院李锷院长接受我的访谈。虽然本书并未收录对伍德的访谈内容，但是对他的访谈，也促使第九章得以完成。尤其是这些朋友在访谈之外与我的交流以及给我的友谊，对我的研究的支持，超越了文本本身，让我在任何时候回想，都充满谢意。

感谢两次在英国交流和学习期间遇到的英国朋友和来自欧洲大陆十几个国家的朋友，特别是我的华人朋友，和他们之间大量的交流和沟通，也许在他们看来日常和琐碎，但是我却从中获取了不可多得的研究内容和经验，这些经验内容像我学术土壤中丰腴的养料，即使不那么可见，却给我持久的滋养。从2019到2024年这5年的时间，世界发生了很多的变化，再读2019年所做的这些访谈，字里行间，大家仍对全球化的未来和世界政治关系充满乐观的向往。虽然国际环境发生一些变化，但丝毫没有影响我们之间的友谊。想来，全球的流动以及人与人之间的交往可能才是历史发展静水流深的力量。

感谢与我合作的李麟学教授，我的研究生杨国鹏、本科生黄皓宇，他们为部分篇章贡献了思考和文笔，也为本书增色很多。感谢刘鹏老师、朱鸿军老师、周逵老师、徐玉兰老师、陈经超老师、陈敏老师对我研究的批评和指正，以及给我的友谊。感谢刘海龙老师、朱丽丽老师、路鹏程老师、郑欣老师、李红艳老师以及诸位多友对我的帮助，不断推进我的思考。感谢我的博士生高源、硕士生崔思雨等同学给予我的支持，协助我处理很多琐细而又枯燥的事情，她们的成长也让我欣喜。感谢钟雨静、孙嘉艺、朱字今、孙莉茸和游曜全等同学，在书稿校对方面给予我的有益提示，我也希望他们能通过文本细读，了解文章写作的逻辑和构思。师生之间，各自成长。

感谢商务印书馆丛晓眉老师，两次专著的出版都得益于她的帮助和连接，她是我见到过的特别有商务印书馆气质和精神的出版人，也感谢龚琬洁老师和王屏老师对整个出版过程的积极推动，以及对出版诸多细节的指导让本书得以顺利和读者见面。这是我在商务印书馆出版的第二本书，商务印书馆不只是我曾经的研究对象，还是我内心中浓厚的精神情结，她百年生命历程中的精神气质深深打动我，能够再次在商务印书馆出版专著，是我的荣幸。

感谢国家社科基金项目、国家留学基金委项目、上海市委宣传部与同济大学"部校共建"项目，以及同济大学艺术与传媒学院对本次研究的支持。

最后感谢我的先生和女儿，我的父母兄妹，感谢在我对远方充满向往的时候，他们陪我一路前行，并给予我无尽的爱和支撑。烟火世间，我爱你们。

王鑫

2024年8月8日于上海

图书在版编目（CIP）数据

共通之路与他山之石：中华文化对外传播研究 / 王鑫
著. — 北京：商务印书馆, 2024
ISBN 978 − 7 − 100 − 23883 − 0

Ⅰ. ①共⋯　Ⅱ. ①王⋯　Ⅲ. ①中华文化 — 文化传
播 — 研究　Ⅳ.①G125

中国国家版本馆 CIP 数据核字（2024）第082668号

共 通 之 路 与 他 山 之 石
中华文化对外传播研究

王 鑫 著

商 务 印 书 馆 出 版
（北京王府井大街36号　邮政编码 100710）
商 务 印 书 馆 发 行
山西人民印刷有限责任公司印刷
ISBN　978 − 7 − 100 − 23883 − 0

2024年10月第1版　　　　开本 787×1092　1/16
2024年10月第1次印刷　　　印张 20¼

定价：98.00元